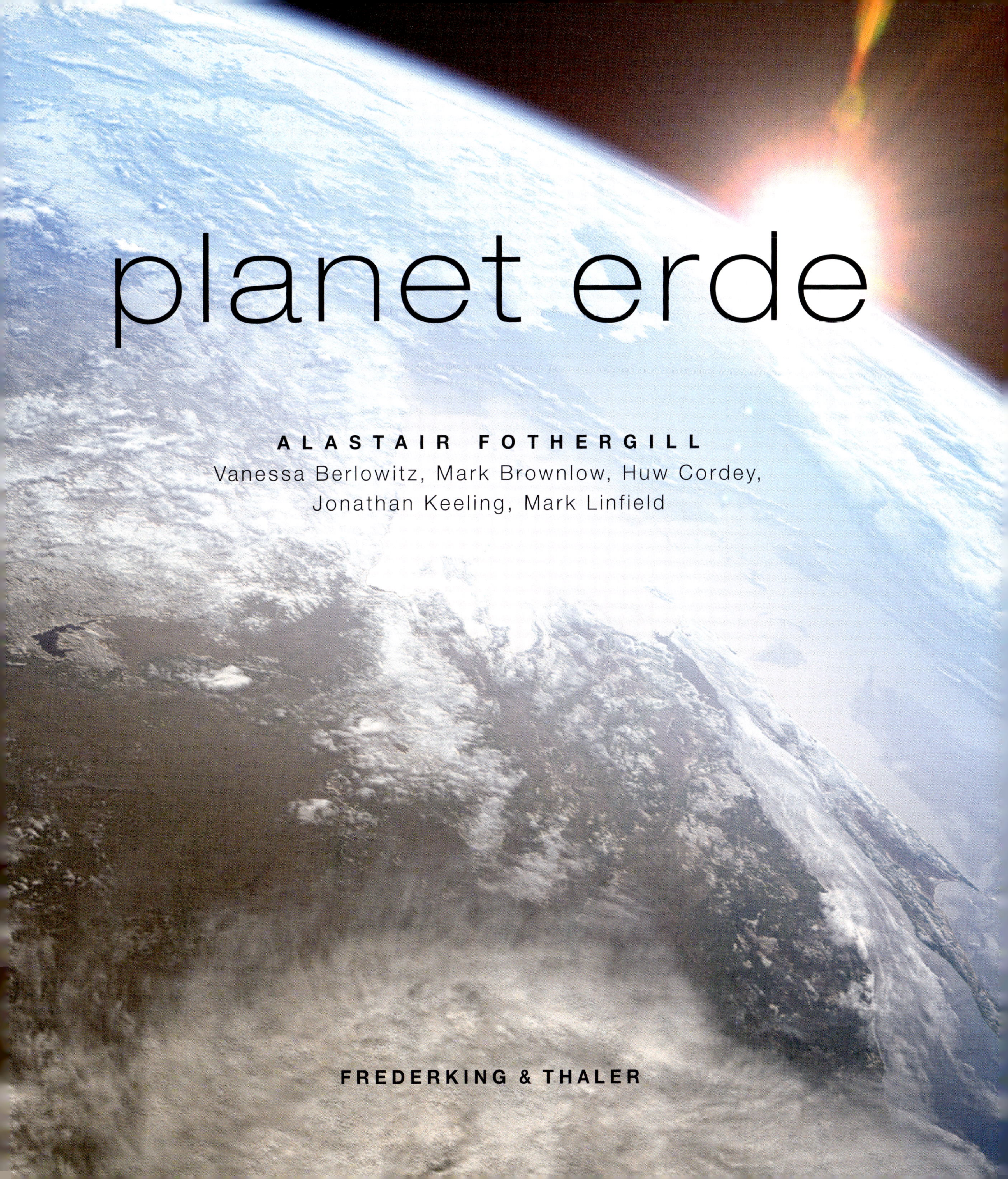

planet erde

ALASTAIR FOTHERGILL
Vanessa Berlowitz, Mark Brownlow, Huw Cordey,
Jonathan Keeling, Mark Linfield

FREDERKING & THALER

VORWORT

Heute wird unser Planet in so vielen Einzelheiten, so viel Gründlichkeit und technischer Virtuosität fotografiert, dass die Fotografen einer früheren Generation verblüfft gewesen wären. In den letzten Jahrzehnten haben wir die Fähigkeit erlangt, einen ganzen Kontinent von einem Satelliten im Weltall aus zu fotografieren und die mikroskopische Welt in einem Tropfen Wasser zu untersuchen. Wir können in völliger Dunkelheit fotografieren und einen Film so kurz belichten, dass er den Flügelschlag einer Schwebfliege festhalten kann. Wir haben Kameras auf die Gipfel der höchsten Berge mitgenommen und sie in unbemannten Tauchbooten installiert, die in die abyssalen Tiefen des Ozeans absteigen. Die Kameras selbst sind mittlerweile so klein, dass sie auf dem Rücken eines Vogels befestigt werden können, um während des Flugs zu fotografieren, oder in einen tiefen Bau hinabgelassen werden, um ein Tier in einem Nistloch abzulichten, ohne es zu stören. Und erst seit kurzem gibt es eine weitere Technik, mit der atemberaubende Ergebnisse erzielt werden. Wir können aus einem Hubschrauber eine Nahaufnahme von Kopf und Schultern eines wild lebenden Wolfs machen, wobei der Hubschrauber so hoch fliegt, dass sein Motorengeräusch das Tier auf der Erde nicht stört, und der Abwind der Rotorblätter nicht wie ein Orkan über die Pflanzen hinwegfegt. Es stimmt also, dass dieses Buch – und die Fernsehreihe dazu – die Welt so zeigt, wie sie noch nie zuvor zu sehen war.

Erschreckenderweise wird die Welt jedoch innerhalb der nächsten Jahre auch nicht mehr so aussehen. Von dem großen, zotteligen, zweihöckrigen Kamel, einem der robustesten Säugetiere, das früher in großen Herden durch die zentralasiatische Wüste Gobi zog, gibt es in freier Wildbahn nicht einmal mehr 1000 Tiere. Es gibt nur noch zirka 40 wilde Amur-Leoparden, und ihre Zahl fällt stetig weiter. Die abgelegenen und unberührten Orte, die den Tieren und Pflanzen unseres Planeten ein Zuhause bieten, sind ebenfalls bedroht. Ölpipelines durchziehen die arktische Tundra und Autobahnen den Urwald des Amazonas. Regenwälder werden noch immer großflächig abgeholzt, um Platz für Ölpalmenplantagen zu schaffen, und Korallenriffe werden durch die Verschmutzung der Meere vergiftet. Selbst die Gebiete der Wildnis, die bisher von einem solchen Raubbau verschont blieben, werden sich als Folge der von den Menschen verursachten globalen Erwärmung schon sehr bald drastisch verändern.

Dieses hervorragende Buch sollte also nicht nur als Enthüllung und Wertschätzung der Wunder fungieren, die es auf unserem Planeten zu Beginn des 21. Jahrhunderts noch gibt. Es ist auch ein Appell an alle, denen etwas am Wohlergehen der Erde liegt, ihre Anstrengungen zum Schutz dieser verbliebenen Wunder zu verdoppeln.

DAVID ATTENBOROUGH

1 Aleuten
2 Barrenlands, Kanada
3 Churchill, Kanada
4 Chesapeake Bay
5 Olympic Peninsula, US-Staat Washington
6 Davidson Seamount
7 Sierra Nevada
8 Death Valley, Kalifornien
9 Grand Canyon, Arizona
10 Lechuguilla, Carlsbad Caverns, New Mexico
11 Sonora-Wüste, Mexiko
12 Bracken Cave, Texas
13 Schwalbenhöhle, Mexiko
14 Yucatán, Mexiko
15 Nicaraguasee
16 Angel Falls, Venezuela
17 Ostpazifischer Rücken
18 Atacama-Wüste, Chile
19 Pantanal, Brasilien
20 Iguaçu-Wasserfälle, Brasilien
21 Nationalpark Los Alerces, Argentinien
22 Valdivianischer Wald, Chile
23 Torres del Paine, Chile
24 Tierra del Fuego
25 Svalbard
26 Bielowieza, Polen
27 Chauvet-Höhle, Frankreich
28 Krubera-Höhle, Abchasien
29 Lybische Wüste, Ägypten
30 Sudan
31 Hochland von Abessinien
32 Danakil-Senke
33 Serengeti /Grumeti
Tansania
34 Okawango, Botswana
35 Tsingy de Bemahara, Madagaskar
36 Ar-Rub'-al-Khali-Wüste
»Leeres Viertel«
37 Chitral Gol, Pakistan
38 Karakorum-Gebirge
39 K2
40 Kali-Gandaki-Tal, Nepal
41 Mount Everest
42 Manas-Nationalpark, Indien
43 Kaziranga-Nationalpark, Indien
44 Ganges-Brahmaputra-Delta
45 Madhya Pradesh
46 Cauvery, Indien
47 Amur
48 Halong Bay, Vietnam
49 Deer Cave, Sarawak
50 Gomantong-Höhle, Sabah
51 Raja Ampat, Indonesien
52 Great Barrier Reef
53 Bat Cleft Cave, Queensland
54 Mangawhatikau-Höhle, Neuseeland

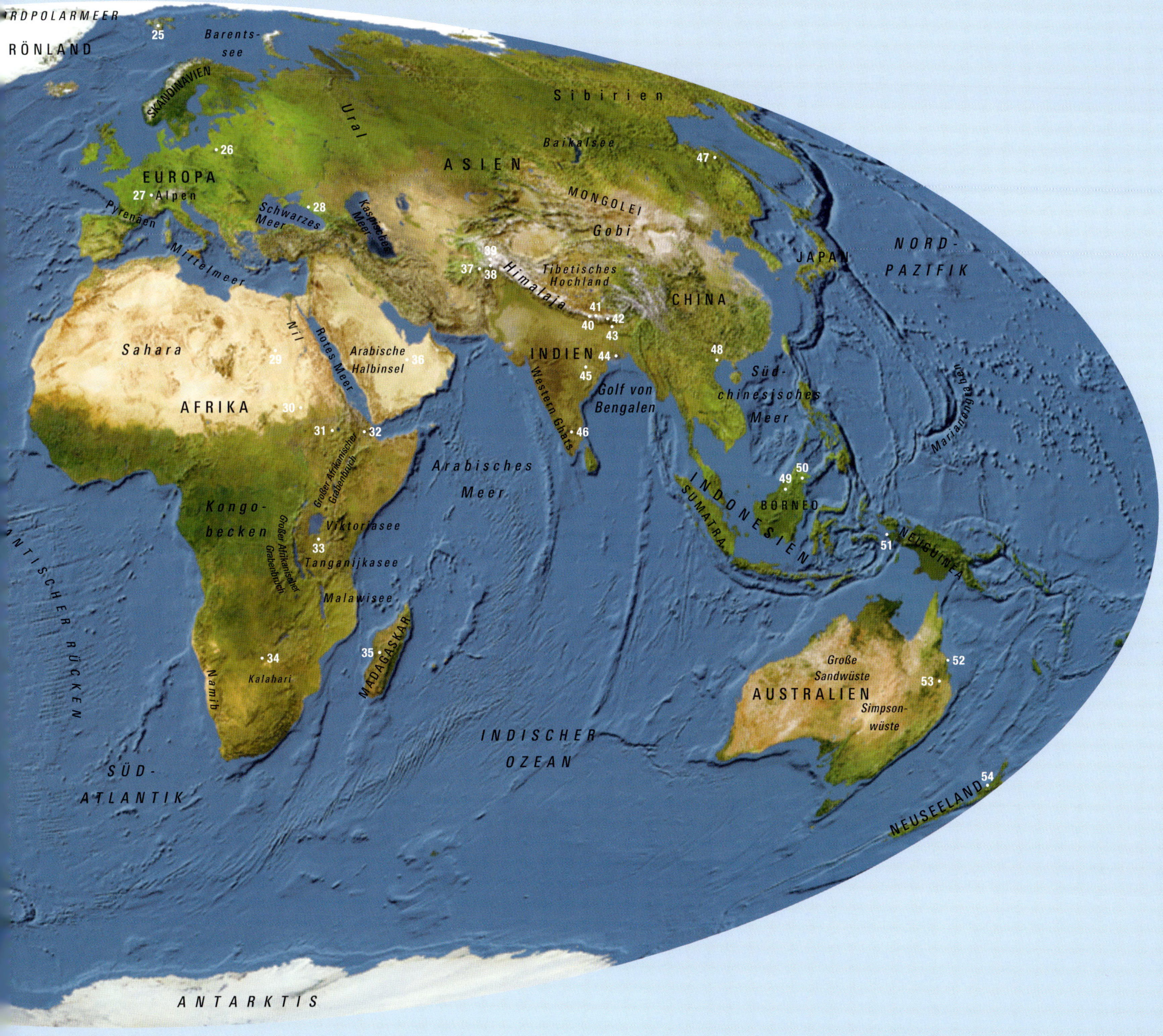
RDPOLARMEER
RÖNLAND
25
Barents-
see
SKANDINAVIEN
Ural
Sibirien
Baikalsee
47
26
EUROPA
ASIEN
27 Alpen
Pyrenäen
Schwarzes
Meer
28
Kaspisches
Meer
MONGOLEI
Gobi
Mittelmeer
39
37
38
Himalaja
Tibetisches
Hochland
JAPAN
NORD-
PAZIFIK
41
40
42
43
CHINA
Nil
Sahara
Rotes Meer
Arabische
Halbinsel
29
36
INDIEN
44
45
48
Süd-
chinesisches
Meer
Western Ghats
Golf von
Bengalen
AFRIKA
30
31
32
46
Marianengraben
Großer Afrikanischer
Grabenbruch
Arabisches
Meer
49
50
Kongo-
becken
INDONESIEN
SUMATRA
BORNEO
Viktoriasee
33
51
NEUGUINEA
Tanganjikasee
Malawisee
Großer Afrikanischer
Grabenbruch
MADAGASKAR
35
34
Kalahari
Namib
Große
Sandwüste
AUSTRALIEN
52
53
Simpson-
wüste
INDISCHER
OZEAN
SÜD-
ATLANTIK
54
NEUSEELAND
ANTARKTIS

1 Die ganze Erde

Der Urknall, kosmischer Staub, Schwerkraft, Kernfusion, elektrostatische Kräfte, Sonnenlicht, Wasser, eine Kollision im Weltraum, ein Mond, eine geneigte Achse und zum Schluss eine Welt, die auf einzigartige Weise lebenstauglich ist. Betrachten wir einmal die Erde als Ganzes sowie all das, was auf ihr lebt und atmet.

Fast 35 Jahre sind vergangen, seit jemand allein im dunklen Weltraum auf die wunderschöne Kugel des Planeten Erde herabblicken konnte. Die Apollo-17-Mission 1972 war die letzte Expedition, bei der ein Mensch den Mond betrat und damit weit genug von der Erde entfernt war, um diesen ganz besonderen Blick auf unseren Heimatplaneten genießen zu können. Seitdem fanden alle Weltraummissionen in Umlaufbahnen von etwa 350 Kilometern Höhe statt, wo die Erde mit ihrem Durchmesser von 12 756 Kilometern zu nah ist, um mehr als ihre bloße Erdkrümmung zu zeigen. Vom Mond aus blickt man hingegen auf eine einsame blaue Kugel, die von weißen Wolkenstreifen überzogen ist. Zwischen den Wolken erhascht man einen flüchtigen Blick auf grüne Landflächen. Dies sind die Farben des Lebens, und soweit wir wissen, ist unser Planet im gesamten Sonnensystem einzigartig. Dass es nur hier Leben gibt, scheint ein reiner Zufall zu sein. Als die kosmischen Würfel fielen, hatte unser Planet offenbar gleich mehrere Sechsen.

DER GLÜCKSPLANET

Die Geburtsstunde unseres Sonnensystems schlug vor 4,5 bis fünf Milliarden Jahren. Die Sonne und die Planeten bildeten sich aus einer riesigen Staub- und Gaswolke, die beim Urknall entstanden war. Auf Grund der Schwerkraft fiel die Wolke in sich zusammen und begann sich zu drehen. Im Zentrum dieser rotierenden Scheibe stiegen die Temperaturen so stark an, dass Wasserstoffatome zu Helium verschmolzen: Unsere Sonne war geboren. Weiter draußen wurden Staubpartikel von elektrostatischen und anderen Kräften zusammengezogen und wuchsen langsam zu immer größeren Klumpen. Durch die Schwerkraft wurden aus den Klumpen irgendwann Steinbrocken, dann die Planeten. Die vier Himmelskörper, die der Sonne am nächsten sind – Merkur, Venus, Erde und Mars –, entstanden größtenteils aus festen Stoffen mit hohem Schmelzpunkt, sozusagen riesige Felsen im All mit einem Metallkern im Innern. Weiter entfernt von der Sonne formten sich die Gasriesen Jupiter, Saturn, Uranus und Neptun.

Schon früh in seiner Geschichte begann unser Planet, verschiedene Schichten auszubilden. Der natürliche Zerfall radioaktiver Substanzen im Zentrum erzeugte eine enorme Hitze, die das meiste Gestein zu einem flüssigen Mantel schmolz. An seinen Außenrändern erstarrte der Mantel zu einer kühleren Kruste. Das fragile Gebilde spannte sich so dünn über das heiße Erdinnere wie die Haut eines Pfirsichs über das Fruchtfleisch. Geschmolzenes Gestein brach immer wieder durch die Oberflächenschicht. Diese Vulkantätigkeit setzte Gase wie Stickstoff und Kohlendioxid frei, die die Grundlage für die Erdatmosphäre

OBEN Ein endloser Lavastrom fließt vom Kilauea-Vulkan auf Hawaii ins Meer. Der Berg liegt über einem Hot Spot im dünnen Mantel der Erde und ist einer der aktivsten Vulkane.

GEGENÜBER Blick vom Mond auf die Erde – ein Planet, der die Sonne genau im richtigen Abstand und im richtigen Winkel umkreist, um darauf Leben entstehen zu lassen.

OBEN Die Schwefel- und Kristallablagerungen der Quellen von Dallol, vulkanischer Quellen in der Danakil-Senke in Äthiopien. Danakil liegt unter dem Niveau des Meeresspiegels am Nordende des Großen Afrikanischen Grabenbruchs, einem mächtigen Riss in der dünnen Erdkruste. Einst gehörte die Senke zum Grund des Roten Meeres.

bilden sollten. Aus den Gasen entstand Wasser in Form von Dampf. In riesigen Mengen kondensierte er, fiel als Regen auf die Erdkruste und sammelte sich in deren Vertiefungen: Die Ozeane entstanden. Dort entwickelten sich vor rund vier Milliarden Jahren die ersten primitiven Lebensformen.

Vulkantätigkeit und die Freisetzung von Gasen gab es zwar auch auf den nächsten Nachbarn der Erde, doch soweit wir wissen, entstand auf keinem der anderen Planeten unseres Sonnensystems Leben. Wiederum scheint ein kosmischer Zufall der Hauptgrund dafür zu sein: Der Planet Erde umkreiste die Sonne genau im richtigen Abstand. Auf dem Merkur, der mit durchschnittlich 57,9 Millionen Kilometer der Sonne am nächsten ist, konnte keine Atmosphäre entstehen. Er hat mit einer Tagesdurchschnittstemperatur von 430 °C an der Oberfläche und einer mittleren Nachttemperatur von -180 °C die höchsten Wärmeschwankungen aller Planeten. Man kann sich nur schwer vorstellen, dass irgendeine Lebensform in diesen Extremen überleben könnte. Die Venus ist 108,2 Millionen Kilometer von der Sonne entfernt und hat eine dichte kohlendioxidhaltige Atmosphäre. Der starke Treibhauseffekt sorgt dafür, dass die Venus mit einer durchschnittlichen Oberflächentemperatur von 480 °C rund um die Uhr kocht.

Wenn die Venus zu heiß für das Leben ist, so ist der Mars wahrscheinlich zu kalt. Er umkreist die Sonne in einer durchschnittlichen Entfernung von 228 Millionen Kilometern und besitzt nur eine dünne, kohlendioxidarme Atmosphäre. Die Oberflächentemperatur liegt im Schnitt bei -50 °C, und falls unter der Oberfläche des Planeten oder an seinen Polen Wasser existieren sollte, ist es gefroren.

Unser Planet hingegen scheint mit 149,6 Millionen Kilometern Entfernung genau den richtigen Abstand zur Sonne zu haben, damit auf ihm Leben entstehen kann. Unsere mitteldichte Atmosphäre enthält genau die richtige Kohlendioxidmenge, um eine ideale Oberflächentemperatur von durchschnittlich 15 °C aufrechtzuerhalten. Wir leben auf dem »Goldlöckchen«-Planeten, da die Erde wie der Brei im Märchen weder zu heiß noch zu kalt, sondern für uns gerade richtig temperiert ist.

DAS LEBEN VOM MOND AUS

Bei ihrem Blick vom Mond auf die Erde haben die Astronauten von Apollo 17 möglicherweise nicht die wichtige Rolle des Satelliten erfasst, auf dem sie standen – die Rolle, die er für die Erschaffung und Erhaltung des Lebens auf der Erde spielt. Denn der Mond war der Architekt der Evolution – dank eines weiteren kosmischen Zufalls: Vor etwa 4,5 Milliarden Jahren muss ein Planet etwa von der Größe des Mars mit der jungen Erde kollidiert sein. Durch die Wucht des Aufpralls wurden riesige Brocken der Erdkruste ins All geschleudert, die den Planeten zunächst umkreisten, bevor sie sich schließlich miteinander verbanden und einen Erdtrabanten entstehen ließen. Zufällig hatte der Planet, der auf die Erde traf, ebenfalls einen Kern aus flüssigem Eisen. In der Hitze des Aufpralls verschmolzen beiden Kerne miteinander. Erst

durch diesen neuen, wesentlich größeren Kern konnte ein Magnetfeld entstehen, das in der Lage war, als Schutzschild gegen die Partikel zu fungieren, die von der Sonne auf die Erde prasselten – den Sonnenwind. Nur an den Polen unseres Planeten ist das Magnetfeld schwächer, dort können die Sonnenpartikel in die Atmosphäre eindringen und das farbenprächtige Spektakel des Nord- und Südlichts erzeugen. Auch eine andere Gefahr aus der Sonne kann uns übrigens nichts anhaben: Durch die dicken Schichten unserer Atmosphäre wird der Großteil der gefährlichen UV-Strahlung herausgefiltert, die ansonsten die Erdoberfläche versengen und alles Leben darauf zerstören würde.

Der Zusammenprall der Himmelskörper hatte noch weitere Auswirkungen: Von der Erdoberfläche wurden solche Mengen ins All geschleudert, dass nur etwa 30 Prozent der ursprünglichen Kruste übrig blieben. Diese war nun so dünn, dass sich die Kontinentalplatten leicht verschieben konnten. Diese Plattentektonik würde wiederum für die Evolution eine entscheidende Rolle spielen. Über Jahrmillionen gestalteten die sich bewegenden Landmassen ständig die Oberfläche des Planeten. Große Gebirgszüge wie der Himalaja und breite Risse wie der Große Afrikanische Grabenbruch wurden geformt. Ständig entstanden neue, unterschiedliche Lebensräume, in denen sich eine nahezu unbeschreibliche Vielfalt von Lebensformen entwickelte. Ohne die Kollision wären die Erdplatten dagegen ähnlich fest verbunden geblieben, wie es auf der Venus der Fall ist.

Doch der interplanetare Aufprall aus Urzeiten hatte noch eine weiter reichende Auswirkung: Die Achse unseres Planeten war in Schieflage geraten, und zwar um etwas mehr als 23 Grad. Die Erde taumelt nun förmlich auf ihrer Bahn um die Sonne. Ohne diesen Neigungswinkel wäre das Leben auf der Erde ein völlig anderes. Die Tage wären das ganze Jahr über gleich lang, die Temperatur weitgehend dieselbe, denn es gäbe keine Jahreszeiten. Die Pole würden im Sommer nicht regelmäßig angewärmt, weshalb sich ihr frostiger Einfluss weiter in Richtung Äquator erstrecken würde. Es gäbe keinen Wechsel aus Regen- und Trockenzeit in den subtropischen Regionen, und die Wüsten der Welt wären wesentlich größer. Tiere müssten nicht den Jahreszeiten entsprechend wandern, und das Leben wäre wahrscheinlich längst nicht so vielfältig.

Unser Mond ist im Verhältnis zu seinem Mutterplaneten der größte im Sonnensystem, und seine Gravitationskräfte üben einen großen Einfluss auf die Erde aus. Erst die Anziehungskraft des Mondes löste den Gezeitenzyklus der Meere aus, zugleich stabilisiert unser Trabant den Neigungswinkel der Erde und verhindert, dass sie den Gravitationskräften von Sonne und Jupiter ausgeliefert ist. Ohne den Mond als stabilisierender Kreiselkompass würde der Neigungswinkel der Erde auf chaotische Weise variieren und zeitweise 90 Grad erreichen. Dabei wäre jeweils Nord- oder Südpol direkt auf die Sonne gerichtet: Die Eiskappen würden immer wieder abschmelzen und unseren Planeten größtenteils überfluten. Der Mond ist also ein lebenswichtiger Klimaregulator der Erde und sorgt für die Stabilität, die für die Entstehung von Leben unbedingt notwendig ist.

SONNE PLUS WASSER GLEICH LEBEN

Alles Leben auf unserem Planeten hängt letztendlich von zwei wichtigen Zutaten ab: Sonnenenergie und Wasser. Dies war zumindest so lange die herrschende Meinung, bis 1977 Tiefseeforscher ein völlig neues Ökosystem in der Nähe von heißen vulkanischen Quellen auf dem Grund der Tiefsee entdeckten. In einer Tiefe von zirka 3000 Meter ist das Meer absolut dunkel, daher konnte sich lang Zeit niemand vorstellen, woher dieses Ökosystem, das so produktiv war wie das reichhaltigste Korallenriff, seine Energie und Nahrung bezog. Schließlich fand man heraus, dass spezialisierte Bakterien Energie aus den Sulfiden, die

GEGENÜBER Der Vollmond geht über dem borealen Wald der Nordhalbkugel auf. Unser Mond ist im Verhältnis zu seinem Planeten der größte im Sonnensystem und stabilisiert mit seiner Anziehungskraft die Neigung der Erde. Ohne ihn wäre unser Planet ein weit weniger einladender Ort.

UNTEN Wasser ist einer der wichtigsten Lebensbestandteile auf dem Planeten. Hier spielt ein kalifornischer Seelöwe in einem Kelpwald – riesige Algen, die im flachen Küstengewässer vom Sonnenlicht und dem hohen Nährstoffgehalt profitieren.

aus den Quellen strömen, gewinnen. Die Tiere in dieser Nahrungskette leben allerdings nicht völlig unabhängig von der Sonnenenergie. Denn um die Verbindungen zu verbrennen, die sie sich durch den Verzehr der Bakterien zuführen, brauchen sie Sauerstoff. Diesen Sauerstoff produzieren jedoch Pflanzen, die in flachen Gewässern stehen und von der Sonneneinstrahlung profitieren. So scheinen die Lebensformen an den Tiefseequellen zwar auf den ersten Blick unabhängig von der Sonne zu leben, doch letztendlich können auch sie nur auf einem sonnenbeschienenen Planeten überleben.

DIE SONNENPUMPE

Der große Unterschied zwischen den verschiedenen Lebensräumen der Erde, von den üppigen Urwäldern bis zu den kargen Polarwüsten, ist hauptsächlich durch die unterschiedliche Verfügbarkeit der lebenswichtigen Elemente Sonnenlicht und Wasser bedingt. Doch die Sonnenenergie, die den Planeten erreicht, teilt sich nicht gleichmäßig auf die gesamte Erdoberfläche auf. Am Äquator gibt es viel mehr davon, da die Sonnenstrahlen den direkten, kürzeren Weg durch die Erdatmosphäre zurücklegen. Höhere Breiten erreichen sie dagegen nur in einem flacheren Winkel und damit nach einer längeren Strecke durch die dichte Hülle unseres Planeten. Durch diesen flacheren Winkel der Sonneneinstrahlung wird außerdem die Energie über eine größere Fläche verteilt als in den Tropen.

Von der Sonneneinstrahlung hängt wiederum die Wassermenge ab, die dem Leben auf dem Land zur Verfügung steht. Neunzig Prozent des Wassers in unserer Atmosphäre sind zuvor aus Ozeanen – meist in Äquatornähe – sowie aus Flüssen und Seen verdunstet. Die restlichen zehn Prozent werden von Pflanzen freigesetzt. Der Wasserdampf gelangt mit der aufsteigenden Warmluft nach oben in die Atmosphäre, kühlt ab und bildet Wolken, die von den Winden um die Erde geweht werden. Wo genau die Wolken den Regen entlassen, hängt von zahlreichen Faktoren ab, doch spielen Berge eine wichtige Rolle. Wie große Rampen schieben sie die Wolken in die Höhe, wo sie abkühlen und ihr Wasserdampf zu Regen kondensiert.

Da der Großteil der Sonnenenergie am Äquator auf die Erde trifft, steigt hier die meiste Warmluft auf, die Feuchtigkeit in die Atmosphäre transportiert. Beim Aufsteigen kühlt sie ab, sturzbachartige Regengüsse sind die Folge. Nachdem die Warmluft sich der Feuchtigkeit entledigt hat, wird sie von der Erdrotation abgelenkt und strömt weg vom Äquator nach Norden und Süden. Sobald sie höhere, kühlere Breiten erreicht, sinkt sie zu Boden. In diesen Zonen mit trockener Luft und wenig Niederschlägen liegen um die beiden Wendekreise herum die großen Wüstengürtel.

In den Meeren wird die Vielfalt und Quantität der Lebensformen ebenfalls hauptsächlich durch die Verfügbarkeit der Sonnenenergie bestimmt. In den oberen, sonnenbeschienenen, flachen Gewässern bis etwa 100 Meter Tiefe befinden sich 90 Prozent des Lebens im Meer. Hier sind die marinen Lebensformen von lebenswichtigen Nährstoffen, vor allem Phosphor und Stickstoff, abhängig. Obwohl tropische Meere am meisten Sonnenlicht erhalten, sind sie mit Ausnahme der Korallenriffe und Seetangbeete größtenteils Wüsten. Der Grund dafür ist, dass diese Gewässer ruhig sind und die meisten Nährstoffe in der Tiefe versinken. Die größten Reichtümer des Ozeans befinden sich daher in rauen Meeren, wo aufsteigende Strömungen viele Nährstoffe liefern.

OBEN Wolken, die durch die Verdunstung über den Wendekreisen entstehen. Die über den Meeren, Flüssen und Seen entstehenden Wolken liefern 90 Prozent des Süßwassers, das als Niederschlag den Boden erreicht.

GEGENÜBER Das Okawango-Delta in Botswana, wo Süßwasser vom Hochland herabfließt und der Fluss in der Regenzeit das ausgetrocknete Land überschwemmt.

REICHTUM AM ÄQUATOR UND ARMUT AN DEN POLEN

Da es in den tropischen Regionen am Äquator das ganze Jahr über Sonne und Süßwasser gibt, ist es nicht verwunderlich, dass sie den produktivsten Lebensraum bilden. Dabei beherbergt der tropische Regenwald die größte Fülle an Lebensformen, denn Pflanzen gedeihen hier besser als in jedem anderen Lebensraum. Um die 200 verschiedene Baumarten wachsen auf einem einzigen Hektar, verglichen mit zehn bis 20 Baumarten in den Wäldern der gemäßigten Zonen. Obwohl tropische Regenwälder nur noch etwa sechs Prozent der Landflächen unserer Erde bedecken, nimmt man an, dass sie über 50 Prozent aller Tier- und Pflanzenarten enthalten. Die ganzjährig warmen Temperaturen über 20°C sowie der regelmäßige Niederschlag von mehr als 2000 Millimeter pro Jahr bieten den Pflanzen geradezu ideale Wachstumsbedingungen.

Da Pflanzen die wichtigsten Energielieferanten sind, hängen fast alle Tiere von ihnen ab. Die Menge an Kohlenstoff, der von den Pflanzen jedes Jahr durch die Photosynthese gebunden wird, ist daher ein gutes Kriterium, um die Produktivität eines Lebensraums zu bewerten. Tropische Regenwälder sind nach diesem Maßstab die Rekordhalter auf dem Land: Sie produzieren jedes Jahr 1000 bis 3500 Gramm Kohlenstoff pro Quadratmeter. Außerdem sind sie auch die Rekordhalter beim Gesamtgewicht aller Tiere und Pflanzen, der so genannten Biomasse, die ein weiteres nützliches Maß für die Produktivität eines Lebensraums darstellt. In den Tropen liegt dieser Wert bei 4500 Gramm pro Quadratmeter.

Die Korallenriffe derselben tropischen Regionen unseres Planeten werden oft als Regenwälder der Meere bezeichnet – und diese Auszeichnung verdienen sie hinsichtlich ihrer Produktivität tatsächlich. Zwischen 1500 und 3700 Gramm Kohlenstoff pro Quadratmeter geben sie jährlich ab. Diese Zahl ist besonders beeindruckend, wenn man bedenkt, dass es den flachen tropischen Gewässern, in denen sie wachsen, an den lebenswichtigen Nährstoffen Stickstoff und Phosphor mangelt. Doch Korallenriffe und ihre Tierwelt konnten diesen Grad an Produktivität erreichen, indem sie ein effizientes Recyclingsystem für die wenigen vorhandenen Nährstoffe entwickelt haben.

DIE TROCKENEREN TROPEN

Wenn man sich vom Äquator zu den Wendekreisen im Norden oder Süden begibt, verändert sich das Klima. Es gibt zwar das ganze Jahr über viel Sonne und Wärme, doch regnet es nur mit großen Unterbrechungen. Jedes Jahr gibt es eine Regen- und eine Trockenzeit, denen sich die Pflanzen, die hier wachsen, anpassen müssen. Der Monsunwald in Nordindien und Südostasien ist ein gutes Beispiel dafür. Statt eines tropischen Regenwaldes mit seinen immergrünen Bäumen findet man dort sommergrüne Arten wie Teak und Ebenholz. Diese Bäume sparen Wasser, indem sie jedes Jahr ihr Laub abwerfen. Sie sind kleiner, wachsen in größerem Abstand voneinander und haben tiefere Wurzeln als die Bäume der tropischen Regenwälder. Tier- und Pflanzenwelt müssen hier jedes Jahr von November bis April die Trockenzeit überstehen, bis dann endlich der Monsunregen einsetzt. In trockeneren Regionen, beispielsweise Nordaustralien, sind Bäume wie der Eukalyptus sogar noch besser für das Überleben in der Trockenzeit zwischen den »großen Güssen« gerüstet.

In den trockeneren subtropischen Regionen löst Grasland die Bäume ab – die weiten, offenen Savannen. Trotz seiner spärlichen Vegetation ernährt dieser Lebensraum ungewöhnlich viele große Tiere. Es ist zwar das ganze Jahr über warm, doch auch hier wird das Leben der Pflanzen und Tiere vom alljährlichen Zyklus aus Regen und Trockenheit beherrscht. Die meiste Zeit des Jahres ist die ostafrikanische

OBEN Regenwald auf Borneo. Ständige Wärme und starke Niederschläge in der Nähe des Äquators haben den produktivsten Lebensraum der Erde geschaffen.

GEGENÜBER Korallenriffe sind die Regenwälder des Meeres. Da in warmen Gewässern Nährstoffmangel herrscht, hält sich das komplexe System durch eine Art natürliches Recycling am Leben. Hier umgibt ein Garten aus Hartkorallen die Bunaken-Insel in indonesischen Gewässern – vielleicht das nährstoffreichste Meerwasser auf dem gesamten Planeten.

OBEN Blick vom Weltraum auf die Namib-Wüste in Südwestafrika. Obwohl die Namib am Meer liegt, gelangt außer dem frühmorgendlichen Nebel fast kein Wasser dorthin. Wie viele andere Küstenwüsten liegt sie auf der Westseite eines Kontinents, wo die ablandigen Winde alle Regenwolken, die sich über dem Meer bilden, weiter hinaus aufs Wasser treiben.

GEGENÜBER Afrikanische Elefanten in Botswana unternehmen in der Trockenzeit die lange, staubige Wanderung zu weit entfernten Flüssen und Wasserlöchern. Die Leitkühe zeigen ihren Herden dabei die traditionellen Wege zu den Wasserquellen.

Savanne verdorrt und goldbraun, doch wenn der Regen einsetzt, erstrahlt sie in frischem, üppigem Grün, und die Gnus der Serengeti setzen sich in Bewegung, um dem frischen Gras zu folgen. Mit 200 bis 2000 Gramm gebundenem Kohlenstoff pro Quadratmeter produzieren die Savannen zwar nur halb so viel wie die tropischen Regenwälder, doch erreichen sie dies mit nur einem Zehntel der pflanzlichen Biomasse. Savannen gehören damit zu den effizientesten Ökosystemen der Erde.

DIE DURSTIGEN LÄNDER

Nähert man sich dem nördlichen und südlichen Wendekreis, erreicht man die trockenen Zonen unseres Planeten. Es sind die Hochdruckregionen, wo die warme, trockene Luft in Bodennähe sinkt und es kaum Niederschläge gibt – im Durchschnitt weniger als 100 Millimeter, in den Wüstenregionen sogar weniger als 50 Millimeter pro Jahr. Dafür mangelt es nicht an Sonnenlicht: Da die Luftfeuchtigkeit so niedrig und die Bewölkung so gering ist, erreichen 90 Prozent der Sonnenstrahlen den Boden. Die Temperaturen übersteigen tagsüber häufig 40 °C, und nachts, wenn die Hitze rasch wieder in die Atmosphäre abgegeben wird, können sie in nur wenigen Stunden um 45 °C fallen. Meist sind diese Regionen das ganze Jahr über heiß, doch einige hoch gelegene Wüsten wie die Wüste Gobi in der Mongolei können extrem kalt sein und im Winter Temperaturen unter -20 °C erreichen. Solche kalten Wüsten befinden sich meist weit im Landesinneren und im Windschatten von Gebirgszügen, die eine Barriere für die feuchte Luft vom Meer bilden. Die Tiere und Pflanzen dieser Gebiete müssen mit extremen Temperaturen und sehr wenig Süßwasser leben. Die Vegetation ist spärlich: Ihre jährliche Produktivitätsrate liegt bei nur 300 Gramm Kohlenstoff pro Quadratmeter – ähnlich den Polarzonen oder dem offenen Meer.

So werden die tropischen Meere auch oft als große blaue Wüsten beschrieben: Es gibt zwar viel Sonne, doch das Wachstum des Phytoplanktons (Einzeller am unteren Ende der meisten Nahrungsketten im Meer) ist durch den Mangel an Nährstoffen eingeschränkt. Tropische Meere liegen meist in der Kalmenzone und sind sehr ruhig, ihre Wasserschichten mit den verschiedenen darin enthaltenen Nährstoffen vermischen sich kaum. Diese Gewässer profitieren auch nicht von dem organischen Material und den Mineralien, die Flüsse in die flacheren Küstengewässer pumpen.

DIE GEMÄSSIGTEN ZONEN

Auf halbem Weg zwischen den Wendekreisen und den Polarkreisen befinden sich die gemäßigten Zonen der Erde. Hier findet man das Grasland und die Laubwälder Nordeuropas sowie die Prärien und Nadelwälder Nordamerikas. Es gibt zwar weniger Sonnenenergie als in den Tropen, doch sind die Sommer mit Niederschlagsmengen von 500 bis 1500 Millimeter pro Jahr warm und feucht. Dieser Teil der Welt wird stark von den Jahreszeiten geprägt. Die Tiere und Pflanzen, die hier leben, müssen sich an die Unterschiede zwischen Winter, Frühjahr, Sommer und Herbst anpassen.

In Europa sind vor allem Laubwälder mit ihren Eichen, Buchen, Eschen und Kastanien verbreitet, in denen Tiere wie Wildschweine, Rehe und Eichhörnchen Schutz finden. Der Wald ist hier mit lediglich zwei Stockwerken einfacher aufgebaut als ein tropischer Wald mit seinen zahlreichen, verschieden hohen Bäumen. Im Laubwald dringen Sonnenstrahlen leichter bis zum Waldboden vor, wo Büsche, Blumen und Moose gedeihen können. Dieser Lebensraum ist mit einer durchschnittlichen Biomasse von 3000 Gramm pro Quadratmeter sehr produktiv. In Nordamerika sind dagegen Nadelwälder weit verbreitet. Die spektakulärsten unter ihnen sind die Riesenmammutbaumwälder an der Pazifikküste: Sie sind die Wälder mit den höchsten und größten Bäumen der Erde.

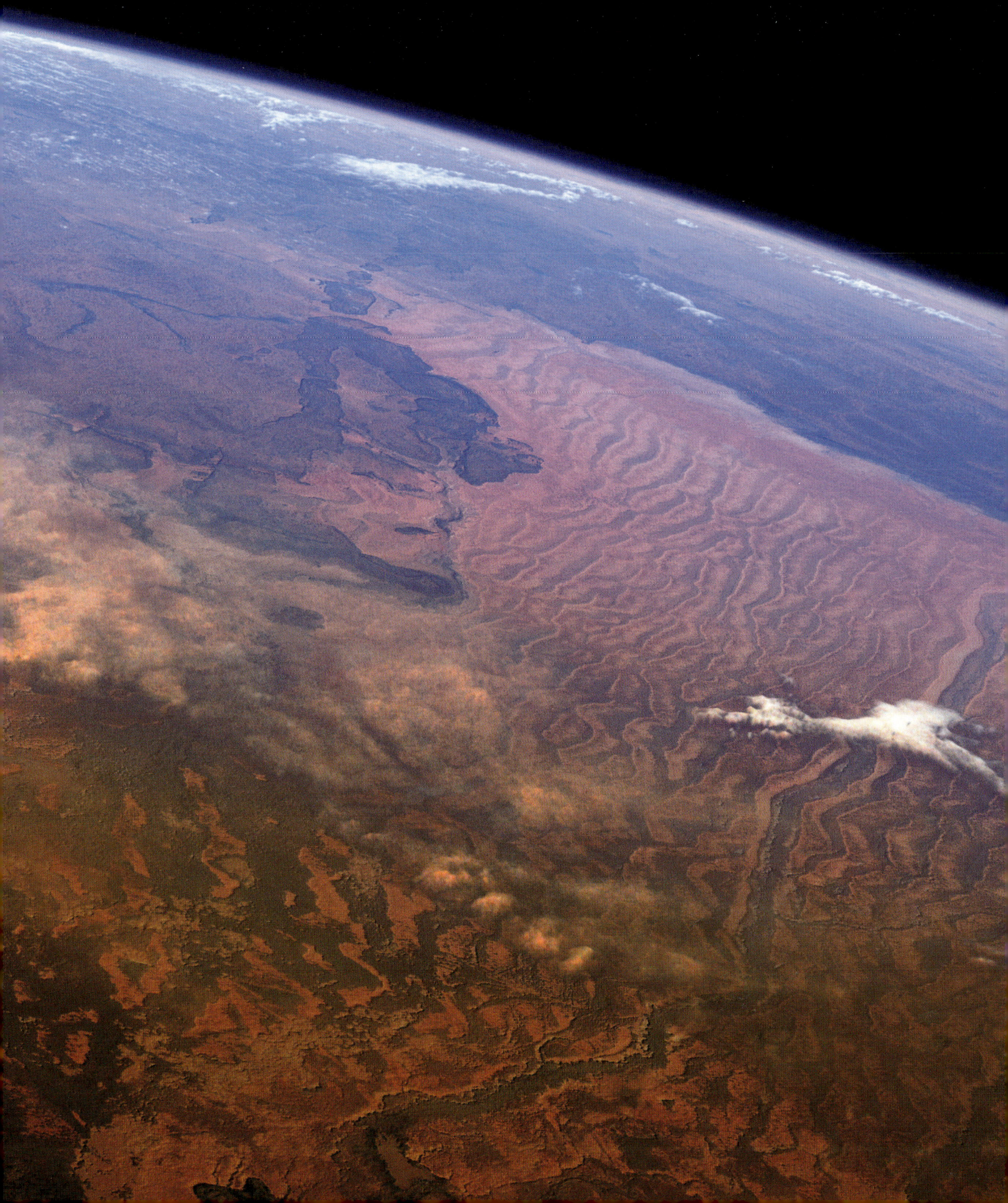

OBEN Der Kiang bzw. Tibetanische Halbesel ist ein echtes Steppentier und ernährt sich fast ausschließlich von Gras. Wie viele andere Bewohner des kargen Flachlandes ist er ein schneller Läufer. Im Sommer leben Kiangs in kleinen Herden und versammeln sich im Winter dort, wo das Gras schneefrei ist.

VORHERIGE DOPPELSEITE Saisonale Winde treiben einen gewaltigen Sandsturm von fast 1,5 Kilometer Höhe über die Sahara. Die Staubwolke kann über den Atlantik bis nach Brasilien getragen werden.

Je weiter man nach Norden vorstößt, desto mehr beherrschen Nadelbäume das Bild. Das gesamte nördliche Nordamerika und Eurasien sind von einem Nadelwaldgürtel durchzogen, der als borealer Nadelwald oder Taiga bezeichnet wird. Jeder dritte Baum auf der Erde befindet sich in dieser Waldzone, in der Wölfe, Luchse, Elche und Rentiere zu finden sind. Der Winter kann hier lang und hart sein, und neun Monate im Jahr ist das meiste Süßwasser zu Schnee und Eis gefroren.

Wenn die Frühjahrsschmelze endlich einsetzt, wird der Boden rasch durchtränkt, da die Feuchtigkeit wegen der Dauerfrostschicht an der Oberfläche bleibt. Pflanzen verrotten nur langsam, und der saure Boden bindet Nährstoffe, die für das Pflanzenwachstum benötigt werden. Überdies erstreckt sich die Wachstumsperiode auf nur wenige warme Monate. Laubbäume können daher in solchen Breiten nicht wachsen – ganz anders als Nadelbäume, die mit ihrer kegelförmigen Gestalt und ihren wachsartigen Nadeln die Kälte und Trockenheit des Winters gut überleben können. Die durchschnittliche Niederschlagsmenge beträgt nur 400 bis 600 Millimeter pro Jahr, in einigen Regionen sogar nur 150 Millimeter. Das ist nicht mehr als in vielen Halbwüsten, doch geht in diesem kälteren Klima verhältnismäßig wenig Feuchtigkeit durch Verdunstung verloren. Die Produktivität der borealen Wälder des Nordens beträgt lediglich 200 bis 1500 Gramm pro Quadratmeter – das ist gerade einmal halb soviel wie die der Laubwälder des wärmeren Südens.

DIE GROSSEN EBENEN

Im Inneren der großen Landmassen Nordamerikas und Eurasiens herrschen kontinentale Klimabedingungen. Ohne den mäßigenden Einfluss der Meere und der Feuchtigkeit, die sie liefern, sind hier die Winter kalt und die Sommer heiß und trocken. Für Bäume sind diese Klimabedingungen ungeeignet. Stattdessen beherrschen Steppen das Landschaftsbild.

In der nördlichen Hemisphäre gibt es die nordamerikanische Prärie mit ihren Gabelböcken, Präriehunden und den Resten der Bisonherden, die einst aus Millionen von Tieren bestanden. In Eurasien dagegen liegt die russische Steppe, wo früher große Saiga-Antilopenherden umherzogen. In der südlichen Hemisphäre findet man exakt denselben Lebensraum in Form der südamerikanischen Pampa und der südafrikanischen Steppe. Auf jeder Seite des Äquators scheinen sich die Lebensräume, die durch die gleichen Bedingungen aus Sonneneinstrahlung und Niederschlag entstehen, zu spiegeln.

Die Produktivität in den Steppen der gemäßigten Zonen ähnelt der in den Savannen in Äquatornähe, denn in beiden Fällen hängt sie vom Gras ab. Das unscheinbare Gewächs kann sowohl Temperaturschwankungen als auch Wassermangel bemerkenswert gut ertragen und hat sich mit dieser Fähigkeit zur meistverbreiteten Pflanze der Erde entwickelt. Heute bedeckt es ein Viertel der Landfläche und bietet mehr großen Tieren Nahrung als jede andere Pflanze.

RAUE, NÄHRSTOFFREICHE MEERE

Obwohl das Leben an Land in den Tropen am üppigsten ist, gilt für die Meere das Gegenteil: Auch wenn das Meeresleben meist von lokalen Faktoren wie beispielsweise Strömungen beeinflusst wird, ist es in den gemäßigten Breiten am produktivsten. Einer der Gründe dafür ist das Wetter: In diesen Breiten trifft aufsteigende Luft vom Äquator auf sinkende Polarluft, was für instabile Wetterverhältnisse sorgt.

So entstehen zum Beispiel im Nordatlantik regelmäßig mächtige Wetterfronten, die schnell nach Europa ziehen und den Westküsten heftige Stürme bringen. Vor allem in den flachen Gewässern des Kontinentalschelfs wühlen diese Stürme die See bis in eine Tiefe von 200 Meter auf. Phosphor und Stickstoff gelangen aus der Tiefe nach oben und regen jedes Frühjahr eine massive Vermehrung des Phytoplanktons an. Am Ende des Sommers sind die Nährstoffe aufgebraucht, doch vermischt sich das Wasser im Winter erneut, sodass sich die Batterien des Meereslebens erneut aufladen können.

OBEN Der zweitgrößte Fisch der Welt, der Riesenhai. Er ist nicht in den klaren, tropischen Gewässern, sondern in den nährstoffreichen, gemäßigten Meeren zu Hause, wo er sich vom Plankton ernährt, das sich hier vermehrt.

GEGENÜBER Wintersonnenwende am Südpol. Ein Kaiserpinguin wird von hinten von den Südlichtern angeleuchtet. An den Polen ist das Magnetfeld, das vom eisenhaltigen inneren Erdkern erzeugt wird, schwächer. Dort trifft der Sonnenwind auf die Atmosphäre und erzeugt die Süd- und Nordlichter.

IM EWIGEN EIS

Auf dem 65. Grad nördlicher Breite passiert man die Baumgrenze und betritt die Öde der Tundra. Hier sind die Winter lang und dunkel, mit Temperaturen um die -30 °C. In dieser Hochdruckregion bringt die Kaltluft nur wenig Regen. Die Winter sind zu kalt für Bäume, und die Produktivität ist so gering wie in den Wüsten des Südens: nur 100 bis 400 Gramm Kohlenstoff pro Quadratmeter. Im Winter bleiben nur ein paar widerstandsfähige Tiere wie der Moschusochse und der Polarfuchs dort. Im kurzen Sommer hingegen kommen Gäste aus dem Süden: Schneegänse und Karibus, die die langen Tage und das kurzzeitige Pflanzenwachstum ausnutzen.

Sowohl im Norden als auch im Süden liegt der Polarkreis bei 66,5 Grad Breite – die Grenze, hinter der an mindestens einem Tag im Jahr die Sonne nicht untergeht. Je näher man den Polen kommt, desto höher ist die Anzahl dieser Tage, bis die Sonne schließlich am Nord- und Südpol nur noch einmal im Jahr auf- und untergeht.

Wegen ihrer Höhe ist die Antarktis die kältere Polarregion, zudem strahlen Schnee und Eis das wenige Sonnenlicht zu 85 Prozent in die Atmosphäre zurück. Die Temperaturen betragen im Jahresdurchschnitt -55° bis -60 °C, pro Jahr fallen im Inland nur wenig mehr als 40 Millimeter Schnee. Nichts wächst dort außer Flechten auf ein paar Felsen, die aus der Eisschicht ragen. Dieser Eispanzer bedeckt fast den gesamten Kontinent. Die Produktivität geht so weit gegen null wie nirgendwo sonst.

WECHSEL DER JAHRESZEITEN

Die zufällige Kollision, die den Mond hervorbrachte und bewirkte, dass sich die Erde um eine geneigte Achse dreht, hat das Leben in der Natur mehr als alles andere geprägt. Während der Umkreisung der Sonne sind verschiedene Zonen der Erde der Sonne zu verschiedenen Zeiten zugewandt. Auf der Nordhalbkugel ist der Nordpol im Dezember von der Sonne abgewandt, was den dunklen, kalten Winter zur Folge hat. Im weiteren Verlauf der Umkreisung wendet sich der Nordpol allmählich der Sonne zu, die

jeden Tag ein Stückchen höher am Himmel steht und somit die Tage verlängert. Zur Frühjahrs-Tagundnachtgleiche im März steht die Sonne direkt über dem Äquator, so dass Tag und Nacht genau dieselbe Länge haben. Der Einfluss der Sonne nimmt auf der Nordhalbkugel zu, bis sie am 21. Juni, der Sommersonnenwende, direkt über dem nördlichen Wendekreis steht. Dies ist der Höhepunkt des Sommers, wenn es in den Regionen nördlich des Nordpolarkreises 24 Stunden lang hell ist. Dann wendet sich der Nordpol von der Sonne ab, und die Länge der Tage nimmt ab. Der Sommer geht in den Herbst über, und am 21. September, der Herbst-Tagundnachtgleiche, steht die Sonne abermals direkt über dem Äquator. Allmählich neigt sich die südliche Hemisphäre der Sonne zu, bis die Sonne am 21. Dezember, der Wintersonnenwende, direkt über dem südlichen Wendekreis steht. Dies ist sowohl der Höhepunkt des nördlichen Winters als auch des südlichen Sommers.

Der Übergang vom Sommer zum Winter vollzieht sich an beiden Polen plötzlich und auf dramatische Weise. In der Antarktis verdoppelt der Kontinent innerhalb weniger Monat seine Größe, wenn das Meer um ihn herum zufriert. Dies ist der drastischste Jahreszeitenwechsel auf der Erde, und mit Ausnahme einer Vogel- und einer Robbenart ziehen alle Tiere mit der schwindenden Sonne nach Norden.

In den gemäßigten Zonen, die auf halbem Weg zwischen den Polar- und den Wendekreisen liegen, gibt es dagegen vier verschiedene Jahreszeiten, von denen keine extrem ist. Daher konnte sich eine große Zahl an Tieren und Pflanzen den klimatischen Bedingungen anpassen. Im Meer der gemäßigten Zonen gibt es ebenfalls vier Jahreszeiten. In den flachen Gewässern regen die länger werdenden Tage die Vermehrung des Phytoplanktons an, das die Grundlage der Nahrungskette im Meer bildet. Selbst in der völligen Dunkelheit auf dem Grund der Tiefsee gibt es einen Jahreszeitenzyklus. Zeitrafferaufnahmen zeigen, dass die Menge des »Meeresschnees«, der organischen Abfälle aus den höheren Schichten, einem jahreszeitlichen Zyklus folgt, der vom Aktivitätsniveau der sonnenbeschienenen Schichten darüber abhängt.

In den Regionen an den Wendekreisen, wo die Tageslänge kaum schwankt, gibt es nur zwei Jahreszeiten, die Regen- und die Trockenzeit. Doch selbst diese werden von der Umlaufbahn der Erde um die Sonne erzeugt. Wenn die Sonne senkrecht steht, verdunstet mehr Wasser aus den Meeren, und es gibt mehr Warmluft, die es nach oben in die Atmosphäre transportiert. Dadurch entstehen mehr Wolken, Stürme und Niederschläge. Wenn die Sonne im Juni direkt über dem nördlichen Wendekreis steht, beginnt in den nördlichen tropischen Gebieten die Regenzeit. Wenn sie hingegen im Dezember über dem südlichen Wendekreis steht, treten die Regenfälle auf der Südhalbkugel auf. Nur am Äquator, wo die Sonne jeden Tag genau zur selben Zeit auf- und untergeht, sind keine Jahreszeiten spürbar.

Für Milliarden von Tieren auf der Erde bedeutet der Jahreszeitenwechsel in ihrem Lebensraum, dass sie ständig auf Wanderschaft sind, um entweder dem wärmenden Einfluss der Sonne oder den wechselnden Süßwasservorräten zu folgen. So verlassen jedes Jahr im Herbst die Populationen des Admiralfalters Nordeuropa und fliegen fast 3200 Kilometer weit nach Nordafrika, um der Kälte zu entfliehen. Jeden Sommer legen zwischen drei und vier Millionen Karibus auf der Suche nach frischem Weideland auf der längsten Wanderung aller Landsäugetiere bis zu 5000 Kilometer zurück. Europäische Mauersegler sind ständig unterwegs: Sie folgen der Sonne und ihrer Beute aus Insekten 18 000 Kilometer weit durch die Sahara nach Westafrika und dann, wenn die Nahrung knapp wird, weiter nach Ostafrika und wieder zurück nach Europa, um dort zu brüten. Im Meer legen die meisten Bartenwale von ihren Paarungsplätzen in den warmen tropischen Gewässern zu ihren sommerlichen Nahrungsgründen in den höheren Breiten große Entfernungen zurück.

All diese Tiere und Pflanzen der Erde verdanken ihr Dasein einem einzigartigen kosmischen Zufall – einer Kollision, die unseren Planeten um 23,26 Grad neigte und dabei die gesamte Geschichte des Lebens auf der Erde verändern sollte.

OBEN Ein Admiralfalter steigt auf. Wie viele andere, noch wesentlich größere Tiere entfliehen Admirale den kalten Wintern, indem sie, wie in diesem Fall, von Europa nach Afrika fliegen.

GEGENÜBER Eine Buckelwalmutter und ihr Kalb in den warmen, aber leeren Gewässern von Tonga. Wenn das Kalb kräftig genug ist, um seine tropische Kinderstube zu verlassen, ziehen sie nach Süden in die kalten, krillreichen Gewässer, wo sie den südlichen Sommer mit Fressen verbringen. Buckelwale unternehmen die längste belegte Wanderung aller Meeressäuger und leben bis zu acht Monaten im Jahr von ihren Fettreserven.

2 Im ewigen Eis

In der gefrorenen Welt der Arktis und Antarktis spürt

man die Jahreszeiten am intensivsten.

Von der völligen Dunkelheit und den eisigen

Temperaturen des Polarwinters bis

zum 24-stündigen Tageslicht des Polarsommers:

Dies ist die Welt der absoluten Extreme.

OBEN Eine antarktische Sommernacht, in der die Sonne nie ganz untergeht.

RECHTS Die Antarktis ist der kälteste Ort der Erde und im Winter ganz von Meereis umgeben.

VORHERIGE DOPPELSEITE OBEN Eine Elfenbeinmöwe (links) wird von einer Schmarotzerraubmöwe verfolgt. UNTEN Kaiserpinguine in der Antarktis auf ihrem Weg zurück zum Meer.

Der 21. September ist ein sehr wichtiger Tag für alle Mitarbeiter in der Amundsen-Scott-Forschungsstation am Südpol. Sechs Monate lang haben die Wissenschaftler und ihre Mitarbeiter hier in fast völliger Dunkelheit überwintert. Jetzt, zur Frühjahrs-Tagundnachtgleiche, kreuzt die Sonne den Äquator auf ihrer Reise zur südlichen Hemisphäre und erscheint am Südpol über dem Horizont. Alle, die in der Station leben, eilen hinaus und genießen den ersten Sonnenschein seit langer Zeit. Die Sonne geht nun sechs Monate lang nicht mehr unter, sondern kreist permanent über dem Horizont und sorgt dafür, dass es 24 Stunden lang hell ist. Am Nordpol ist es genau umgekehrt: Die Sonne verschwindet im September für sechs Monate hinter dem Horizont und kehrt erst im März zurück. An beiden Polen kann man die Sonnenwärme für einen einzigen, sechs Monate langen »Tag« genießen, auf den eine sechsmonatige »Nacht« folgt. Nirgendwo sonst ist der Unterschied zwischen den Jahreszeiten so extrem. Auftauchen und Verschwinden der Sonne beherrscht auch das Leben der Tiere und Pflanzen in den Polarregionen. Trotz des gewaltigen Unterschieds zwischen Sommer und Winter ist die Zahl der Sonnenstunden am Südpol auf das ganze Jahr verteilt genauso hoch wie am Äquator. Doch da die Pole von der Sonne abgewandt liegen, trifft die Sonnenstrahlung in einem flachen Winkel auf die Erdoberfläche, was ihre Intensität abschwächt. Auf dem 60. Grad nördlicher Breite, wo Oslo und die Shetlandinseln liegen, ist die Sonnenstrahlung nur halb so intensiv wie am Äquator. Bei 80 Grad nördlicher Breite – am oberen Ende Grönlands – strahlt die Sonne nur noch mit 17 Prozent der Kraft, mit der sie am Äquator scheint. Die Pole sind und bleiben daher eine eisige Wildnis.

In unseren Breiten sind wir gewöhnt, dass es am Morgen, bevor die Sonne ihren höchsten Stand hat, noch kühl ist. An den Polen jedoch wird es den ganzen Tag über nicht wärmer. Die Sonne steht nie hoch genug, um eine brennende Mittagshitze wie in den Tropen zu erzeugen. Die Wirkung der Sonne wird zudem durch die Erdatmosphäre eingeschränkt, denn der flachere Winkel bedeutet, dass ihre Strahlen eine längere Strecke durch die Gashülle unseres Planeten zurücklegen müssen, bevor sie die Erdoberfläche erreichen.

Schuld an der polaren Kälte ist jedoch vor allem die fast völlig geschlossene Schnee- und Eisdecke, die bis zu 90 Prozent der energiereichen Sonnenstrahlen ins All reflektiert. Nur im antarktischen Hochsommer im November und Dezember erhält der Südpol tatsächlich Wärme.

WELTEN ENTFERNT

Obwohl der Einfluss der Sonne an beiden Polen spürbar ist, gibt es erhebliche Unterschiede zwischen Antarktis und Arktis. Zunächst einmal ist es in der Antarktis wesentlich kälter. Die durchschnittliche Wintertemperatur

OBEN Das Überleben des Eisbären hängt davon ab, ob er im Frühjahr und Sommer genug Robben und Robbenjunge fangen kann, was wiederum davon abhängt, ob es genügend Eis gibt, auf dem er jagen kann. Da das Eis jedes Jahr früher schmilzt und sich nicht mehr so stark ausdehnt, sinkt auch die Zahl der Eisbären.

beträgt -50 °C. Selbst an einem Sommertag kann die Temperatur am Südpol 30 °C unter null betragen; es ist also kälter als in der kältesten Winternacht am Nordpol. Der Hauptgrund für diesen großen Unterschied ist die Höhe.

Die Arktis besteht aus einem tief liegenden Meereisbecken. Wenn man am Nordpol steht, ist man nur durch eine Eisschicht vom Meer getrennt. Am Südpol befindet man sich dagegen 2800 Meter über dem Meeresspiegel (also fast so hoch wie die Zugspitze) und kann die Höhe auch deutlich spüren: Selbst bei leichter Arbeit ermüdet man schnell. In der extremen Kälte kann man sich kaum länger als eine halbe Stunde im Freien aufhalten, denn auch im Hochsommer ist es oft viel zu kalt, um die Haut längere Zeit einer Luft auszusetzen, in der die feuchte Atemluft gefriert, sobald man ausatmet. Wenn man im Winter draußen eine Tasse kochendes Wasser ausschüttet, erstarrt sie zu einer wunderschönen Wolke aus Eiskristallen, noch bevor sie den Boden erreicht.

Unter den Füßen des Südpol-Besuchers befindet sich eine stellenweise mehr als 3000 Meter mächtige Eisschicht, die sich im Laufe von Hunderttausenden von Jahren gebildet und die Antarktis zum höchsten Kontinent der Erde gemacht hat. Die weiße Wildnis erstreckt sich bis zum fernen Horizont flach und eben wie ein Fußballfeld. Absolut nichts stellt sich dem Blick in den Weg.

Unter der größten Eiskappe der Welt befinden sich jedoch gewaltige Gebirgszüge. Dreimal höher als jeder andere Kontinent liegt die Antarktis; ihre durchschnittliche Höhe beträgt 2300 Meter – im Gegensatz zu einer Durchschnittshöhe von nur 720 Metern in Nordamerika. Wie jeder weiß, der schon einmal einen Berg bestiegen hat, fällt die Lufttemperatur mit zunehmender Höhe um ein Grad pro 100 Meter. Die Antarktis ist also aufgrund ihrer Höhe wesentlich kälter als der Nordpol, der sich nur knapp über dem Meeresspiegel befindet.

Ein anderer wichtiger Faktor ist die isolierte Lage. Die Antarktis ist ein zugefrorener Kontinent, der vom offenen Meer umgeben ist. Die Südspitze Afrikas liegt etwa 4000 Kilometer weiter nördlich, während Australien zirka 2400 Kilometer entfernt ist. Der südliche Ozean, auch Südpolarmeer genannt, ist das stürmischste Gewässer unseres Planeten und trennt die Antarktis von diesen Kontinenten. Der kalte Zirkumpolarstrom treibt beständig kaltes Wasser im Uhrzeigersinn um den Kontinent und trägt dazu bei, die Antarktis von der übrigen Wettersituation der Welt abzuschneiden. Weitgehend isoliert von Warmlufteinflüssen aus den tropischen Breiten, können sich um den Südpol herum intensive Tiefdrucksysteme bilden, die ungehindert über die öde Eis- und Felslandschaft wirbeln.

Für die wenigen Hundert hart gesottenen Wissenschaftler und ihre Mitarbeiter bedeutet der lange antarktische Winter ein Leben in völliger Isolation. Wenn das Meer zufriert, können sich selbst die stärksten Eisbrecher nicht mehr ihren Weg bis an den Rand des Kontinents bahnen. Obwohl die Forscher dank Satelliten inzwischen ständig mit der Heimat kommunizieren können, ist ein Entkommen im Notfall kaum möglich.

Anders als die Antarktis ist die Arktis ein zugefrorener Ozean, der von Landmassen umgeben ist. Die Entfernung vom Nordpol zur Nordküste Kanadas beträgt nur 800 Kilometer. Hochdrucksysteme, die sich jeden Sommer über den Landmassen Russlands und Nordamerikas bilden, geben einen Teil ihrer Warmluft auch nach Norden in die arktische Region ab. Im Winter fungieren diese Kontinente als eine Art riesiger Nachtspeicherheizung und verhindern, dass Wasser und Luft der Arktis völlig auskühlen. Für Wissenschaftler ist das Leben hier einfacher als in der Antarktis: Das ganze Jahr über landen speziell dafür konstruierte Flugzeuge selbst an abgelegenen Punkten mitten auf dem Eis.

POLARE SCHWANKUNGEN

Die großen Temperaturunterschiede und die Abgeschiedenheit an beiden Polen haben zwei sehr unterschiedliche Tier- und Pflanzenwelten hervorgebracht. In der Arktis können sich Tiere und sogar Menschen zumindest zeitweise ansiedeln, da das feste Land relativ nah liegt. Jedes Frühjahr, wenn die Lebensbedingungen besser werden, können arktische Tiere nach Norden wandern. Sobald der harte Winter beginnt, kehren sie einfach wieder in Richtung Süden um. Dadurch ist die Arktis zur Heimat von 40 Landsäugetieren geworden, von den winzigen Lemmingen bis zu den großen Moschusochsen.

In der Antarktis gibt es dagegen keinerlei Landsäugetiere. Mit Ausnahme der Weddellrobbe wandern die Meeressäuger im Winter, wenn das Meer zuzufrieren beginnt, nach Norden. Im Sommer sind es knapp 20 Vogelarten, die auch jenseits des 70. Grades südlicher Breite vorkommen. Sobald es aber Winter wird, ziehen sie sich zurück. Dann bleibt der Kaiserpinguin als einziger Vogel zurück, wobei sich sein Lebensraum auf die küstennahen Gebiete beschränkt. Im Gegensatz dazu gibt es in der Arktis acht Landvogelarten, die ständig dort leben, und über 150 Zugvogelarten.

Pflanzen müssen den Wetterextremen besonders gut angepasst sein, denn sie können sich nicht in wärmere Gefilde zurückziehen. Daher findet man in der Antarktis jenseits des 80. Breitengrads nur winzige Flechten. Auf dem ganzen Kontinent gibt es nur zwei Arten von Blütenpflanzen. In der Arktis blühen dagegen sogar nördlich des 82. Breitengrads noch mehr als 90 Pflanzenarten.

Obwohl die Arktis milder und gemäßigter ist als die Antarktis, bilden beide Polarregionen die kälteste, raueste und ausgedehnteste Wildnis der Erde. Eine gewaltige Herausforderung für Tiere und Pflanzen, die in den Polarregionen ums Überleben kämpfen, ist der große Unterschied zwischen den Jahreszeiten – von 24 Stunden Helligkeit im Sommer bis zu völliger Dunkelheit im Winter. Die Tagesdurchschnittstemperaturen können innerhalb eines Monats um zehn Grad fallen. Mit der alljährlichen Schmelze und der darauf folgenden Rückkehr des Meereises verschwinden manche Lebensräume, andere tauchen dafür plötzlich neu auf. So ist der Arktische Ozean im tiefsten Winter von einer etwa zwölf bis 13 Millionen Quadratkilometer großen Eisfläche bedeckt, die beispielsweise Eisbären riesige Jagdgründe bietet. Doch im Sommer schmilzt fast die Hälfte des Eises und mit ihm das sichere Jagdrevier des Bären.

Im antarktischen Herbst schiebt sich die zufrierende Eisfront mit beachtlichen vier Kilometern pro Tag vorwärts. Die Pinguine und Robben, die einen Zugang zum Wasser brauchen, um zu fressen, müssen nach Norden ziehen. Im September reicht die Eisfläche 645 bis 3060 Kilometer ins Meer hinaus. Mehr als 20 Millionen Quadratkilometer neuen Meereises haben sich gebildet und die Oberfläche des Kontinents auf mehr als das Doppelte anwachsen lassen. Nirgendwo sonst erlebt die Natur so große jahreszeitliche Schwankungen.

OBEN Weddellrobben sind die einzigen antarktischen Säugetiere, die zu Beginn des Winters nicht nach Norden ziehen. Obwohl sie sich unter dem Eis warm halten können, müssen sie zum Überleben Luftlöcher freihalten, indem sie das Eis abnagen. Dies schädigt ihre Zähne und kann einer der Gründe dafür sein, dass Weddellrobben nicht so lange leben wie andere Robben.

GEGENÜBER Nunataks sind Berggipfel, die in Queen Maud Land in der Antarktis über das Eismeer ragen. Schneefreie, felsige Gipfel wie dieser sind heiß begehrte Nistplätze für Schneesturmvögel.

DER POLARFRÜHLING

OBEN Im Frühjahr machen die Eisbären Jagd auf Robben. Die Strategie der Klappmützenrobben ist, auf dem unsicheren Packeis zu gebären und so fetthaltige Milch zu produzieren, dass die Jungen in weniger als einer Woche entwöhnt werden können.

GEGENÜBER OBEN Seeleoparden übernehmen in der Antarktis zusammen mit den Schwertwalen die Rolle des Fleisch fressenden Räubers – wie der Eisbär in der Arktis. Ihr geschmeidiger Körper verleiht ihnen ein schlangenhaftes Aussehen, das sie von allen anderen Robben unterscheidet.

GEGENÜBER UNTEN Im Meer stellen Seeleoparden und Schwertwale die größte Gefahr für Pinguine dar. Hier beäugen sich Adéliepinguine und ein lauernder Seeleopard.

VORHERIGE DOPPELSEITE Ein Kaiserpinguin posiert am Rand des Meereises vor einem jadefarbenen Eisberg. Der Eisberg hat wahrscheinlich unten an der Eiskante »gekalbt«: Seine Farbe ist das Ergebnis des Drucks der dicken Eisschicht, die im Laufe der Zeit die kleinen Luftblasen aus ihm herausgepresst hat. Diese Lufteinschlüsse verleihen Eisberge normalerweise ihr weißes Aussehen.

Auf den Inseln von Kong Karls Land an der Nordostspitze des Svalbard-Archipels trifft man auf eine der weltweit dichtesten Populationen von Eisbären, die hier ihre Jungen aufziehen. In einem einzigen Tal graben über 40 Eisbärenmütter ihre Winterhöhlen in die schneebedeckten Hügel. Vier Monate werden sie darin verbringen: Wenn draußen die Winterstürme toben, werden die Mütter in diesen Höhlen Schutz suchen und dort ihre Jungen gebären. Während sie die Jungen säugen, fressen sie nichts und nehmen immer weiter ab. Ende März, wenn die Jungen drei Monate alt sind, verlässt die Familie ihre Schneehöhle zum ersten Mal. Noch immer fallen die Tagestemperaturen unter -25 °C, und plötzliche, heftige Stürme können Mutter und Junge weitere Tage unter der Oberfläche festhalten. Doch die Sonne ist schon über den Horizont zurückgekehrt, und für ein paar wenige Stunden am Tag werden die Hänge von rosafarbenem Licht angestrahlt.

Ein Muttertier wartet daher einen schönen, ruhigen Tag ab, bevor sie ein kleines Loch in die Wand ihrer Eishöhle gräbt. Vorsichtig steckt sie zunächst die Schnauze ins Freie und schnüffelt. Sie muss aufpassen. Wenn so viele Eisbärenmütter in demselben Tal Junge bekommen, wittern hungrige männliche Eisbären, die den Winter draußen auf dem Eis verbracht haben, oft eine leichte Mahlzeit aus Jungtieren. Aber auch das Weibchen ist ausgehungert – hat es in den vergangenen Monaten doch mindestens ein Drittel seines Körpergewichts verloren. Seine Zwillinge bleiben zunächst in der Nähe der Höhle und erforschen vorsichtig ihre neue Umgebung. Nach etwa zwei Wochen ist ihre Mutter zu hungrig, um noch länger abzuwarten, und führt die Jungen aus dem Tal heraus. Ihr Timing ist perfekt. Denn auf dem immer noch festen Eis des Arktischen Ozeans haben die Robben gerade begonnen, ihre Jungen zu gebären.

Robben müssen sich zur Geburt aufs feste Eis begeben. Die Jungen, die am Frühjahrsanfang geboren werden, haben dann den ganzen arktischen Sommer Zeit, um zu wachsen und das Jagen zu lernen. Doch im Frühjahr ist das Eis auch noch fest genug, um jagende Eisbären zu tragen. Jede Robbenart entwickelte daher ihre ganz eigene Strategie, um ihre Jungen vor dieser Bedrohung zu schützen.

Sattelrobben beispielsweise gebären weit draußen auf dem instabilen Packeis auf der atlantischen Seite des Nordpolarmeers, wo die Wahrscheinlichkeit einer Begegnung mit Bären geringer ist. Mit dem weißen Fell sind ihre Jungen wie alle arktischen Robben im Schnee gut getarnt. Um das Risiko so niedrig wie möglich zu halten, verbringen Sattelrobben nur kurze Zeit auf dem Meereis. Dank der Muttermilch, die 45 Prozent Fett enthält, hat das Junge innerhalb von nur zwölf Tagen sein Geburtsgewicht verdreifacht und ist mit seiner dicken Speckschicht (Blubber) für ein Leben im kalten Meer gerüstet.

Auch Klappmützenrobben – nach dem roten Nasenwulst benannt, den die Männchen beim Werben um ein Weibchen aufblasen – gebären auf dem unsicheren Packeis, um Eisbären zu entgehen. Sie haben die Entwöhnungszeit noch weiter verkürzt: Da ihre Milch sogar 60 Prozent Fett enthält, kann die weibliche Klappmützenrobbe ihr Junges nach nur vier Tagen ins Wasser lassen.

Ringelrobben dagegen bringen ihre Jungen weiter im Norden auf dem Festeis zur Welt und können sich somit eine wesentlich längere Entwöhnungsphase von sechs bis sieben Wochen leisten. Die Länge der Aufzucht und die stabile Eisdecke machen sie jedoch wesentlich anfälliger für Eisbären, und so sind sie gezwungen, ihre Jungen in einem Bau unter dem Eis zu verstecken. Diese kleinen Eishöhlen bieten außerdem Schutz vor der Kälte: Wenn die Außentemperatur unter -30 °C fällt, liegt die Innentemperatur immer noch um den Gefrierpunkt.

Eisbären haben einen hervorragenden Geruchssinn und können Robben in ihrer Höhle noch aus einer Entfernung von ein bis zwei Kilometern wittern. Ein Junges zu fangen ist jedoch gar nicht so leicht. Jeder Bau hat ein Fluchtloch zum offenen Wasser unter dem Eis. Damit ihm das Junge nicht entkommt, muss

sich der Eisbär mit großen, leisen Schritten an die Stelle heranpirschen, wo er seine Beute vermutet. Dann krümmt er den Rücken und macht einen plötzlichen Satz, um durch die Schneedecke in die Höhle einzudringen und gleichzeitig deren Ausstiegsloch zu versperren. Wenn der Schnee weich ist, führt ihn ungefähr jeder dritte Versuch zum Erfolg. Ist die Schneedecke dagegen fest gefroren, stößt das Raubtier nur bei etwa jedem 20. Versuch auf Beute.

An den meisten kurzen Frühlingstagen suchen die Eisbärenmütter daher von morgens bis abends das Eis nach Robbenjungen ab und bringen so ihrem eigenen Nachwuchs das Jagen bei. Um diese Jahreszeit ist das Angebot an Robben relativ groß, und wenn das Meereis im Sommer aufbricht, haben die meisten Eisbären genug gefressen, um die mageren Zeiten zu überstehen.

KRABBENFRESSER UND SEELEOPARD

Die antarktische Meereisfläche ist im Winter so groß, dass sie die Aufzuchtaktivitäten eines Lebewesens verbirgt, das neben dem Menschen wohl eines der zahlreichsten Säugetiere der Erde darstellt. Das dicke Packeis, das den Kontinent umgibt, ist selbst mit dem stärksten und modernsten Eisbrecher so schwer zu durchdringen, dass niemand seine genaue Anzahl kennt: Doch ziehen in jedem Frühjahr mindestens 14, vielleicht sogar 40 Millionen Krabbenfresser-Robben ihre Jungen auf dem Eis auf. Die meiste Zeit des Jahres sind diese Tiere gesellig und gehen in großen Gruppen aus Hunderten Tieren auf Nahrungssuche. Trotz ihres Namens ernähren sie sich nicht von Krabben, die es in den antarktischen Gewässern auch gar nicht gibt. Stattdessen fressen sie hauptsächlich Krill, Schwärme aus kleinen Krebsen. Im September, wenn der Frühling in die Antarktis zurückkehrt und sich die äußeren Ränder des winterlichen Meereises zurückziehen, begeben sich die Krabbenfresser-Robben hinaus auf die Eisschollen, um ihre Jungen zu gebären. Ein Junges wiegt bei der Geburt rund 20 Kilogramm, nach nur vier Wochen jedoch schon um die 100 Kilogramm. Seine Mutter hingegen verliert in dieser Zeit 50 Prozent ihres Körpergewichts.

In der Antarktis gibt es zwar keine Eisbären, die den Wettlauf um die Entwöhnung der Jungen ankurbeln, dafür aber furchtbare Unwetter. Im Wasser sinken die Temperaturen nie unter den Gefrierpunkt von -1,8 °C, doch auf den Eisschollen, die dem Wind ausgesetzt sind, können die Frühjahrstemperaturen -40 bis -50 °C betragen. Zudem drohen Gefahren aus dem Meer. Schwertwale haben eine raffinierte Technik entwickelt, um Krabbenfresser-Robben und ihre Jungen von den Eisschollen zu schnappen. Sie schließen sich zusammen und springen auf einer Seite der Eisscholle aus dem Wasser. Beim Sturz ins Meer erzeugen sie eine Welle, die die Eisscholle kippt und die Robben in ihre wartenden Mäuler rutschen lässt. Diese Technik erfordert allerdings offene Gewässer, die sich jedoch meist erst im Sommer auftun.

Noch bedrohlicher ist für den Krabbenfresser ein Feind, der selbst im dichtesten Frühjahrspackeis jagen kann. Der Seeleopard mit seinem großen, bedrohlichen, schlangenartigen Kopf und seinen bis zu vier Metern Körperlänge ist die längste Hundsrobbe der Antarktis. Wer abgehärtet genug ist für die kalten antarktischen Gewässer, kann die nervenaufreibende Erfahrung machen, mit einem Seeleoparden zu tauchen. Wie aus dem Nichts kann dessen schlängelnder, geschmeidiger Körper plötzlich aus dem dunklen Wasser auf den Betrachter zurasen. Hält man eine Kamera oder einen anderen sich spiegelnden Gegenstand in der Hand, kommt der Seeleopard direkt auf den Taucher zu und beißt in das, was er für einen Rivalen hält. Obwohl dieser große Räuber durchaus in der Lage ist, auf eine Eisscholle zu springen, um eine Robbe zu erbeuten, versteckt er sich meist unter den Eisschollen und wartet, bis ein Junges seine ersten Schwimmversuche macht. Von den Krabbenfressern, die ihr erstes Jahr überleben, haben die meisten Narben von den Zähnen des Seeleoparden.

GEBURT AUF DEN FELSEN

Im Gegensatz zu Robben können die Vögel der Antarktis mit Ausnahme des Kaiserpinguins nicht auf dem Eis brüten. Sie müssen ihre Eier auf die wenigen nackten Felsen legen, die es gibt. Selbst im Sommer sind nur zwei Prozent des ganzen Kontinents eisfrei, und die überwältigende Mehrheit dieser Flächen befindet sich

OBEN Eine Eisbärenmutter verlässt zum ersten Mal ihre Winterhöhle in Kong Karls Land, Svarlbard. Sie nimmt Witterung auf um sicher zu sein, dass keine räuberischen Männchen in der Nähe sind. Obwohl sie ausgehungert ist, wartet sie bis zu zwei Wochen, bevor sie ihre Jungen aus der Sicherheit des Höhlentals herausführt.

GEGENÜBER Eines ihrer Jungen macht seine ersten Schritte außerhalb der Höhle. Die größte Gefahr für ein Junges dieser Größe ist ein hungriges Eisbärenmännchen.

OBEN Schneesturmvögel sind echte antarktische Eisvögel. Trotzdem brauchen sie kahle Felsen, um zu brüten. Auf der Suche nach geeigneten Nistplätzen fliegen sie daher weit ins Landesinnere.

GEGENÜBER Dickschnabellummen – arktische Sommerbrüter – fliegen mit Fisch für die Jungen zurück zu ihrer Kolonie.

auf der Antarktischen Halbinsel. Der lange Arm der Halbinsel erstreckt sich weiter gen Norden als der restliche Kontinent und hat daher ein etwas milderes Klima. Wenn sich das Meereis im Frühjahr zurückzieht, werden hier die ersten kahlen Felsen sichtbar. Unzählig sind dann die Kolonien der Pinguine und Robben, die hier ihren Nachwuchs heranziehen. Dies ist die sanfte Seite der Antarktis. An einem sonnigen Tag im Hochsommer kann man auf der Halbinsel sogar nur in einem dicken Hemd und einer Fleecejacke herumlaufen.

In der restlichen Antarktis müssen die Tiere und Pflanzen viel länger auf den Rückzug des Eises warten. Doch die Polarvögel warten nicht. Stattdessen fliegen sie jedes Frühjahr auf der Suche nach felsigen Nistplätzen Hunderte von Kilometern ins Landesinnere. Schneesturmvögel sind echte Eisvögel, und selbst wenn sie auf dem Meer sind, scheinen sie nie weit von einem Eisberg entfernt zu sein. Die kleinen, eleganten Vögel, die außer ihrem tiefschwarzen Schnabel ganz weiß sind, wirken viel zu zart für eine Reise über den antarktischen Kontinent. Und doch legen sie jedes Frühjahr hunderte Kilometer vom Rand des Kontinents ins Landesinnere zurück, um auf abgelegenen Nunataks zu nisten. Diese überaus spektakulären kahlen Felsspitzen sind die Gipfel von Gebirgszügen, die größtenteils unter der dicken antarktischen Eisschicht verborgen liegen.

Diese Felsspitzen sind so wichtig für die Tierwelt, dass eine besonders abgelegene namens Smarthvaren jedes Frühjahr Hunderte von Schneesturmvögeln und über eine halbe Million Antarktissturmvogelpaare anlockt. Im Oktober sind die kirchturmartigen Spitzen dieses Nunataks von einem riesigen Schwarm aus Vögeln bedeckt, die balzen und sich auf die Eiablage vorbereiten. Antarktikskuas patrouillieren in den kreisenden Massen, greifen sich Erwachsene im Flug und fressen die Eier und Jungen der Sturmvögel. Die räuberischen Skuas können nur deshalb so weit südlich überleben, weil die Sturmvögel hier sind. Die Sturm-

vögel müssen jedoch im offenen Meer nach Nahrung suchen und haben keine andere Wahl, als regelmäßig einen Hin- und Rückflug von mehreren hundert bis zu tausend Kilometern anzutreten, um ihre heranwachsenden Jungen zu füttern.

Da Pinguine nicht fliegen können, müssen die meisten Arten auf den Sommer und den Rückzug des Eises warten, um zu den Felsen zu gelangen, die sie zum Nisten benötigen. Der Adéliepinguin, der am südlichsten nistet, wartet jedoch nicht so lange und wandert lieber kilometerweit über das immer noch zugefrorene Meer. Tief im Süden ist der Sommer so kurz, dass ihm eine zu späte Ankunft an seinem traditionellen Nistplatz nicht genug Zeit ließe, um den Brutzyklus zu beenden. Mit dem lustig schaukelnden Gang und dem schwarzen Frack entspricht der Vogel dabei dem Urtyp des Pinguins. Wenn eine Gruppe Pinguine am Horizont auftaucht – einige watschelnd, andere auf dem Bauch rutschend – ist das ein untrügliches Zeichen dafür, dass die Sonne in die Antarktis zurückgekehrt ist und der Sommer vor der Tür steht.

DER POLARSOMMER

Im Juni tritt in der Arktis mit der großen Eisschmelze eine Veränderung ein. Jetzt erhält das Meer durch das 24-stündige Tageslicht eine Energiespritze, die das Phytoplankton aufblühen lässt. Diese Kleinstpflanzen treten in großen Mengen auf und bilden das untere Ende der Nahrungskette im Arktischen Ozean. Ruderfußkrebse, kleine Krebstiere, die den Winter unterhalb von 300 Metern Tiefe verbracht haben, kommen nach oben ins flache Wasser, um das Phytoplankton zu fressen.

DIE GRÖSSTE JAGD IM MEER

Buckelwale, die von allen antarktischen Walen am regelmäßigsten zu sehen sind, haben verschiedene Techniken der Krillernte entwickelt. Wenn die Schwärme dicht sind und sich in Oberflächennähe befinden, öffnen die Wale einfach ihr höhlenartiges Maul und schwimmen mitten durch den Krill. Oft arbeiten die Wale jedoch auch zusammen.

Sie tauchen alle gleichzeitig auf und stürzen sich auf den Krill, wobei der Wal in der Mitte wahrscheinlich vom Druck der anderen Mäuler profitiert, der den Schwarm in die Mitte treibt.

Wenn ein Schwarm verstreuter und nicht so dicht an der Oberfläche ist, arbeiten die Wale auf eine andere Weise zusammen, um den Krill zusammenzutreiben. Sie tauchen völlig synchron ab und entlassen dann Luftstöße aus ihren Blaslöchern. Diese Luftstöße steigen als Blasen nach oben. An der Oberfläche bilden sich spiralförmige Muster, wenn sich die 40-Tonnen-Riesen umeinander drehen und ihr Netz aus Luftblasen entlassen. Die Krillschwärme sind durch den Lärm und den Wirbel der Luftblasen anscheinend so desorientiert, dass sie sich in der Mitte der Spirale sammeln. Schließlich tauchen die riesigen Wale mit offenen Mäulern an die Oberfläche empor und schlucken die konzentrierte Krebstiersuppe (wie oben) hinunter. Seevögel versammeln sich und stürzen herab, um sich die Krillreste zu holen.

DIE EISBRECHER

Am oberen Ende der Nahrungskette befindet sich der Grönlandwal – der einzige Bartenwal (Plankton-Filtrierer), der sich das ganze Jahr über in den arktischen Gewässern aufhält. Grönlandwale verbringen den Winter in den Polynyas, den eisfreien Zonen im Meer. Sie sind die ersten Wale, die im April wieder nach Norden ziehen. Mit ihrem großen Kopf, der durch eine dicke Gewebeschicht geschützt ist, können sie Atemlöcher durch das winterliche Eis stoßen. In Gruppen, die sich ständig durch Rufe verständigen, bahnen sich diese 100-Tonnen-Riesen zusammen einen Weg durch das Eis. In den freien Wasserflächen angelangt, öffnen sie ihr höhlenartiges Maul, saugen Meerwasser hinein und filtern die winzigen Krebse aus der gewaltigen Wassermenge heraus. Für dieses Ausfiltern benutzen sie die größten Barten aller Wale: Sie können aus über 600 einzelnen Platten bestehen und bis zu 4,5 Meter lang sein. Narwale und Belugas, die einzigen anderen ansässigen Wale der Arktis, sind dagegen Zahnwale und ernähren sich hauptsächlich von Fisch und Tintenfisch.

OBEN Belugas nutzen Spalten im Eis, um auf Nahrungssuche gen Norden zu ziehen. Zusammen mit den Grönland- und Narwalen sind sie die einzigen Wale, die ständig in der Arktis leben.

Nachdem die Grönlandwale mit ihrem Aufbruch den Anfang gemacht haben, folgen ihnen schon bald die Belugas und Narwale. Auch sie verbringen den Winter im freien Wasser und folgen im Sommer dem sich zurückziehenden Eis nach Norden. Dabei nutzen sie jede noch so kleine Rinne und jeden feinen Riss im Eis aus, um so weit wie möglich vorzudringen. Man hat sogar schon Narwalgruppen beobachtet, die das Eis in Gemeinschaftsarbeit mit ihren Stoßzähnen durchbrochen haben. Man schätzt, dass sie bis auf etwa 300 Kilometer in Richtung Nordpol vordringen und damit weiter nordwärts ziehen als alle anderen Walarten.

KRILL

In den Gewässern der Antarktis gibt es keine Wale, die ständig dort leben. Doch sobald sich das Eis zurückzieht, kommen gleich mehrere Walarten zu Besuch: Buckelwale, Südkaper, Blauwale, Finnwale, Seiwale und Minkwale – alles Bartenwale auf der Suche nach den garnelenartigen Krebstieren, die als Krill bezeichnet werden. Krill bildet in der Antarktis das untere Ende der Nahrungskette so wie die Ruderfußkrebse in der Arktis. Beide ernähren sich von Phytoplankton, hauptsächlich Kieselalgen, und treten in großen Mengen auf. Antarktischer Krill kommt in Massen vor wie kein anderes Tier der Erde. Mit Hilfe akustischer Untersuchungen hat man die Krillmenge im südlichen Ozean auf 100 bis 500 Millionen Tonnen geschätzt. Im Sommer bildet der Krill Schwärme mit einer Konzentration von bis zu 30 000 Einzeltieren pro Kubikmeter – und nach genau diesen Schwärmen halten die Wale Ausschau. Ein Blauwal kann drei bis vier Tonnen Krill pro Tag fressen.

Nach der Geburt ihrer Kälber in den warmen, aber nährstoffarmen tropischen Gewässern folgen die Südkaper der Sonne nach Süden, um sich in den nährstoffreichen polaren Gewässern rund um die Uhr von Krill zu ernähren. Im Winter wandern sie dann den ganzen Weg wieder zurück. Der Rekord für die längste Wanderung eines einzelnen Meeressäugers wird von einem Buckelwal gehalten, der von der Antarktischen Halbinsel stolze 8330 Kilometer weit nordwärts an die karibische Küste Kolumbiens schwamm.

PINGUINSTRATEGIEN

Krill bildet auch die Hauptnahrung für die meisten Pinguine der Antarktis. Mitte Dezember, also im antarktischen Hochsommer, beginnen ihre Küken zu schlüpfen. Bis dahin muss sich das Eis so weit nach Süden zurückgezogen haben, dass die Erwachsenen sofort Zugang zum Meer haben, um ihre Jungen zu füttern. Selbst die robusten Adéliepinguine brüten nur ein Stück südlich von der Linie, auf die sich das Meereis im Sommer zurückzieht. Zügel- und Eselspinguine, die auch im Frühjahr zum Fisch- und Krillfang keine weiten Strecken über das Eis laufen, müssen noch weiter nördlich, noch näher am Meer brüten. All diese Arten müssen sich Brutplätze suchen, die vom Meer aus zugänglich und zu Beginn der Brutzeit schneefrei sind. Derartig geeignete Gebiete aus kahlen Felsen sind rar, und so kehren die Pinguine jedes Jahr zu denselben Nistplätzen zurück. Adélie- und Zügelpinguine brüten in riesigen Kolonien. Die größte Adéliekolonie am Kap Adare erstreckt sich über 1,5 Quadratkilometer und besteht aus etwa einer Viertelmillion Paaren. Der Lärm und Geruch so vieler Pinguine, die sich beeilen, ihre Jungen im kurzen antarktischen Sommer aufzuziehen, ist so intensiv, dass man sie selbst kilometerweit gegen den Wind erahnen kann.

INVASION IM SÜDEN

Das Aufbrechen des Meereises im Sommer ermöglicht auch einigen anderen Seevögeln den Zugang. In der Antarktis gibt es nur ein Mitglied der Kormoranfamilie, das jedes Jahr kommt, die Antarktikscharbe. Regelmäßiger Gast ist auch die Dominikanermöwe. Die einzige Seeschwalbe, die in der Antarktis brütet, ist die Antarktisseeschwalbe, ein zierlicher, silberweißer Vogel mit einem blutroten, dolchartigen Schnabel. Zu ihr gesellt sich alljährlich im Sommer ihr nördliches Gegenstück, die Küstenseeschwalbe. Einige Küstenseeschwalben begeben sich auf ihrem Weg in den Süden auf eine der längsten Reise aller Zugvögel: Sie legen von ihren Nistplätzen in der hohen Arktis bis zum südlichen Polarkreis eine Strecke von über 15 000 Kilometern zurück. Auf diese Weise verleben sie zwei Sommer pro Jahr und verbringen drei Viertel ihres Lebens ununterbrochen im Tageslicht. Daher können sie die meiste Zeit ihres Lebens fast rund um die Uhr fressen.

DIE MIETSHÄUSER DES NORDENS

Während der antarktische Kontinent jedes Jahr nur von einer Hand voll Seevögeln besucht wird, brüten in der Arktis über 50 verschiedene Seevogelarten in den Hochsommermonaten Juni und Juli. Im Gegensatz zu den flugunfähigen Pinguinen, die von keinen Landräubern bedroht werden, müssen sich brütende Vögel vor Polarfüchsen und hungrigen Eisbären fürchten. Diese Räuber machen sich auch über Vogelnester her, wenn das schmelzende Meereis den Zugang zu ihrer üblichen Beute, den Robben, unmöglich macht. Die Vögel haben viele verschiedene Strategien entwickelt, um mit diesem Problem fertig zu werden. Viele Alkenvögel wie Tordalke oder Lummen nisten zum Beispiel hoch oben auf unzugänglichen Klippen. Diese luftigen Hochhäuser gehören zu den großartigsten Attraktionen der Arktis: Zehntausende dicht gedrängter Vögel nutzen jeden noch so winzigen Felsvorsprung, um darauf ihre Eier zu legen.

Auch Krabbentaucher suchen in der Masse Schutz – einige Kolonien in Grönland bestehen aus über einer Million brütender Paare. Zudem legen sie ihre Nester unterirdisch in Geröllhängen an, um Polarfüchsen den Zugang zu Eltern und Brut zu erschweren. Doch selbst in der Luft droht den Erwachsenen Gefahr: So mancher Vogel wird im Flug von Eismöwen und gelegentlich sogar von einem Wanderfalken gepackt. Zur Verringerung dieses Risikos kehren die Krabbentaucher immer in dichten Schwärmen aus tausenden kreisender, rufender Vögel zu ihren Nistkolonien zurück. In einer Krabbentaucherkolonie zu sitzen und auf die Rückkehr des Vogelschwarms zu warten, gehört wohl zu den aufregendsten Erlebnissen eines

LINKS Dickschnabellummen, die zu Tausenden auf den schmalen Vorsprüngen des Rubini Rock im russischen Franz-Josef-Land-Archipel brüten. Umgeben von einem reichhaltigen Fischangebot im Meer, sind sie auf ihrem abgelegenen Basalthochhaus relativ sicher vor Räubern.

GEGENÜBER, VON OBEN NACH UNTEN

Eine Schneeammer singt aus voller Kehle. Im Frühjahr kommen viele nördliche Vogelarten in Scharen in die Arktis, um zu brüten. Da es relativ warm ist, gibt es Insekten in großen Mengen, mit denen sie ihre Jungen füttern können.

Krabbentaucher. Im Frühjahr ziehen diese kleinen Vögel zu Hunderttausenden vom Meer auf die arktischen Inseln, um fern von räuberischen Möwen und Polarfüchsen auf dem Geröll und in Felsnischen zu nisten.

Das Ende des Sommers bringt den Polarfüchsen, die jetzt ihre Jungen füttern müssen, ein reichhaltiges Nahrungsangebot. Hier bringt ein Weibchen ein paar erbeutete Lemminge zur Höhle. Auch Jungvögel gibt es in Hülle und Fülle. Sie werden entweder für die Jungen aufgesammelt oder versteckt.

Blühende Weidenröschen. Viele Pflanzen überleben in der Arktis, indem sie im kurzen Sommer wachsen, blühen und ihre Samen verteilen.

OBEN Da Eisbären im Sommer hungern, gehen sie manchmal Risiken ein. Walrosse stehen normalerweise nicht auf dem Speiseplan, da sie gefährliche Hauer tragen und größer sind als der Bär. Doch im Sommer kommen sie zum Fellwechsel an Land und bringen ihre Jungen mit. Auf sie hat es dieser kanadische Eisbär abgesehen.

VORHERIGE DOPPELSEITE Adéliepinguine überqueren in Süd-Orkney auf dem Rückweg zu ihrer Brutkolonie einen Gletscher. Beide Elternteile bebrüten das Ei und füttern ihre Jungen. Wenn die Eltern im Meer sind, versammeln sich die Jungen zum Schutz in Gruppen. Jene, die sich von der Gruppe entfernen, riskieren, von räuberischen Skuas angegriffen zu werden.

Ornithologen. Zunächst ist alles still, und der Geröllhang wirkt völlig leblos. Dann werden am Horizont wirbelnde Rauchwolken sichtbar, die allmählich dichter werden, bis man plötzlich von dem Gekreische und den wirbelnden schwarzen Flügeln tausender Krabbentaucher umgeben ist. Es ist ein eindrucksvoller Beleg dafür, dass das Arktische Meer eine gewaltige Menge von Lebewesen ernähren kann.

ALLES, WAS EIN BÄR BRAUCHT

Im Juli, wenn nur noch die Reste der Eisschollen auf dem Meer treiben, haben die arktischen Seevögel, Robben und Wale Zugang zu den besten Nahrungsgründen. Doch für die Eisbären ist dies eine harte Zeit. Ohne festes Eis für die Robbenjagd sind sie gezwungen, im Wasser zu jagen. Sie sind gute Schwimmer und können sich mit ihren Vorderbeinen, die als Paddel dienen, mehrere Stunden im Wasser aufhalten. Bären können auf der Suche nach zurückgebliebenen Robben leicht von Scholle zu Scholle schwimmen und wurden schon in einer Entfernung von fast 100 Kilometern vom Ufer gesichtet. Doch die Jagd im Wasser erfordert List und Geschick. Der Bär kann sich der flinken Robbe nur langsam schwimmend annähern. Er hat Glück, wenn sein Opfer nicht seinen aus dem Wasser ragenden Kopf ausmacht, bevor er zuschlägt. Zu dieser Jahreszeit fangen Eisbären, die auf oder um die Eisschollen jagen, alle fünf Tage eine Robbe. Wenn das Eis jedoch weiter schmilzt, sinkt die Erfolgsquote. Dann sind vor allem die Eisbären im Süden gezwungen, an Land Nahrung zu suchen. Außer den Überfällen auf Vogelnester suchen sie nach Beeren und fast allem anderen Fressbaren, um diese Hungerperiode zu überstehen. Einige Eisbären haben sogar gelernt, Walrosse anzugreifen, die sich an Land begeben müssen, sobald die Eisschollen zu schmelzen beginnen.

WALROSSJAGD

Walrosse sind Muschelfresser, die Venusmuscheln mit Hilfe ihrer Barthaare aufspüren und den Meeresboden mit ihren Flossen oder ihrer Schnauze danach durchwühlen. Wie die meisten Robben am Polarkreis bevorzugen sie die Sicherheit des Meereises, um ihren Nachwuchs zur Welt zu bringen. Doch im Sommer müssen sie sich mit ihren Jungen zum Fellwechsel aufs Land zurückziehen. Selbst für einen Eisbären, einem der größten Landraubtiere der Welt, ist es fast unmöglich, mit der größten Robbe der Welt zu

kämpfen – einige erwachsene Walrosse erreichen ein Gewicht von bis zu anderthalb Tonnen. Ein hungriger Eisbär kann jedoch mitten in eine Walrossherde rennen, um eines der relativ unbeweglichen Jungen zu packen. Erwachsene Walrosse verteidigen ihre Jungen auf aggressive Weise und können mit ihren Stoßzähnen erhebliche Verletzungen anrichten. Doch für einen halbverhungerten Eisbären ist ein Junges mit seiner dicken, nahrhaften Fettschicht das Risiko wert.

DER POLARHERBST

Das Ende des Sommers ist die geschäftigste Zeit in den Pinguinkolonien, denn jetzt wird die Zeit knapp, bevor das Meer wieder zufriert und damit die Brutzeit endet. Tagsüber befinden sich so gut wie keine erwachsenen Vögel in der Kolonie, da sie auf Nahrungssuche für ihre heranwachsenden Jungen sind. Diese sind nun groß genug, um nicht mehr auf die Wärme der brütenden erwachsenen Vögel angewiesen zu sein, doch in Abwesenheit ihrer Eltern drängen sie sich in großen Gruppen eng zusammen, um sich vor den Elementen und einer Vielzahl von Räubern zu schützen. Am späten Nachmittag kehren die Erwachsenen von ihrer täglichen Nahrungssuche im Meer zurück. Sie wirken noch geschäftiger und scheinen sich zu beeilen, da sie spüren, dass sich der kurze Sommer seinem Ende zuneigt.

Bei ihrem Erscheinen fällt auch genug für die Scheidenschnäbel, die Müllmänner der Antarktis, ab. Sie sind ganz weiß, etwa so groß wie eine Dohle und haben hässliche fleischige Beulen an der Schnabelwurzel. Sie sind die einzigen echten Landvögel des Kontinents und suchen nie im Meer nach Nahrung. Stattdessen bekommen sie alles, was sie brauchen, aus den Abfällen anderer. Pinguineier und -exkremente sind wichtige Bestandteile ihrer Ernährung, doch fangen diese selbstsicheren, frechen Vögel auch regelmäßig Krill ab, den die Pinguineltern an ihre Jungen weitergeben.

Wenn Scheidenschnäbel die Müllmänner sind, dann sind die Riesensturmvögel die antarktischen Geier. Der Riesensturmvogel mit seinem kräftigen, gebogenen Schnabel und seinen zwei Metern Flügelspannweite ist nicht nur ein Aasfresser, sondern auch ein aggressiver Räuber, der über den zusammengedrängten Pinguingruppen auf schwache oder isolierte Jungtiere lauert. Er packt eine Flosse oder einen Fuß, zieht das kreischende Opfer aus der Gruppe heraus und tötet es.

UNTEN Moschusochsen müssen zum Überwintern Stellen mit dünner Schneedecke finden, damit sie dort nach Futterpflanzen scharren können. Bei einem Sturm oder in Anwesenheit von Wölfen bilden sie eine Kreisformation – Köpfe nach außen und Kälber in der Mitte. Moschusochsen haben das längste Fell aller Säugetiere, unter dem sich zudem noch ein etwa fünf Zentimeter dickes Unterfell aus feiner Wolle befindet.

RÜCKKEHR ZUM MEER

Nach etwa zwei Wochen in der Gruppe haben die kleinen Pinguine rund 70 Prozent ihres Erwachsenengewichts erreicht und werden nun von ihren Eltern zur Küste geführt. Die Erwachsenen sind bestrebt, so schnell wie möglich das Meer zu erreichen, um sich dort Fett für den Fellwechsel anzufuttern. Doch sie müssen noch ein letztes Hindernis überwinden. Direkt unter der Wasseroberfläche lauern Seeleoparden. Mit vier Metern Länge und ihren kräftigen Zähnen sind sie neben den Schwertwalen die stärksten Raubtiere der Antarktis. Obwohl die Nahrung eines Seeleoparden bis zu 50 Prozent aus Krill besteht, spielen Pinguine im Sommer und Robbenjunge im Frühjahr für ihre Ernährung eine wichtige Rolle. Im Herbst, wenn die Pinguinjungen selbstständig werden, lauern sie schon auf die junge Beute.

Der Wettlauf um die Beendigung der Brutzeit ist so intensiv, dass Adéliepinguine, die sogar noch bei 77 Grad südlicher Breite nisten, in nur 50 bis 60 Tagen selbstständige Junge hervorbringen. Eselspinguine sind etwas entspannter und brauchen 80 bis 120 Tage, bis der Nachwuchs flügge ist, doch brüten sie auch nicht weiter als 65 Grad südlicher Breite. Ende März werden die Tage schnell kürzer, und die Temperatur fällt. Das Meer beginnt wieder zuzufrieren: Jeden Tag wächst die Eisfläche vier Kilometer nach Norden, was bedeutet, dass alle 24 Stunden eine neue Eisfläche von 103 600 Quadratkilometern entsteht. Praktisch alle antarktischen Tiere – Robben, Vögel und Wale – werden vom Eis nach Norden getrieben und kehren erst im darauf folgenden Frühjahr zurück.

In den arktischen Gebieten markiert der September das Ende der langen Sommertage mit endlosem Sonnenschein und den Beginn der ersten Stürme. Hoch oben auf den Klippen haben die flügge geworde-

nen Lummenküken keine andere Wahl als zu springen. Es sieht fast aus, als würde es Jungvögel regnen, wenn sie zu Hunderten auffliegen. Die wenigen Glücklichen von ihnen gleiten nach unten und machen eine Bruchlandung im Meer, das manchmal hunderte Meter unter ihnen liegt. Viele von ihnen landen jedoch zu früh und hüpfen über die Tundra, wo die Polarfüchse gierig auf sie warten.

EXODUS

Auf dem Festland neigt sich die kurze, intensive Jahreszeit des Wachstums dem Ende zu, und die Weidetiere der Arktis wandern wieder nach Süden. Jeden Sommer ziehen riesige Herden aus bis zu einer halben Million Karibus auf der Suche nach gutem Weideland nach Norden, bevor sie sich trennen, um ihre Kälber zu gebären. Im Herbst kommen die Herden wieder zusammen, und die Karibus kehren nach Süden in den Wald zurück, um dort den Winter zu verbringen. Auf der gesamten Reise werden sie von Wölfen bedrängt, die die größten Reviere aller Landraubtiere haben – vom Menschen einmal abgesehen. Wie die meisten großen arktischen Säugetiere sind die Wölfe größer als ihre südlichen Verwandten und durch ihre Größe und ihr dickeres Fell gegen die Kälte geschützt. Wolfsrudel bestehen meist aus fünf bis acht Tieren, doch arbeiten in einem ergiebigen Jagdrevier bis zu 30 Wölfe zusammen, um Karibus und deren Kälber zu erlegen.

Wenn die Seevogelkolonien still geworden und die Karibus weggezogen sind, sammeln sich Eisbären, die den Sommer an Land verbracht haben, an der Küste. Churchill in Kanada hat die südlichste Population, und jedes Jahr im Herbst warten dort Hunderte von Bären darauf, dass das Meer wieder zufriert. Die Männchen führen Scheinkämpfe, um ihre Kräfte zu messen, und bilden eine Hierarchie. Doch diese erzwungene Intimität hat schon bald ein Ende, und die Eisbären kehren zu ihrem normalen Einzelgängerleben als Robbenjäger weit draußen auf dem Meereis zurück.

OBEN Ein Riesensturmvogel frisst an einem Robbenkadaver. Ihr feiner Geruchssinn hilft den Vögeln, Aas aufzuspüren – ihre Hauptnahrungsquelle. Sie warten jedoch auch in der Nähe von Pinguinkolonien auf verirrte Junge oder schwache Alttiere, die sie mit ihrem großen, gebogenen Schnabel töten.

GANZ OBEN Eine junge, männliche Eiderente wirft einen Seeigel wieder zurück, den sie vom Meeresboden der zugefrorenen Hudson Bay geschnappt hat. Im Gegensatz zu anderen Eiderenten und den meisten arktischen Vögeln ziehen die Eiderenten der Hudson Bay nicht weg, um dem Winter zu entfliehen. Stattdessen überleben sie, indem sie in eisfreien Stellen im Wasser (Polynyas, die von gezeitenabhängigen Strömungen am Zufrieren gehindert werden) nach Nahrung suchen. Hier können sie nach Muscheln und Seeigeln tauchen, die sie im Ganzen schlucken und im Magen zerkleinern.

DIE POLARNACHT

Von den 40 Landsäugetierarten der Arktis bleiben nur zwölf das ganze Jahr über dort, um den harten Winter hoch im Norden zu überstehen. Kleine Säugetiere wie Lemminge und Wühlmäuse halten keinen Winterschlaf, sondern überleben, indem sie sich in einem Tunnelsystem unter dem Schnee von Trieben und Wurzeln ernähren. Erst das Mikroklima im Schnee ermöglicht es den kleinen Nagern, so hoch im Norden zu überleben. Große Moschusochsen trotzen den Elementen dagegen durch eine wasser- und winddichte Schicht aus langem, zottigem Schutzhaar. Unter dieser Schutzschicht befindet sich eine dichte Isolierschicht aus feinem Unterfell. Wenn der winterliche Schnee ihre Sommerweiden bedeckt, ziehen die Moschusochsen zu höher gelegenen Flächen mit stärkerem Wind, der einen Großteil der Schneedecke abgetragen hat. Dort können sie teilweise verborgene Futterpflanzen freischarren. Bei besonders heftigen Winterstürmen bilden die bis zu 400 Kilogramm schweren Riesen einen Kreis wie eine Wagenburg. Dicht zusammengedrängt, um sich zu wärmen, und mit nach außen gerichteten Köpfen und Hörnern können die Ochsen den schlimmsten Winterstürmen und den hungrigsten Wolfsrudeln trotzen.

Wenn das Meer zugefroren ist, müssen die arktischen Robben, Wale und Vögel, die ihre Nahrung aus dem Meer beziehen, auf der Suche nach freiem Wasser weiter nach Süden ziehen. Auf dem Land gibt es jedoch acht Vogelarten, die das ganze Jahr über bleiben. Das Schneehuhn, ein Raufußhuhn, das im Winter weiß wird, überlebt wie die Moschusochsen, indem es unter der dünnen Schneedecke versteckte Triebe und Samen ausgräbt. Kleine Schnee- und Spornammern, die sich im Sommer hauptsächlich von Insekten ernähren, fressen im Winter Samen. Zusammen mit dem Polarbirken- und dem Birkenzeisig leben diese kleinen Vögel das ganze Jahr über in der Arktis, ziehen jedoch weiter nach Süden, wenn die Vorräte knapp werden. Zwei Raubvögel bleiben ebenfalls: der Kolkrabe, ein Aasfresser, sowie die Schnee-eule, die überlebt, indem sie ab und zu Lemminge oder Wühlmäuse frisst, die so töricht sind, den Kopf aus ihrem Winterbau zu strecken.

In den vier schlimmsten Wintermonaten haben es die Eisbärenweibchen in ihrer Höhle warm und gemütlich. Durch den Schnee vor dem Wind geschützt, kann die Temperatur in der Höhle gut 20 °C höher sein als die Außentemperatur. Für die Männchen draußen auf dem Meereis sind die heftigen Dezember- und Januarstürme am schwersten zu ertragen. Sie schützen sich vor dem beißenden Wind, indem sie sich hinter Schneeverwehungen und Eisblöcke kauern. In gewisser Hinsicht kann der Eisbär nicht zuletzt wegen seiner Größe den Winter überstehen. Doch was ist mit dem wesentlich kleineren Polarfuchs, der ebenfalls den ganzen Winter über auf dem Meereis ist? Er überlebt die dunklen Monate, weil er den Bären folgt und von den Abfällen lebt, die der größte Räuber der Arktis übrig lässt.

DER KÄLTESTE ORT DER ERDE

Die Winterbedingungen in der Antarktis sind wesentlich härter als die der Arktis. Die arktischen Winter-temperaturen können zwar kurzzeitig bis -50 °C fallen, doch betragen die antarktischen Temperaturen oft wochenlang konstante -70 °C. Auf dem Polarplateau in der Mitte des Kontinents bleibt kein Lebewesen außer einigen winzigen Flechten, die auf abgelegenen Nunataks wachsen, das ganze Jahr über in der Ant-

UNTEN Ein junger Eisbär nutzt den Schnee als »Decke« gegen die extreme Kälte. Der Winter ist eine harte Zeit für Eisbären. Obwohl die Temperaturen in der Arktis nie so tief sinken wie in der Antarktis, können sie immer noch tödlich sein. Die Bären, die keine Schutz-höhlen haben, suchen hinter Eisrücken und in Schneelöchern Zuflucht vor dem Wind.

GEGENÜBER Kaiserpinguine sind die einzigen Vögel der Antarktis, die dem extremen Winter trotzen. Sie legen im Winter Eier, und die Männchen versammeln sich auf dem Meer-eis, um sie auszubrüten. Die einzige Über-lebensmöglichkeit in der Kälte ist, sich aneinander zu drängen – in der Mitte der Gruppe wird der Wärmeverlust um die Hälfte reduziert.

arktis. Selbst am milderen Rand des Kontinents harren nur eine Vogel- und eine Säugetierart in den furchtbaren Bedingungen des antarktischen Winters aus. Für die wenigen hartgesottenen Menschen, die in den Forschungsstationen am Rand des Kontinents überwintern, ist dies eine Zeit, um die Luken zu schließen. Die meisten Forschungsprojekte werden bis zum folgenden Sommer unterbrochen, und jeder konzentriert sich auf die Gewährleistung der Sicherheit und Funktionstüchtigkeit der Station. Ein kaputter Generator oder – noch schlimmer – ein Feuer kann schnell zu einer lebensbedrohlichen Katastrophe werden.

Die Weddellrobbe zieht ihre Jungen weiter südlich auf als jedes andere Säugetier der Erde. Die vielleicht schönste aller antarktischen Robben ist drei Meter lang und trägt ein graues Fell mit einem hübschen Muster aus schwarzen Flecken. Im Gegensatz zu den Krabbenfressern, die weiter nördlich auf dem aufgebrochenen Packeis leben, haben sich die Weddellrobben für ein Leben auf dem Festeis entschieden, das selbst im Sommer nicht aufbricht. Um hier im Winter zu überleben, halten die Weddellrobben ständig Atemlöcher im Eis frei. Ihr Leben ist in zwei sehr unterschiedliche Hälften geteilt, die durch eine Eisschicht voneinander getrennt sind. Wenn sie durch ihre Atemlöcher auftauchen, werden sie mit den schlimmsten Bedingungen auf dem Planeten konfrontiert. Unter dem Eis dagegen gibt es keinen Wind, die Temperaturen fallen das ganze Jahr über nie unter -1,8 °C, und die Robben finden zu jeder Jahreszeit Nahrung. Das Offenhalten der Atemlöcher im Winter hat jedoch seinen Preis. Die Weddellrobben müssen mit ihrem Gebiss ständig das Eis am Rand ihrer Atemlöcher entfernen, damit die Öffnungen nicht wieder zufrieren. Diese harte Arbeit schädigt ihre Zähne und ist wahrscheinlich der Hauptgrund dafür, dass Weddellrobben nur etwa 20 Jahre alt werden, während Krabbenfresser fast doppelt so lange leben.

OBEN Kaiserpinguine begeben sich auf den langen Marsch zurück über das Meereis, um ihre Partner abzulösen und ihre heranwachsenden Jungen zu füttern. Die Belohnung der Kaiserpinguine für das winterliche Ausbrüten ihrer Eier besteht darin, dass die Jungen im Frühjahr schlüpfen und den ganzen kurzen Sommer über wachsen und schließlich flügge werden können. Die Männchen brüten zwar das Ei aus, doch nach dem Schlüpfen der Jungen übergeben sie es den Weibchen und wandern wieder zum Meer, um sich nach Monaten des Hungerns wieder aufzupäppeln und mit Nahrung für ihre Jungen zurückzukehren.

Wenn das Meer Anfang April richtig zufriert und die restlichen antarktischen Tiere nach Norden ziehen, wandert der Kaiserpinguin nach Süden. Mit seiner Größe von über einem Meter und dem doppelten Gewicht des Königspinguins ist der Kaiserpinguin ein eleganter Vogel, der seinen Namen wahrhaft verdient. Kaiserpinguine brechen alle Regeln der Natur und legen ihre Eier im Herbst, um sie vier Monate lang im schlimmsten Winterwetter auszubrüten. Sie sind die einzigen Vögel, die ihre Eier auf dem Eis legen. Zu diesem Zweck wählen sie das berechenbare Festeis, das nicht aufbricht, bevor die Brutzeit am Ende des darauf folgenden Sommers vorbei ist.

All diese Kolonien befinden sich im tiefen Süden zwischen dem 66. und 78. Breitengrad. Bis heute weiß man nicht, wie viele Kaiserpinguine dort sind. Bisher wurden etwa 40 Kolonien an abgelegenen Orten des gesamten Kontinents gezählt, und es werden immer neue entdeckt. Die größte besteht aus rund 40 000 Vögeln, während die Gesamtpopulation auf 160 000 brütende Paare geschätzt wird.

Das Weibchen legt Anfang Mai ihr Ei, gibt es jedoch fast sofort an das Männchen weiter. Er balanciert es vorsichtig in einer Bruttasche über den Füßen. Dort wird es bei einer Temperatur, die bis zu 80 °C über der Außentemperatur liegen kann, warm gehalten. Das Weibchen begibt sich wieder direkt zum Meer, um den ganzen Winter über dort zu fressen. Sie kommt erst 65 Tage später zurück, sodass das

Männchen die langen, dunklen Winternächte allein mit dem Ei überstehen muss. Bei Temperaturen von bis zu -70 °C und Windgeschwindigkeiten von 160 Stundenkilometern drängen sich die Männchen dicht aneinander. Die Gruppe ist permanent in Bewegung, damit kein Pinguin zu lange am Rand stehen muss. Die Tiere in der Mitte der Gruppe verlieren bis zu 50 Prozent weniger Wärme.

Erst Mitte Juli kehren die Weibchen vom offenen Meer zurück. Das Meereis hat immer noch fast seine maximale Ausdehnung, und die Weibchen müssen rund 160 Kilometer über das Eis zurückwandern, um die Kolonie zu erreichen. Sie müssen für ihre Rückkehr genau den richtigen Zeitpunkt auswählen. Wenn das Junge geschlüpft ist, kann das Männchen ihm nur eine Spezialnahrung anbieten, die es den ganzen Winter über in seiner Speiseröhre aufbewahrt hat. Damit kann es sein Junges zehn bis 15 Tage lang am Leben halten, bevor es selbst halb verhungert und somit gezwungen ist, den Nachwuchs zu verlassen und zum Meer zu wandern. Wenn der Pinguin schließlich die Küste erreicht, hat er bis zu 115 Tage lang gefastet – ein Rekord für einen Vogel – und die Hälfte seines Körpergewichts verloren.

Da das Junge direkt zu Beginn des Polarsommers ausschlüpft, ist es im Herbst kräftig genug, um allein zum Meer zu wandern – und der Kaiserpinguin triumphiert über den extremsten Jahreszeitenwechsel auf unserem Planeten.

3

Die großen Wälder

Zwischen den Polen und dem Äquator erstrecken
sich riesige Waldflächen. Sie bilden für zahlreiche
Tiere und Pflanzen die Heimat.
Doch auch das Wohl des gesamten Planeten
hängt von diesen Wäldern ab.

Die Saisonwälder fungieren als Lunge unserer Erde. Sie produzieren den Sauerstoff, den wir atmen, filtern Kohlendioxid aus der Luft und binden es im Holz, sie wandeln Sonnenenergie zu einer Nahrungsquelle für Tiere um und regulieren den Süßwasservorrat, indem sie das Regenwasser aufsaugen und als Wasserdampf wieder in die Luft entlassen. Dieselben Vorgänge finden in extremerer Ausprägung auch am Äquator statt, unbeeinträchtigt von irgendwelchen Jahreszeiten. Und doch bedecken Saisonwälder eine wesentlich größere Fläche als die Äquatorialwälder. Dass sich diese Wälder über so viele Breitengrade hinweg ausdehnen und damit heftigen jahreszeitlichen Schwankungen unterworfen sind, bedeutet, dass ihre Tier- und Pflanzenwelt verschiedenste Tricks ergreifen musste, um diese extremen Bedingungen zu überleben.

OBEN Die Baumgrenze markiert den Anfang des großen Baumgürtels (hier in der Hudson Bay in Kanada), wo es gerade genügend Tage pro Jahr gibt, an denen die Temperaturen hoch genug sind, damit Bäume wachsen können.

GEGENÜBER Die Nadelbäume der Wälder im Norden sind so angepasst, dass sie mit dem Wasserverlust und dem Frost fertig werden. Außerdem biegen sie sich unter dem Gewicht des Schnees und schütteln einen Großteil davon ab.

VORHERIGE DOPPELSEITE

OBEN Temperierter Mischwald, Japan.
UNTEN Eine Gruppe Goldstumpfnasen in China.

DIE GROSSEN WÄLDER DES NORDENS

In der kargen Wildnis, die die Stadt Churchill in Kanada umgibt, steht man zwischen buschigen, verkümmerten, höchstens brusthohen Bäumen. Sie scheinen an einer unsichtbaren Linie entlang zu wachsen. Auf der einen Seite dieser Linie befindet sich die arktische Tundra, auf der anderen die spärlich gesäten Miniaturbäume. Die meisten dieser verkümmerten Bäume sind Nadelbäume, obgleich es in Knöchelhöhe auch ein paar arktische Weiden und Strauchbirken gibt. Dies ist die Baumgrenze, der nördlichste Punkt, an dem Bäume wachsen können. Südlich dieser Zone beginnt der Saisonwald.

Die genaue Position der Baumgrenze variiert je nach Höhe und Einfluss des Meeres, liegt jedoch normalerweise bei 65 Grad nördlicher Breite. Obwohl die Zusammensetzung der Baumarten davon abhängt, ob man sich in Nordamerika, Skandinavien oder Russland befindet, ist das Prinzip dasselbe. An mindestens 30 Tagen im Jahr steigt die Durchschnittstemperatur auf über 10 °C – die Mindestanforderung für das Baumwachstum. Sind es weniger Tage, ist die Wachstumsperiode zu kurz, um einen Stamm oder neue Nadeln auszubilden, die vor dem Einsetzen des harten Winters ausgereift sind.

Die Wintertemperaturen an der Baumgrenze können bis zu -50 °C fallen. Monatelang geht die Sonne kaum auf, und sieben Monate im Jahr ist das gesamte Wasser als Schnee und Eis gebunden, was die Region so trocken wie eine Wüste macht. Solche harten Bedingungen erfordern eine spezielle Überlebensausrüstung. Die Nadeln der Nadelbäume haben eine kleine Oberfläche und einen wachsartigen Überzug, der den Wasserverlust reduziert. Außerdem enthalten sie nur wenig Flüssigkeit, sodass sich im Inneren kaum Eiskristalle bilden können. Ihr dunkles Aussehen erhalten sie von den Pigmenten, die sie benötigen, um das schräg einfallende Licht dieser Breiten einzufangen. Trotzdem ist es ein harter Kampf: Die Wachstumsperiode ist so kurz, dass ein Nadelbaumsämling ganze 25 Jahre braucht, um sich über das Buschland der Tundra zu erheben und zum Baum zu werden. Viele der Pflanzen gehen sogar ein, bevor sie ausgewachsen sind.

Tiere sind zwischen diesen verkümmerten Bäumen und Sträuchern rar. Dabei ist dies ein Ort, an dem polare Tiere im Winter Schutz suchen und den Tiere aus südlicheren Klimazonen im kurzen, intensiven Sommer durchwandern. Der Bärenspinner gehört zu den wenigen ständigen Bewohnern der Region, und seine Existenz sagt viel über die Härte des Lebens an der Baumgrenze aus. Wenn die Raupe schlüpft, bleiben ihr nur drei oder vier Wochen des Sommers übrig. Sie frisst in dieser Zeit zwar Krautweide in großen Mengen, kann jedoch davon nicht genug zu sich nehmen, um sich noch vor dem Wintereinbruch zu verpuppen. Daher spinnt sie einen Seidenkokon, um darin Winterschlaf zu halten. Im Winter friert die Raupe ein. Wenn der Schnee Anfang Juni schmilzt, taut sie auf und beginnt wieder zu fressen. Die verkümmerte Vegetation ist jedoch eine schlechte Nahrungsquelle, und die Raupe ist nicht in der Lage, sich vor dem zweiten Winter in einen Falter zu verwandeln. Wieder friert sie zu, taut im Frühjahr erneut auf und beginnt zu fressen. Dieser Zyklus wiederholt sich bis zu zwölf Jahre lang, bevor die Raupe ihre Metamorphose endlich abschließen kann. Anschließend hat sie nur ein paar Tage Zeit, um sich zu paaren und Eier zu legen, bevor sie stirbt.

UNTEN Eine Auerhenne frisst junge Kiefernnadeln in Finnland. Nur wenige Tiere können die Nadeln der Bäume im Norden verdauen. Daher gibt es in den großen Wäldern des Nordens nur eine relativ kleine Tierwelt.

GEGENÜBER Nadelwälder im Norden bestehen oft nur aus einer oder zwei Arten – eine Monokultur mit einem fast kahlen Waldboden.

DIE GROSSE GRÜNE WÜSTE

Weiter südlich werden die Bäume größer und dichter und bilden ein grünes Dach, das sich von Horizont zu Horizont erstreckt. In Kanada wird dieser Wald nach Boreas, dem griechischen Gott des Nordwinds, als borealer Wald und in Russland als Taiga bezeichnet, wobei die beiden Begriffe austauschbar sind. Der Wald ist so groß, dass er vom Weltraum aus als gewaltiger Grüngürtel auf der Nordhälfte des Planeten zu sehen ist, lediglich vom Blau des Meeres unterbrochen. Mit stellenweise fast 2000 Kilometer Breite und fast 10 000 Kilometer Länge bedeckt dieser Gürtel insgesamt etwa vier Millionen Quadratkilometer und enthält ein Drittel aller Bäume der Erde. Etwa die Hälfte des Waldes befindet sich in Russland, ein Drittel in Kanada und der Rest in Alaska und Skandinavien. Auf dem Höhepunkt des Wachstums im kurzen nördlichen Sommer nimmt er so viel Kohlendioxid auf und gibt so viel Sauerstoff ab, dass dadurch die Zusammensetzung der Erdatmosphäre deutlich verändert wird.

Der Blick aus dem Weltraum vermittelt den Eindruck eines fast endlosen Paradieses. In vieler Hinsicht ist die Taiga jedoch eine grüne Wüste. Häufig gibt es über Hunderte von Kilometern nur eine oder zwei Baumarten, die nur langsam wachsen. Russische Lärchen brauchen manchmal 60 Jahre, um 2,5 Zentimeter dicker zu werden, zehnmal länger als Nadelbäume in den gemäßigten Zonen. Auch gibt es nicht viele Tiere. Die Nadeln der Bäume sind ungenießbar, und obwohl Auerhähne, Felsengebirgshühner und Stachelschweine die jüngeren Nadeln fressen können, ernähren sich die anderen Tiere von Moos, Flechten oder den Samen der Saison. Die Situation auf dem Waldboden ist trostlos. Anstelle eines Blätterteppichs, der von einer Fülle von Lebewesen verwertet wird, gibt es nur eine dicke, trockene Nadelmatte, die sich sehr langsam zersetzt und einen sauren Boden hinterlässt. Die Nährstoffverwertung wird fast ausschließlich von einem spezialisierten Pilz übernommen, der an den flachen Wurzeln der Bäume wächst. Die Pilze »verdauen« die Nadeln und setzen chemische Substanzen für den Baum frei. Quasi als Gegenleistung erhalten sie Nährstoffe vom Baum, die sie nicht selbst produzieren können. Ohne diese Symbiose könnten Bäume in diesen Breiten kaum gedeihen, zumal die Böden der gesamten borealen Zone während der letzten Eiszeit unter Gletschern lagen und somit steinig und nährstoffarm sind.

OBEN Schneelandschaft in Lappland. Im Winter regt sich in den Wäldern des Nordens außer in den Baumwipfeln und unter der Schneedecke nur wenig Leben.

Die meiste Zeit des Jahres sind die Wälder ein schneebedecktes Märchenland. Die beste Erkundungsmöglichkeit ist die Fahrt über den Wald in einem Heißluftballon. Die kleineren Nadelbäume erinnern weniger an Bäume als an weiß gekleidete, gebeugte Gestalten. Die größeren Exemplare sind schlank und kegelförmig, sodass der Schnee abrutscht. Trotzdem hängen an jedem Zweig glitzernde Eiszapfen. Jeder Fußabdruck ist im Pulverschnee gut sichtbar. Von oben mag man zwar von Zeit zu Zeit die Fährte eines Hasen, Luchses oder – mit viel Glück – auch die eines Vielfraßes erspähen, doch legt man oft große Entfernungen zurück, ohne im Schnee auch nur einen einzigen Abdruck eines Tiers zu entdecken. Der Eindruck der Leere ist überwältigend. Und doch: Der Mangel an Spuren ist irreführend. In den Baumkronen hausen Vögel wie der Kreuzschnabel. Sie überleben hier das ganze Jahr, indem sie mit ihrem kräftigen Schnabel Samen aus den Tannenzapfen herausholen. Weil der Schnabel dabei als Präzisionsinstrument dienen muss, konnten sich drei Unterarten mit verschiedenen Schnäbeln jeweils auf die Zapfen von Tannen, Fichten und. Kiefern spezialisieren.

Einige Nagetiere, zum Beispiel Lemminge, leben unter dem Schnee und hinterlassen kaum ein äußerlich sichtbares Zeichen ihrer Existenz. Diese Nagetiere überleben, indem sie Wurzeln kauen oder ihren Samenvorrat fressen, den sie während des Sommers angelegt haben. Die Schneedecke schützt sie vor der Kälte und vor Räubern, obgleich Schneeeulen ihre Bewegungen hören können und dann die Krallen durch das Schneedach schlagen.

DER VOGEL MIT DEM GUTEN GEDÄCHTNIS

Kiefernhäher überleben dagegen, indem sie die Verwendung eines speziellen Werkzeugs mit einem bemerkenswerten Gedächtnis kombinieren. Die Vögel brechen die Zapfen von Bäumen wie der Weißstämmigen Kiefer mit ihrem kräftigen Schnabel auf und holen die Samen heraus. Wenn genügend Nahrung vorhanden ist, verstecken sie die Samen im ganzen Wald als Reserve für magere Zeiten. Kiefernhäher verstecken jedes Jahr mindestens 30 000 Samen, doch anstatt wie Eichhörnchen nur ein paar große Speisekammern anzulegen, verstecken sie die Samen in bis zu 5000 kleinen. Eine mögliche Erklärung dafür ist, dass der Geruch einer größeren Speisekammer Bären anlocken würde und die Vögel somit auf einen Schlag einen großen Teil ihres Vorrats verlieren würden. Kiefernhäher können sich an zirka 75 Prozent ihrer Lagerplätze erinnern: eine phänomenale Trefferquote, vor allem, wenn man bedenkt, dass das Gehirn der Vögel nicht viel größer ist als die Samen, die sie verstecken. Die interessante Frage ist, ob sie die restlichen 25 Prozent tatsächlich vergessen oder absichtlich nicht einsammeln. Seltsamerweise scheinen diese Vögel ein Viertel mehr Samen zu verstecken, als sie normalerweise brauchen. Gleichen sie damit ihre Vergesslichkeit aus, oder planen sie vorausschauend und verstecken mehr Samen für den Fall eines besonders harten Winters? Die Kiefer profitiert in jedem Fall: Ihre Verbreitung hängt völlig von den Samen ab, die im Boden vergessen werden. Weder die Vögel noch der Baum könnten ohne einander überleben.

UNTEN LINKS Ein Kiefernhäher holt Samen der Weißstämmigen Kiefer aus seinem Versteck in der Rinde. Die Weißstämmige Kiefer braucht den Kiefernhäher zum Überleben. Er öffnet ihre Zapfen und »pflanzt« die Samen an, indem er sie versteckt. Baum und Vogel sind aufeinander angewiesen.

UNTEN Ein Fichtenkreuzschnabel öffnet mit seinem gekreuzten Schnabel Kiefernzapfen, um dann mit der Zunge die Samen herauszuholen. Kreuzschnäbel gehören zu den wenigen Vögeln, die sich so angepasst haben, dass sie sich von den Zapfen der Nadelbäume ernähren können.

GIGANTEN

Obwohl sich die Wälder des Nordens um den ganzen Globus ziehen, sind sich die Tiere überall erstaunlich ähnlich. Sowohl in Nordamerika als auch in Europa gibt es Elche. Karibus und Rentiere sind fast identisch. Vielfraße, Luchse und Bären unterscheiden sich von Kanada bis Russland etwas. Dies ist ein Anzeichen dafür, wie ähnlich dieser fast zusammenhängende Wald überall ist. Die Ausnahme, die die Regel bestätigt, ist in Sibirien zu finden, dem einzigen borealen Waldgebiet, in dem es Tiger gibt. Die Bewohner der sibirischen Wälder ähneln sich nicht nur, sondern sind auch allesamt von recht großen Körpermaßen: Größere Tiere haben im Verhältnis zu ihrer Körpermasse eine geringere Oberfläche als kleinere und geben dadurch weniger Wärme ab. Vielfraße sind die größte Marderart, Elche sind die größten Hirsche, und der sibirische Tiger ist die größte Katze der Welt. Gegen ihn sehen Tiger auf tropischen Inseln wie Sumatra geradezu wie Zwerge aus. Größere Tiere können auch größere Entfernungen zurücklegen, größere Fett-

DER VIELFRASS

Der Vielfraß ist ein Tier, um das sich viele Legenden ranken. In einigen Gebieten gilt er als Kreuzung zwischen Wolf und Bär, in anderen als Bote der Geisterwelt, doch immer hat er den Ruf von etwas Wildem und Unheimlichem.

Der echte Vielfraß ist das größte Mitglied der Mustelinae-Familie, zu der auch Dachse und Wiesel gehören, und ist bestens für die Herausforderungen eines winterkalten Waldes gerüstet. Im gefrorenen Norden ist das Nahrungsangebot zwar karg, doch der Vielfraß macht das Beste daraus. Er ist ein aggressiver Aasfresser, der sogar Wölfe und Bären von einem Kadaver vertreibt. Zudem ist er ein guter Jäger, der von einer Maus bis zu einem Rentier alles fängt. Obwohl seine Beutetiere meist Nager wie Eichhörnchen und Hasen sind, kann ein 20 Kilogramm schwerer Vielfraß auch einen 150 Kilogramm schweren Hirsch überwältigen, indem er auf dessen Rücken springt und ihm in den Hals beißt. Der Vielfraß macht seinem Namen alle Ehre und kann gewaltige Mengen auf einmal vertilgen. Was übrig bleibt, wird im Schnee versteckt und für später aufgehoben. Weil die Nahrung so rar ist, braucht der Vielfraß ein großes Revier: Weibchen beanspruchen Flächen von etwa 500 Quadratkilometer, Männchen richten sich sogar in dreimal so großen Gebieten ein.

reserven anlegen und längere Zeit von einer Mahlzeit bis zur nächsten aushalten – nützliche Eigenschaften in einem kargen Land, wo Tiere häufig große Entfernungen zurücklegen müssen, um genügend Nahrung zu finden.

SOMMER DER FORTPFLANZUNG

Die Winter im borealen Wald sind lang und hart, doch dafür sind die Sommer umso intensiver. Im Juni und Juli wird das Wachstum von keiner Nacht unterbrochen. So scheinen Kräuterpflanzen aus dem Nichts aufzutauchen und genauso schnell Blüten zu bilden. Insektenlarven gedeihen in schlammigen Tümpeln so schnell, dass sie innerhalb weniger Tage als fertige Insekten über dieselben Seen fliegen, sich paaren und Eier legen. Waldmurmeltiere wachen nach achtmonatigem Winterschlaf mit einem straffen Zeitplan auf: Sie haben nur vier Monate, in denen sie ihre Jungen aufziehen und genügend Fettreserven bilden müssen, um den nächsten Winter zu überleben. Bären erwachen aus einem unruhigeren Schlaf, der bereits durch die Geburt der Jungen in der Höhle unterbrochen worden ist. Sie fressen zunächst die ersten reifen Beeren. Elche sind an den Teichen anzutreffen, wo sie Wasserpflanzen fressen, die im 24-stündigen Sonnenschein rasch wachsen.

Die größte Veränderung entsteht durch den Zustrom der Zugvögel. Finken und Drosseln, die im Winter nach Süden gezogen sind, um in den Laubwäldern Nahrung zu finden, kommen zurück, um ihre Jungen mit den Insekten zu füttern, die in Hülle und Fülle summen und krabbeln, wo man auch hinschaut. Raubvögel wie Habichte und Eulen kommen, um sich an jungen Singvögeln und den sich vermehrenden Nagetieren gütlich zu tun. In der Luft hörte man die Rufe von Gänsen, die jetzt auf ihrem Weg zu den großen Weideflächen der Tundra sind. Viele Tiere und Pflanzen sammeln sich allerdings nicht innerhalb des Nadelwaldes, sondern eher an seinen Rändern in den Birken, Weiden und Espen, die die Seen und Sumpfgebiete säumen.

GEGENÜBER OBEN Ein Elchbulle – der größte Hirsch der Welt –, hier in Alaska. Für das Überleben in den kalten Wäldern ist es hilfreich, ein Riese zu sein: Dadurch verringert sich die Körperoberfläche im Vergleich zur Körpermasse.

GEGENÜBER UNTEN Ein Amur-Tiger – ein weiterer Riese der nordischen Wälder. Ein großer Räuber braucht ein großes Revier mit vielen Beutetieren. Wegen der Abholzung der sibirischen Wälder, der Jagd auf die Beutetiere und auf den Amur-Tiger selbst ist diese Unterart stark vom Aussterben bedroht.

DAS GEMÄSSIGTE LEBEN

Nadelbäume beherrschen zwar die Gebiete zwischen 70 und 55 Grad nördlicher Breite, doch je weiter man nach Süden kommt, desto länger werden die Sommer, und desto mehr dominieren breitblättrige Bäume wie Birken, Buchen, Espen und Ahorn. Breite Blätter können das Sonnenlicht wesentlich besser aufnehmen als Nadeln, sind jedoch kälteempfindlicher und verlieren wegen ihrer dünnen Oberfläche wesentlich mehr Wasser. Die Bäume gleichen dies aus, indem sie im Winter ihr Laub abwerfen.

DER ESSBARE WALD

Das abwerfbare Blätterkleid ist eine große Bereicherung für jeden Waldkalender: die Bodenblüher im Frühjahr, das schwere, dunkle Grün im Sommer, die leuchtenden Farben im Herbst und die Stille im Winter. Die größte Auswirkung hat das Laub jedoch auf die Bewohner des Waldes. Denn Blätter sind im Gegensatz zu den fast ungenießbaren Nadeln eine hervorragende Nahrungsquelle. Rüttelt man im Sommer an einem Eichenast, fallen zahlreiche Laub fressende Tiere heraus – von Blattläusen, die den Saft aus den Blättern saugen, über Schmetterlingslarven bis hin zu Motten. Auch ihre Räuber wie Marienkäfer, Wespen, Spinnen und Käfer stecken zwischen den Blättern. Diese Kleinlebewesen stellen die Beute von Vögeln wie Blaumeisen und Waldbaumläufern dar, die wiederum von Raubvögeln wie dem Sperber gejagt werden. Auch das abgefallene Laub wird zu einer eigenen kleinen Welt. Hier findet man Springschwänze, Tausendfüßler, Hundertfüßler, Schnecken sowie zahlreiche noch kleinere Lebewesen, die an der Zersetzung der Blätter beteiligt sind. Viele Bäume verteidigen ihr Laub mit chemischen Substanzen. Noch wichtiger als der Schutz ist für sie allerdings das schnelle Wachstum ihrer Blätterkronen, um der Konkurrenz das kostbare Licht wegzuschnappen. Dieses Sonnenlicht ist es, das über das Laub der Bäume gleich eine ganze Reihe von Nahrungsketten in Gang hält. In einem Nadelwald dagegen ist ein Großteil dieser Energie in den gigantischen Stämmen der Bäume gebunden.

BRUT X

Nur wenige Tiere veranschaulichen den »essbaren« Wald besser als die immer wiederkehrenden Zikaden. So wurde im Mai 2004 der US-Bundesstaat Indiana zum Epizentrum eines gewaltigen Insektenspektakels. Im Jahr 1987 hatten die erwachsenen Zikaden der »Brut X« ihre Eier auf die Blätter von Laubbäumen gelegt, vor allem auf Ahorne, deren Blättersaft sehr zuckerhaltig ist. Nach dem Schlüpfen fielen die noch winzigen, flügellosen Zikaden, die Nymphen, zu Boden und bohrten ihre spitzen Mäuler in die Wurzeln der Pflanzen. In den folgenden 17 Jahren ernährten sie sich unbemerkt unter der Erde. Im Mai krabbelten sie zu Millionen aus dem Boden und fielen über die Laubbäume her. Mit einer Körperlänge von vier Zentimetern waren die Insekten nun um das Tausendfache gewachsen. Unter ihrem harten Außenskelett veränderte sich ihr Körper. Die reifen Tiere, die herauskamen, waren weich und weiß, wurden jedoch innerhalb von zwei Stunden dunkel und hart und waren in der Lage, das ohrenbetäubende Zirpen zu erzeugen, für das sie bekannt sind. Nach 17 Jahren unter der Erde hatten die Zikaden jetzt zehn Tage Zeit, einen Partner zu finden und Eier zu legen, bevor sie starben.

Überall nutzten andere Tiere das Überangebot an Nahrung. Doch die Verteidigung der Zikaden bestand aus ihrer großen Anzahl: Milliarden von ihnen waren in nur wenigen Nächten aus dem Erdreich gekrochen. Es gab Vögel, die zu voll gefressen waren, um noch fliegen zu können. Backenhörnchen verschlangen so viele, dass sie sich fast übergeben mussten. Dieser Übersättigungseffekt für die Räuber ist

GEGENÜBER OBEN Frühjahrsblüte der Waldhyazinthen in einem englischen Wald. Die meisten Waldpflanzen der gemäßigten Zonen blühen im Frühjahr, bevor sich das Kronendach schließt.

GEGENÜBER MITTE Öffnung im Kronendach eines Buchenwaldes im Spätfrühjahr. Im Sommer gelangt nur noch wenig Licht bis zum Waldboden.

GEGENÜBER UNTEN Fallendes Laub im Herbst. Die roten und goldenen Pigmente kommen zum Vorschein, sobald die Bäume im Herbst ihren Blättern das Chlorophyll, das sie grün färbt, entziehen. Dann wird das Laub für den Winter abgeworfen.

VORHERIGE DOPPELSEITE Der russische Teil des großen Taigawaldgürtels im August.
KLEINES BILD OBEN Mitten im Winter (Januar).
KLEINES BILD UNTEN Im Frühjahr (April).

vermutlich der Grund, warum Zikaden alle auf einmal auftreten. Doch woher wissen die Nymphen unter der Erde, wann 17 Jahre vergangen sind? Möglicherweise schmecken sie den Anstieg des zuckerhaltigen Safts in den Pflanzenwurzeln. Vielleicht zählen sie aber auch die Zyklen der Jahreszeiten, indem sie den Luftdruckabfall im Herbst spüren, wenn die Bäume ihre Blätter verlieren.

Die ökologische Bedeutung dieses Ereignisses ist an den Jahresringen der Bäume im Zikadengebiet zu erkennen. Alle 17 Jahre – genau die Jahre, in denen Brut X auftritt – wird der Abstand zwischen den Ringen breiter, was einen Wachstumsschub widerspiegelt. Warum? In einem Zikadenjahr hören alle Nymphen auf, den Saft zu saugen, und befreien die Bäume somit von einer großen Last. Außerdem geben nach der Fortpflanzung Milliarden verwesende Zikaden die Nährstoffe, die sie über 17 Jahre angesammelt haben, wieder in den Boden zurück.

DAS ERBE DER EISZEIT

Der Aufbau von Wäldern der gemäßigten Zonen ist weltweit sehr ähnlich. Einige große Baumarten wie Eichen und Buchen bilden das Kronendach, während kleinere Bäume wie Ahorn, Erlen, Hartriegel und Weißdorn das untere Stockwerk bilden, das auf Grund des größeren Lichteinfalls auf den Waldboden komplexer ist als in den Tropen. Das Artenspektrum, aus dem dieser Aufbau besteht, variierte jedoch mit der Geschichte der Kontinente. Die Eiszeiten wirkten sich stark auf die Baumvielfalt auf der Nordhalbkugel aus. Zu Beginn der letzten Eiszeit vor 80 000 Jahren, als sich die Gletscher immer weiter südwärts ausdehnten und die gemäßigten Klimazonen in Richtung Äquator verschoben wurden, konnten sich die Bäume auf dem europäischen Kontinent nur begrenzt der neuen Situation anpassen: Die Ost-West-

Barriere aus Alpen und Pyrenäen hinderte sie daran, dem wärmeren Klima in den Süden zu folgen. Während deshalb viele europäische Bäume ausstarben, konnten sich die Bäume Nordamerikas in den Süden ausbreiten, da dort alle Gebirgszüge von Norden nach Süden verlaufen. Als sich das Eis zurückzog, siedelten sich die amerikanischen Bäume wieder in ihren alten Regionen an. Dies könnte eine Erklärung dafür sein, warum es in Nordamerika 3000 Laubbaumarten und in Europa nur 1000 gibt.

Laubbäume ergeben hervorragendes Nutzholz und hinterlassen, nachdem sie gefällt wurden, fruchtbare Böden, die ideal für die Landwirtschaft sind. Folglich sind auf der Nordhalbkugel nur wenige Laubwälder intakt geblieben. Die Fläche, die sie einnehmen, ist auf weniger als ein Viertel ihrer früheren Größe geschrumpft. Ohne den Einfluss des Menschen hätte es in Nordamerika ein riesiges Waldgebiet vom Golf von Mexiko bis zu den Großen Seen im Norden gegeben. Währenddessen würde sich zwischen den Alpen und den borealen Wäldern Nordeuropas ein Laubwaldgürtel erstrecken, der vom Atlantik bis in den Ural reichen würde. Hinter dem Ural würde dieser Gürtel im ostrussischen Amurgebiet weitergehen und erst in China und Japan enden.

DER GROSSE URWALD

Am Ende der letzten Eiszeit in Europa vor 10 000 Jahren siedelten sich rasch wieder Laubwälder an, die schließlich 90 Prozent der Landfläche des Kontinents bedeckten. Vor zirka 5000 Jahren begannen die Menschen damit, diese Baumbestände abzuholzen. An der Domesday-Zählung von 1083 bis 1086 können wir heute ablesen, dass der Wald stärker abgeholzt war, als es heute der Fall ist. Ähnlich stand es damals um die Baumbestände Frankreichs und des restlichen Europas.

GEGENÜBER Zikaden der Brut X klettern einen Baumstamm nach oben bis zu der Stelle, an der sie sich in erwachsene Tiere verwandeln – das Ende eines 17-jährigen Lebens unter der Erde, in dem sie sich vom zuckerhaltigen Saft des Baums ernährt haben.

UNTEN Der Urwald von Bialowieza, ein natürliches Durcheinander von Stämmen, herabgefallenen Ästen und verrottendem Holz – der Treibstoff für eine komplexe Waldgesellschaft.

Um zu sehen, wie Mitteleuropa vor diesen Rodungen aussah, muss man dem Nationalpark Bialowieza einen Besuch abstatten – einem etwa 1500 Quadratkilometer großen Wald mit altem Baumbestand an der Grenze zwischen Polen und Weißrussland. Im Gegensatz zu allen anderen Wäldern Europas stehen nur im Inneren des Waldgebiets junge Bäume. Zwar gibt es dort auch große Bäume, doch die sind in einem Durcheinander aus Bäumen aller Wachstumsstadien versteckt – ganz anders als die vertrauten Eichen- und Buchenwälder Mitteleuropas. Diese bekannten Eichen- und Buchenbestände sind auf eine unnatürliche Weise voll von großen Bäumen, weil sie entweder alle zur selben Zeit gepflanzt wurden oder weil Weidevieh verhinderte, dass die Sämlinge zu einem neuen Stockwerk heranwuchsen. In den meisten europäischen Wäldern werden sterbende Bäume aus Sicherheitsgründen gefällt, aus dem Wald entfernt und als Feuerholz genutzt. In Bialowieza hingegen gibt es Holz in allen Stadien des Verfalls – von stehenden toten Bäumen bis hin zu umgestürzten Stämmen, die schon so verrottet sind, dass es schwer fällt, zwischen Holz und Erdreich zu unterscheiden.

Die letzte Besonderheit des Waldes offenbart sich dem Besucher, der geduldig genug ist, sich still unter einen Baum zu setzen. Nach etwa 15 Minuten erwacht der Wald zum Leben. Vögel flattern vorbei, und im Dickicht rascheln kleine Säugetiere. Bleibt man länger, erhascht man vielleicht einen Blick auf seltenere Tiere wie Hermeline oder Wiesel, Wildschweine oder sogar Waldbisons. Dieser Wald ist voller Leben. Einige größere Tiere wie Wölfe und Bisons überleben im Wald, weil sie nicht gejagt werden dürfen, doch die meisten der anderen mehr als 50 Säugetier- und 200 Vogelarten gedeihen hier, weil der Wald gesund ist und über viele verschiedene Baumarten in allen Wachstumsstadien verfügt. Außerdem darf das Holz hier verrotten, was die Nahrungsketten in Schwung hält und den Nährstoffkreislauf schließt.

GEGENÜBER Die Herbstfarben in Nordamerika, bevor die ersten Blätter fallen. Bäume der gemäßigten Zone haben einen eingebauten Mechanismus – vermutlich vom abnehmenden Tageslicht ausgelöst –, der bewirkt, dass sie Nährstoffe aus ihren Blättern abziehen und das grüne Chlorophyll vor dem Frost aufspalten, bevor die Kälte deren Zellen zerstört. Die Pigmente, die sichtbar werden, sind die verbleibenden gelben Carotinoide sowie die neu gebildeten roten Anthocyanine.

UNTEN Pilze, hier der Grünblättrige Schwefelkopf, sind die großen Wiederverwerter des Waldes. Sie tragen zur Zersetzung von herabgefallenem Pflanzenmaterial bei und gehen eine Symbiose ein, indem sie Bäume mit lebenswichtigen Nährstoffen versorgen.

DIE WÄLDER DER VIER JAHRESZEITEN

Ein Laubwald der gemäßigten Zonen ist in jeder Jahreszeit so unterschiedlich, dass man ihn nur verstehen kann, wenn man all seine verschiedenen Seiten betrachtet. In Europa beginnt der Frühling Ende Februar, wenn der Winter seinen Griff lockert und die ständig dort lebenden Singvögel ihre Reviere abstecken. Schon bald beginnen Amseln und Drosseln mit dem Nestbau. Ende März kehren die ersten beiden Zugvogelarten zurück – der Zilpzalp vom Mittelmeer und der Fitis aus Afrika. Schneeglöckchen und Primeln blühen schon, bevor die Bäume grün werden und das Licht abhalten. Wenn sich die Buchen- und Platanenblätter öffnen, ist der Frühling in vollem Gange. Glockenblumen bedecken den Waldboden, kurz bevor sich das Blätterdach Ende April schließt und die Kuckucke kommen.

Während der Frühling die Jahreszeit der Veränderung ist, ist der Sommer die Zeit der Produktivität. Es gibt Wärme, viel Sonnenlicht, und der Boden ist feucht. Die Pflanzen wachsen schnell, und die Tiere vermehren sich rasch. Eine steigende Anzahl Insekten wird von kleinen Säugetieren und Vögeln vertilgt, die wiederum von Hermelinen, Wieseln und Eulen gefressen werden. Eine neue Blumenwelle von Weidenröschen bis Fingerhut blüht auf dem Waldboden, doch endet das Wachstum in dieser Schicht, sobald die Kronen der größeren Bäume so dicht geworden sind, dass kaum noch Licht durchdringt.

Im Herbst werden die Tage kürzer, und die Luft kühlt ab. Das Röhren der Rothirsche schallt durch den Wald, wenn sich die Männchen auf die alljährliche Brunft vorbereiten. Die Zugvögel verlassen den Wald, und viele Waldbewohner bereiten sich geschäftig auf den Winter vor: Igel und Haselmäuse fressen sich vor dem Winterschlaf Fettreserven an, Eichhörnchen und Eichelhäher füllen ihre Speisekammern auf. Die Bäume ziehen so viele Nährstoffe wie möglich aus ihren Blättern. Weil kein Saft mehr in die Blätter fließt, kommt es zu einer Abfolge spektakulärer Farben. Mit der Feuchtigkeit und Fäulnis kommen die Giftpilze, das einzige sichtbare Zeichen der faserigen Pilznetze, die sich durch den Wald ziehen.

Eine unheimliche Stille legt sich über den Wald. Die meisten Insekten sind tot und haben nur Eier hinterlassen, aus denen eine neue Generation hervorgehen wird, sobald die Bedingungen besser werden. Die Blätter des nächsten Jahres sind ebenfalls schon fertig, eingehüllt in schützende, wasserfeste Knospen. Säugetiere wie Dachse und Wiesel sind immer noch unterwegs, während Tiere wie die Haselmaus im Tiefschlaf verharren. Wegen der geringen Temperatur zersetzt sich das Laub auf dem Boden nur langsam. Die herabgefallenen Blätter werden in etwa zwei Jahren verschwunden sein und einen Großteil ihres Mineralgehalts an die Baumwurzeln zurückgegeben haben.

UNTEN Ein Marmelalkjunges balanciert auf einem Mammutbaumast wie auf einem Klippenvorsprung. Seine Eltern sind zum Meer geflogen, um Fisch für ihren Nachwuchs zu fangen.

GEGENÜBER Die Bäume des temperierten Regenwaldes an der Pazifikküste sind die Wirte zahlreicher Epiphyten – Pflanzen, die Bäume als Wachstumsfläche nutzen, Feuchtigkeit aus dem Nebel und Nährstoffe aus den pflanzlichen Abfällen ziehen.

REGENRIESEN

An der nordamerikanischen Pazifikküste gibt es den größten noch verbliebenen temperierten Regenwald. Er wächst dort, wo man eigentlich Laubbäume erwarten würde, doch handelt es sich hier um Nadelbäume – 50 Millionen Jahre alte Relikte aus einer Zeit, als der Planet feuchter war. Zu dieser Zeit wuchsen Nadelbäume, die sich der Feuchtigkeit angepasst hatten, in ganz Europa und Asien. Die heutigen Nadelbäume sind dagegen vor allem an das Leben an trockenen Orten angepasst.

Der größte Teil des Waldes liegt auf der Olympic Peninsula zwischen den USA und Kanada, einer Region mit 381 Zentimeter Regen pro Jahr – dreimal so viel, wie ein Regenwald benötigt. Weiter südlich werden die Niederschläge unregelmäßiger. Dort wären die Sommermonate für Riesenmammutbäume zu trocken, wäre da nicht der tägliche Nebel vom Pazifik, der das Wachstum vereinzelter Baumgiganten auch so weit im Süden noch begünstigt. In den »Nebelmonaten« sind die Nadeln der Mammutbäume den halben Tag lang nass, sodass eine außergewöhnliche »umgekehrte Transpiration« stattfindet: Anstatt Wasser durch die Wurzeln aufzunehmen und mit dem aufsteigenden Saft zu den Nadeln zu transportieren, wird die Feuchtigkeit von den Nadeln gesammelt und vom Saft hinunter zu den Wurzeln transportiert. Außerdem tröpfelt die Feuchtigkeit von den Nadeln den Baum hinunter zum Boden, wo sie von den Wurzeln an der Oberfläche aufgenommen wird. Ein Mammutbaum erhält auf diese Weise bis zu 40 Prozent seines Wassers aus der Luft. Diese Abhängigkeit vom Wasser begrenzt jedoch zugleich die Verbreitung der Mammutbäume.

Im Gegensatz zu den Nadelbäumen im Norden müssen Mammutbäume keinen Schnee abschütteln, daher haben sie anstelle einer kegelförmigen Gestalt einen komplizierten dreidimensionalen Aufbau aus zahlreichen Kronenschichten. Die Kronen bilden sich, wenn waagerechte Seitentriebe von den Hauptästen aufeinander treffen und sich verbinden. Dadurch entstehen große Plattformen, auf denen sich Nadeln sammeln. Diese vom Nebel durchtränkten luftigen Gärten erhalten wesentlich mehr Licht als der Waldboden und bieten daher bestimmten Pflanzen und Tieren einen eigenen Lebensraum.

Die Biomasse dieser Wälder kann 2000 Tonnen pro Hektar erreichen, mehr als in einem tropischen Regenwald, doch besteht sie fast ausschließlich aus den Vertretern weniger Baumarten. Diese Wälder sind auffällig ruhig; das Keckern eines Eichelhähers oder das Hämmern eines Helmspechts sind durch den Wald zu hören, ohne von anderen Klängen gestört zu werden. Eines der seltsamsten Tiere hier ist der Marmelalk. Alkenvögel beziehungsweise Alke sind Seevögel, die ihre Nahrung aus dem Meer beziehen, daher macht ihnen der Nahrungsmangel im Nadelwald nichts aus. Sie nutzen Riesenmammutbäume wie andere Seevögel Klippenvorsprünge. Ihr Ei legen sie auf einen dünnen Ast hoch oben über dem Waldboden. Wenn das Junge schlüpft, lassen es die Eltern immer wieder allein auf dem wackeligen Ast zurück und fliegen zum Meer, um es mit Nahrung zu versorgen. Kurz bevor es flügge wird, rupft sich das Junge den restlichen Flaum aus, bis nur noch die Flugfedern übrig sind. Nach Einbruch der Nacht hüpft es von seinem Ast und findet irgendwie den Weg zum Meer.

DAS GOLDENE DREIECK

Unabhängig von den Eigenschaften eines Waldes sind seine Grundbausteine doch immer die einzelnen Bäume. Auf das Gewicht bezogen ist Holz stärker als Stahl und kann außergewöhnliche und Ehrfurcht gebietende Formen annehmen. Geprägt von den Naturkräften, dem Kampf ums Licht und dem Bestreben, nicht zum Futter von Tieren zu werden, sind einzelne Bäume zu den unglaublichsten Konstruktionen in der Natur fähig.

Baumfreunde auf der ganzen Welt sollten einmal in ihrem Leben eine Pilgerfahrt nach Kalifornien machen. Hier können sie in einem Umkreis von nur wenigen hundert Kilometern die größten und vermutlich ältesten Organismen sehen, die heute auf unserem Planeten leben.

Als höchster Baum der Welt gilt ein Küstenmammutbaum in Nordkalifornien, der Stratosphere Giant im Rockefeller State Park mit einer Höhe von 112,8 Metern – obwohl es dort noch mehrere andere Bäume gibt, die fast genauso hoch in den Himmel ragen. Der Baum mit dem größten Umfang ist im Giant Sequoia National Monument an den Südhängen der Sierra Nevada zu finden. »General Sherman« ist zwar nur 82 Meter hoch, hat aber am unteren Stammende einen Umfang von elf Metern, was ihn zum massigsten Organismus der Erde macht. Seine Außenrinde ist vermutlich über einen Meter dick und schützt ihn so vor Waldbränden – ein Phänomen, das er für die Fortpflanzung braucht. Der älteste Baum – und eines der ältesten Lebewesen überhaupt – ist eine Grannenkiefer in den kalifornischen White Mountains. Der mehr als 4700 Jahre alte Baum stand schon lange vor den Pyramiden Ägyptens und war fast 3000 Jahre alt, als Jesus geboren wurde. Viele Grannenkiefern werden jedes Jahrhundert nur ein paar Zentimeter dicker. Die Kiefern wachsen in einer Höhe von 3000 Metern auf Hängen, die zu den trockensten Gebieten der Erde zählen, da sie im Regenschatten der Sierra Nevada liegen, die alle vom Westen kommenden Niederschläge aufhält. Der Boden besteht aus Dolomit und ist extrem nährstoffarm. Eine derartig unwirtliche Umgebung ist wahrscheinlich der Hauptgrund dafür, dass die Grannenkiefer praktisch ein Leben in Zeitlupe führt.

VON LINKS NACH RECHTS

Eine Grannenkiefer, mindestens tausend Jahre alt und wahrscheinlich noch älter, wächst in den kalifornischen White Mountains. Grannenkiefern gedeihen im Regenschatten im Westen der Sierra Nevada, wo weniger als 30 Zentimeter Niederschlag – meist in Form von Schnee – fallen. Das Wachstum verläuft daher extrem langsam. Dies bedeutet jedoch auch, dass es nur wenig Konkurrenz mit anderen Bäumen und nur wenig Pilzzersetzung gibt.

Riesenmammutbäume findet man auf den feuchten Osthängen der Sierra Nevada. Die mehr als 1000 Jahre alten Bäume wachsen noch immer. Ihre weiche, faserige Rinde kann gut 60 Zentimeter dick werden und ist ein perfekter Schutz gegen Kälte, Wind, Schnee – und Feuer. Denn die Wälder sind auf Brände angewiesen, die den Bestand an eindringenden Tannen und Kiefern ausdünnen.

Vorbereitungen für das Erklimmen eines der höchsten Küstenmammutbäume im Jedediah Smith Redwoods State Park. Der niedrigste Ast befindet sich mehr als 60 Meter über dem Boden.

Dieser Mammutbaum ist fast 100 Meter hoch. Der welthöchste Baum übertrifft ihn um 12 Meter.

DER SPIEGEL IM SÜDEN

Auch südlich des Äquators endet irgendwann der Sommer, und die Folgen für das Leben im Wald ähneln denen auf der Nordhalbkugel. Zwar liegt kein Land der Erde südlich genug, um den borealen Wäldern um die Arktis herum zu entsprechen, doch hat Höhe ähnliche Auswirkungen auf die Wachstumsperiode, weshalb es auch in Südchile und Argentinien Regionen mit Baumgrenzen gibt, an denen winterharte Nadelbäume wachsen.

Der bekannteste und schönste dieser Nadelbäume ist die Andentanne, auch Chilenische Araukarie oder Schmucktanne genannt, die mit ihren reptilienschuppenartigen Blättern wie ein Urzeitbaum aussieht und seit der Zeit der Dinosaurier existiert. Sie bedeckt die schneebedeckten Vulkanhänge der Anden und vervollständigt die wahrhaft bizarre Landschaft. Ähnlich den Bäumen im borealen Norden sind die hornartigen Blätter der Andentanne gut gegen den Feuchtigkeitsverlust geschützt. Nur ihre Samen sind essbar, die von Langschnabelsittichen – echte Spezialisten wie die Kreuzschnäbel und Kiefernhäher im Norden – aus den Zapfen geholt werden.

Wenn man die Hänge hinabsteigt – als näherte man sich den Breiten des Äquators –, erreicht man einen Wald, der den Wäldern an der Pazifikküste Nordamerikas gleicht. Der valdivianische Küstenregenwald in Chile und Argentinien ist der zweitgrößte temperierte Regenwald nach dem im amerikanischen Nordwesten. Er erhält ständig Feuchtigkeit aus der am Fuß der Anden aufsteigenden Pazifikluft. Selbst Charles Darwin, der vermutlich ein robuster Naturbursche war und der sicher von seinen Forschungsreisen extremes Wetter gewohnt war, beschwerte sich einst über die »Dunkelheit und endlosen Regenfälle« in diesem Wald.

Eine Baumart erhebt sich über die unberührten Gebiete dieses Waldes. Die Alerce, die auch Patagonische Zypresse genannt wird, kann über 50 Meter hoch und 3500 Jahre alt werden. Wie der Mammutbaum ist auch sie ein wertvoller Nutzholzbaum und daher mittlerweile rar. In Chile ist sie in einigen Gebieten wie dem Nationalpark Los Alerces geschützt.

Der valvidianische Regenwald ist in der Tat etwas unheimlich: tropfnass, dicht, verschlungen und mit Ausnahme vereinzelter hoher Alercen sehr niedrig gewachsen. Die Lichtungen sind wegen der Fülle von Riesenrhabarber unpassierbar, einer Pflanze mit riesigen Blättern und stacheligem Stamm, die in den feuchten Bedingungen eine gigantische Größe erreichen kann. Sie bildet ein niedriges Kronendach, unter dem zahlreiche Kleintiere leben.

Der Pudu ist mit rund 30 Zentimetern Höhe und einem höchstens zehn Zentimeter langen Geweih der kleinste Hirsch der Welt. Der geheimnisvolle Einzelgänger ist nur selten zu sehen, außer er steht auf seinen Hinterbeinen, um an Pflanzen zu knabbern. Nachts erspäht man mit etwas Glück ein weiteres Tier in Miniaturgröße, die Chiloé-Beutelratte. Sie ist ein südamerikanisches Beuteltier von der Größe einer Haselmaus und der einzige Nachfahre einer prähistorischen Art. Die Chiloé-Beutelratte frisst von Insekten bis zu Fröschen alles, was sie fangen kann. Sie kann hervorragend klettern und bewegt sich mit Hilfe ihres Greifschwanzes durch das Dickicht.

Sowohl die Chiloé-Beutelratte als auch der Pudu sind nachtaktiv und müssen sich vor der Chilenischen Waldkatze, auch Kodkod oder Nachtkatze genannt, in Acht nehmen. Dieses wunderschön gezeichnete Raubtier ist nicht größer als eine Hauskatze. Fachleute vermuten, dass die Chilenische Waldkatze sehr gesellig ist, doch weiß man über ihr Verhalten bis jetzt ähnlich wenig wie über viele andere Tiere dieser Region.

GEGENÜBER LINKS Im Küstenregenwald der Südhalbkugel gibt es viele Säugetiere, die nur selten zu sehen und daher bislang kaum erforscht sind. Zu ihnen zählt die Chiloé-Beutelratte, die einen Greifschwanz hat und ihre Jungen in einem Beutel trägt. Wie die Haselmaus ist auch sie nachtaktiv, lebt vorwiegend auf Bäumen und hält während der eisigen Jahreszeit ihren Winterschlaf.

GEGENÜBER RECHTS Ein weiterer Bewohner des valdivianischen Küstenregenwaldes ist die nachtaktive Chilenische Waldkatze, die kleinste Katze der westlichen Hemisphäre.

UNTEN An den Hängen der Anden überragen Andentannen die Schein- oder Südbuchen. Sie sind mehrere hundert Jahre alt und haben sich seit ihrer Entstehung vor etwa 200 Millionen Jahren kaum verändert.

DIE BESONDERE ÖSTLICHE MISCHUNG

OBEN Mandarinenten, die häufig in europäischen Parks zu finden sind, leben auch in der Wildnis Chinas, Japans und Ostsibiriens. Das getarnte Weibchen (erstes Bild) legt seine Eier in einem Baumloch, das häufig weit oben liegt. Wenn alle Küken geschlüpft sind, ruft die Mutter sie vom Boden aus zu sich. Dann springt eines nach dem anderen aus dem Nest und macht eine Bruchlandung auf dem Waldboden.

GEGENÜBER Ein weiblicher Amurleopard, eine der am meisten gefährdeten Großkatzen der Welt. Im Laubmischwald des abgelegenen Amurtals an der chinesisch-russischen Grenze gibt es nur noch etwa 40 dieser Leoparden. Weil der Mensch ihre Wälder abholzt, das Beutewild und den Leoparden selbst bejagt, werden Amurleoparden wahrscheinlich nicht mehr lange in der Wildnis vorkommen.

In Russland und China, dem größten beziehungsweise viertgrößten Land der Welt, finden sich alle großen Waldtypen, die es auf der Erde gibt, von borealen bis zu tropischen Wäldern. Die größte Vielfalt an Baumarten findet man jedoch in den temperierten Wäldern – immergrüne Nadelbäume genauso wie Laubbäume und Kiefern, wobei viele Waldgebiete eine Mischung aus allen drei Arten enthalten.

Vor allem in Südwestchina erstrecken sich riesige Flächen dichter Laubwälder. Die Provinz Sichuan wird zudem von Gebirgszügen beherrscht, deren Höhenunterschiede verschiedenste Baumarten und Waldtypen hervorgebracht haben, die sich in relativ schneller Folge ablösen. Die Goldstumpfnase ist an das Umherstreifen zwischen den Wäldern angepasst. Dieses ungewöhnlich aussehende Tier klettert bis in eine Höhe von 4000 Metern oder mehr und ist damit der Affe, der in den höchsten Regionen der Welt zu finden ist. Sein dickes Fell bietet Schutz gegen die Kälte, und im Magen befinden sich Kammern mit speziellen Bakterien, die es ihm ermöglichen, fast alles, einschließlich Zellulose, zu verdauen. Im Gegensatz zu den meisten Affen, die sich von Früchten und Insekten ernähren und ein relativ breites Nahrungsangebot haben, können Goldstumpfnasen weniger wählerisch sein und müssen je nach Jahreszeit und Waldtyp große Mengen Flechten, Nadeln und sogar Rinde essen. Im Winter sind die Affen wegen der Nahrungsknappheit gezwungen, in relativ kleinen Gruppen von 20 bis 30 Tieren zu leben, bilden jedoch im Sommer mit bis zu 600 Tieren die größten Zusammenkünfte aller Affen.

Der Laubmischwald der Region Amur in Russland ähnelt den Laubwäldern Westeuropas und Nordamerikas. Außer den bekannten Bäumen gibt es dort auch zahlreiche Eichelhäher, Backenhörnchen und Hirsche. Die größten hier lebenden Raubtiere sind uns jedoch weniger vertraut. In diesen Wäldern streift der sibirische Tiger umher und ernährt sich hauptsächlich von Damwild – wie auch der Amurleopard, der Rehe, Dachse und Marderhunde jagt. Der Amurleopard ist mit nur 40 wild lebenden Exemplaren die seltenste der rund 30 Leopardenarten. Im Winter wächst ihm ein dickes Fell, das dem des Schneeleoparden ähnelt, jedoch dunkelorange mit weit auseinander liegenden rosettenartigen Flecken ist.

HEISSE WÄLDER

Weiter im Süden, Richtung Äquator, werden die Winter milder, und die Sonne scheint länger im Jahr, was zu heißeren, trockeneren Sommern führt. Ohne Winterfrost, der die Blätter schädigt, können hier Laubbäume wachsen, die das ganze Jahr über Blätter haben, zum Beispiel Magnolien und immergrüne Eichen. Für die Pflanzen dieser Region ist das oberste Gebot, Wasser zu sparen. Daher haben die Bäume meist kleinere, glänzende, mit einer Wachsschicht überzogene Blätter. In den trockensten dieser Gebiete tauchen auch wieder Nadelbäume auf. Ihre wachsartigen Nadeln, mit denen sie die Wasserknappheit im Frost des Nordens überleben, bieten ihnen auch hier einen Vorteil. Am Mittelmeer könnte eine große Fläche von dieser Art der Vegetation bedeckt sein – immergrüne Bäume wie Korkeichen und Olivenbäume sowie Nadelbäume wie Zypressen –, wären nicht viele dieser Wälder der frühen Landwirtschaft zum Opfer gefallen und durch importierte Pflanzen wie Eukalyptus ersetzt worden.

In den Tropen sind die Tage fast immer gleich lang, die Sonne steht senkrecht und liefert das Höchstmaß an Energie. Wo es viel Wasser gibt, sind die Bedingungen für einen feuchtheißen tropischen Urwald, den produktivsten Wald der Erde, ideal. Die Wettersysteme unseres Planeten sind jedoch komplex, sodass es selbst am Äquator oft lange Zeit überhaupt nicht regnet. Dann kann die zusätzliche Intensität der Sonne zu einer ausgeprägten Trockenzeit führen. Sieht man sich das Bild eines indischen Teakwaldes in der Trockenzeit an, könnte man denken, es sei ein nördlicher Laubwald mitten im Winter. Bei einem Besuch würde man jedoch schnell seine Meinung ändern. Die Hitze wäre überwältigend, und die Teakblätter, die den Boden bedecken, wären staubtrocken und brüchig, da die Bäume ihnen vor dem Abwerfen den letzten Rest Feuchtigkeit entzogen haben. Man würde überraschende Vogelrufe hören, unter anderem von balzenden Pfauen. Würde man an einem der wenigen Wasserlöcher warten, könnte man einen Aufmarsch von Hanuman-Languren und Pferdehirschen, vielleicht auch einem Tiger oder ein paar Wildhunde sehen, die hierher zum Trinken kommen.

Der Teakwald Südindiens bildete die Kulisse zu *Das Dschungelbuch* von Rudyard Kipling. Der tatsächliche Wald, der Kipling als Vorlage diente, befindet sich im Pench-Nationalpark, einem 750 Quadratkilometer großen Teak- und Laubmischwald in Madhya Pradesh. Er liegt zwar in Äquatornähe, ist jedoch sehr stark jahreszeitlich geprägt, wobei fast die gesamte Regenmenge in nur wenigen Monaten während des Monsuns fällt. Wenn der Wald am trockensten ist, suchen viele Tiere Schatten und bemühen sich, Wasser zu speichern, doch der indische Gaur – ein Wildrind – nutzt diese Zeit für die Brunst. Die großen Bullen mit ihren breiten, eckigen Schultern schürzen ihre Lippen zu einer seltsamen Grimasse. Dies wird als Flehmen bezeichnet und dient dazu, sich auf den Geruch von Weibchen in der Nähe zu konzentrieren und ihre Fortpflanzungsbereitschaft zu signalisieren. Wenn die Hierarchie der größten Bullen nicht geklärt ist, kämpfen sie. Diese Kämpfe sind jedoch das letzte Mittel: Gaur haben so spitze Hörner, dass sie sich tödliche Wunden zufügen können, und außerdem gilt es in dieser Zeit des Jahres, jede unnötige Anstrengung zu vermeiden. Der Wald ist jetzt kahl, und der Gaur bezieht den Großteil seiner Nahrung und seines Wassers aus der Rinde des Teakbaums, die er abzieht. Im Mai kommt ihm jedoch ein sehr ungewöhnlicher Baum zu Hilfe und verschafft ihm eine kurze Verschnaufpause. Der Indische Butter- oder Mahua-Baum wählt die trockenste Zeit, um sukkulente Blüten auszubilden, die Tiere aus dem ganzen Wald anlocken. Auf dem Höhepunkt seiner Blüte ist der Baum voll von Bartvögeln, Sittichen, Eichhörnchen und verschiedenen Affenarten. Die herabgefallenen Blüten werden von Gaur sowie Pferde- und Axishirschen aufgesammelt, zu denen sich in der Abenddämmerung häufig Lippenbären gesellen. Das Spektakel verdeutlicht, dass jedes Lebewesen im Wald vom Wasser abhängig ist und Süßwasser für die Produktivität eines Waldes genauso wichtig ist wie die Sonne.

OBEN Ein Gaurbulle im Nagarahole-Nationalpark. Der Laubmischwald besteht aus Bäumen wie Teak und Rosenholz, die ihre Blätter im Sommer abwerfen, um den Wasserverlust zu minimieren. Der Gaur zieht die Rinde ab, die ihm als Nahrung und Feuchtigkeitsspender dient.

GEGENÜBER Ein indischer Pfau balzt im Wald in einer Arena aus trockenen Blättern. Er untermalt sein Gebaren mit verschiedenen Lauten und bewegt dazu seine Federn hin und her.

4

Die großen Ebenen

Grasland bedeckt mehr als ein Viertel der Landoberfläche unserer Erde. Die weiten, offenen Flächen sind ausgesprochen produktiv und beherbergen die größten Ansammlungen von Tieren auf dem Planeten.

OBEN Ein Teil der großen Ebenen in Tibet mit einer Yakherde in der Ferne.

GEGENÜBER Afrikanische Elefanten und Büffel auf ihrer langen Wanderung über die staubigen, trockenen Ebenen in Botswana, die sie auf sich nehmen, um zum Wasser zu gelangen.

VORHERIGE DOPPELSEITE

OBEN Eine Herde Amerikanischer Bisons
UNTEN Gnus auf der Wanderschaft

Große Ebenen findet man auf jedem Kontinent außer der Antarktis: von den heißen Savannen Afrikas bis zur gefrorenen Tundra der Arktis, von den weiten Prärien Nordamerikas bis zur südamerikanischen Pampa mit ihren hohen Gräsern, von den üppigen, tief gelegenen Überschwemmungsebenen Indiens bis zu den rauen Steppen des Tibetischen Hochlands. Zusammen bedecken sie ein Viertel der Erde. Allein die zentralasiatischen Steppen erstrecken sich geschlossen um fast ein Drittel der Welt. Die großen Ebenen sind außerdem sehr produktiv. Nirgendwo sonst findet man eine solche Anhäufung von Tieren – 1,5 Millionen Gnus in der ostafrikanischen Savanne der Serengeti, zwei Millionen Gazellen in den mongolischen Steppen und drei Millionen Karibus in der nordamerikanischen Tundra. Millionen von Grasfressern bilden wiederum die Beute für Tausende von Raubtieren, von Löwen und Hyänen in Afrika bis zu Wölfen und Adlern in Amerika und Asien. Obwohl es unterschiedliche Bezeichnungen für die Ebenen gibt – Steppe, Savanne, Prärie, Pampa –, haben diese großen Grasmeere immer zwei Dinge gemeinsam: Erstens bilden sie sich in Gebieten, in denen zu wenig Niederschlag für die Entstehung von Wäldern und zu viel für die Entstehung von Wüsten fällt (250 bis 750 Millimeter pro Jahr). Zweitens haben sie eine abgegrenzte Wachstumsperiode, wenn der Sommer der gemäßigten Zonen oder die tropischen Regenfälle beginnen und das Gras vorherrscht.

TUNDRAREISE

Auf der Reise nach Norden über die Baumgrenze hinweg gelangt man zur arktischen Tundra, einer dem Wind ausgesetzten Wildnis, die größer ist als Australien und das Nordpolarmeer am oberen Ende der Welt umgibt. Die im frostigen, dunklen Winter fast unbewohnte und leblose Tundra verwandelt sich im Sommer völlig. Wenn die Landtemperatur lange genug über null klettert, um das Eis und den Schnee zu schmelzen und die im gefrorenen Boden eingeschlossenen Nährstoffe freizusetzen, dann stehen der Natur plötzlich Wärme, Feuchtigkeit und Dünger zur Verfügung. Sobald sich das Eis zurückzieht, kommen die ersten Grastriebe zum Vorschein, und innerhalb weniger Tage gibt es Nahrung in Hülle und Fülle. Das Nahrungsangebot, die wenigen Raubtiere, die diese abgeschiedene Region bevölkern, und die 24 Stunden Tageslicht im Sommer machen die Tundra für Tiere zu einem geradezu idealen Ort, um Nachkommen aufzuziehen. Deswegen zieht die Tundra Millionen von Vögeln und Säugetieren an, die weit im Süden überwintert haben.

DIE GRÖSSTE »GÄNSEFARM« DER WELT

Die Wanderung der Tiere kann die öde Tundra fast über Nacht verwandeln. Anfang Mai scheint der Egg River auf Banks Island ganz im Norden Kanadas der einsamste Ort der Erde zu sein, selbst wenn der Schnee bereits größtenteils geschmolzen ist. Die Ebene, die über Jahrtausende von den erosiven Kräften aus Eis und Wind glatt gescheuert wurde, liegt völlig still da. Das einzige Geräusch ist der Wind. Doch dies ändert sich buchstäblich über Nacht.

An einem Tag Ende Mai füllt sich die Luft mit einem unglaublichen Lärm – ein Geschrei und Gezeter, das die Ankunft hunderttausender Kleiner Schneegänse ankündigt. Dies ist das Ende ihrer zwölfwöchigen, 4000 Kilometer langen Reise von den Winterquartieren am Golf von Mexiko und im Süden der USA. Die Ebenen am Egg River verwandeln sich schlagartig in einen großen Bauernhof, in eine 20 Kilometer lange und fünf Kilometer breite Brutkolonie aus Gänsen.

Männliche und weibliche Kleine Schneegänse bilden Paare, die ihr Leben lang zusammenbleiben und meist jedes Jahr an dieselben Brutplätze zurückkehren. Sie bilden die größte und dichteste Ansammlung nistender Wasservögel der Welt. Die Nester verteilen sich im Abstand von etwa zehn Metern über die Tundra – weit genug entfernt, um Konflikte mit den Nachbarn zu vermeiden, und doch nah genug, um sich einander gegen Räuber beizustehen. Von weitem sehen die Gänsepaare aus wie tausende und abertausende über den Boden verstreuter Golfbälle.

Schneegänse legen meist vier oder fünf Eier, die vom Weibchen ausgebrütet werden. Sie bleibt bis zur Wanderung in die Wintergebiete bei den Küken und verliert bis zu einem Viertel ihres Körpergewichts. Ihr Partner beschützt sie und das Nest vor eindringenden Gänsen und Räubern – Möwen, die an unbeaufsichtigten Eiern picken, und Polarfüchsen, die oft einen Bau in oder am Rand der Gänsekolonie haben und von der plötzlichen Nahrungsfülle vor ihrer Tür profitieren.

Eier zu stehlen erfordert Geschicklichkeit. Sobald sich ein Polarfuchs einem nistenden Paar nähert, wird Alarm ausgelöst, und die Kolonie ist von hektischer Aktivität erfüllt, wenn der Fuchs zwischen wütenden, flügelschlagenden und beißenden Gantern Spießruten läuft. Hat der Fuchs ein Nest ausgewählt, drückt er sich in der Nähe herum und versucht, die aufgebrachten Gänse von ihren Eiern wegzulocken. Wenn sich die Gans ihrem angreifenden Partner anschließt, schießt der Fuchs nach vorn, schnappt sich ein Ei und flieht vor seinen Verfolgern. Einige Eier werden gefressen, andere an die Jungen verfüttert und der Rest für später irgendwo vergraben. Selten fängt ein Fuchs auch eine erwachsene Gans und erbeutet damit ein echtes Festmahl.

Alle Eier werden gleichzeitig ausgebrütet, und 23 Tage nach dem Nestbau ist plötzlich die ganze Kolonie voll von flaumigen gelben Gänseküken. Die Füchse stehlen den fürsorglichen Eltern so viele Küken wie möglich und bringen die Beute in ihren Bau, wo die Fuchswelpen schon sehnlich auf Futter warten. In einem guten Jahr bieten die Gänse den Füchsen so viel Nahrung, dass die Räuber bis zu 15 Junge aufziehen können.

Ihr Festmahl währt jedoch nicht lange, denn innerhalb von 48 Stunden werden die meisten Gänseküken von ihren Eltern in die Sicherheit der Seen und Flüsse der Tundra gebracht. Die Gänsefamilien zerstreuen sich über die Ebene, wo sie sich in den nächsten zwei Monaten von Insekten und Gras ernähren. Dann verschwinden sie so plötzlich, wie sie gekommen sind, und wieder wird der Egg River zu einem der einsamsten Orte der Erde.

Die Polarfüchse leben in den Wintermonaten von ihren Fettreserven und einigen angesammelten Vorräten, dem ein oder anderen Schneehuhn und Lemming und von den Kadavern der Karibus, die der eisigen Kälte zum Opfer fielen.

OBEN Einem Polarfuchs ist es nicht gelungen, das Ei einer Schneegans zu stehlen. Der ungeschickte Dieb wird vom Ganter verjagt, der ihm mit seinem Schnabel einen schweren Hieb versetzen kann.

GEGENÜBER Der große »Bauernhof« am Egg River. Die Nester liegen dicht genug zusammen, um die Gruppe gegen Räuber zu schützen, aber gleichzeitig weit genug auseinander, um Konflikte zwischen den Vögeln zu vermeiden.

OBEN Die Wölfe in der Arktis haben ein hartes Leben. Sie müssen ihre Jungen lange Zeit allein lassen, um bei der Jagd auf Karibukälber über die Tundra zu ziehen.

GANZ OBEN Karibus auf ihrer Wanderung, auf der sie eher vor den Stechmücken fliehen als vor Wölfen.

GEGENÜBER Der große Marsch über die Tundra in die Gebiete, in denen die Jungen zur Welt gebracht werden – hier zieht die Porcupine-Herde durch das Arctic National Wildlife Refuge in Alaska.

DIE GRÖSSTEN HERDEN

Wenn die Schneegänse nach Norden fliegen, begeben sich gleichzeitig drei bis vier Millionen Karibus, nordamerikanische Rentiere, auf die längste Wanderung aller Landtiere. Durch verschneite Wälder und eisige Flüsse, vorbei an Bären und Wölfen ziehen sie durch Alaska und Nordkanada in die Tundra – eine Reise von bis zu 5000 Kilometern.

Wie die Schneegänse zieht es auch die Karibus in die Tundra, um sich dort vom frischen Gras zu ernähren und die Jungen so weit wie möglich von Raubtieren entfernt aufzuziehen. Trächtige Karibuweibchen führen die Herde an, die bis zu 50 Kilometer pro Tag zurücklegt. Sie erreichen Mitte Juni das Gebiet, in dem sie ihre Jungen zur Welt bringen. Immer kehren sie an eine ähnliche Stelle zurück, wobei der genaue Zielort vom Wetter, Schnee und Zustand der Weibchen abhängt. Einige Bären und Wölfe leben so weit nördlich, dass sie die Geburt der Karibujungen ausnutzen. Die Kälber sind jedoch gut angepasst: Sie können fast von Geburt an stehen und innerhalb eines Tages schnell laufen.

Karibus verteilen sich für eine oder zwei Wochen über das Gebiet und versammeln sich anschließend in großen Herden, um in neue Weidegebiete zu ziehen. Jetzt können die Kälber bis zu 14 Kilometer pro Tag zurücklegen und mit ihren Müttern Seen und Flüsse durchqueren. Diesmal ziehen sie jedoch nicht nur weiter, um neue Weideflächen zu suchen, sondern um den Stechmückenschwärmen zu entfliehen, die sie auf Schritt und Tritt begleiten. An windstillen, warmen Sommertagen sind die Schwärme so dicht, dass man die Insekten einatmet. Das Einzige, was die Tiere dagegen tun können, ist, in Bewegung zu bleiben. Die Karibuherden ziehen zu höher gelegenen Flächen, wo eine leichte Brise weht, oder sie suchen nach Schneeresten – alles, um die lästigen Insekten loszuwerden. Die ständige Bewegung, der Blutverlust durch die Stiche und die verkürzte Phase der Nahrungsaufnahme können dazu führen, dass die Karibus in einer Zeit, in der sie Fettreserven anlegen müssen, abnehmen. Nach einem ruhigen Sommer mit hohem Insektenaufkommen werden die Kälber nicht so groß. Dann überleben weniger als sonst den Winter.

Weil Mücken selbst durch dicke Baumwollhemden stechen können, kann man Ende Juni in der Tundra nur auf das Karibuspektakel warten, wenn man am ganzen Körper ein Moskitonetz trägt. Die Bathurst-Herde in den nordkanadischen Barrenlands verlässt die Geburtsstätte ihrer Jungen auf spektakuläre Weise. An ruhigen Tagen ziehen Gruppen aus bis zu 60 000 Tieren dicht gedrängt und geschlossen über das Land, um sich gegen die Angriffe der Insekten zu schützen. Herden ziehen nicht in gerader Linie und folgen auch keiner festgelegten Route, sondern sind ständig in Bewegung. Daher kann das Aufspüren sogar einer großen Herde in der Weite der Tundra erstaunlich schwierig sein. Hat man jedoch eine entdeckt, sollte man sich ganz still hinsetzen; dann zieht die Herde vielleicht zum Greifen nah auf beiden Seiten vorbei. Mütter und Kälber grunzen sich ständig zu, damit sie sich nicht verlieren, und laufen in einem schnellen, rhythmischen Trab über die Ebene.

Wolfsrudel sind eine ständige Bedrohung. In einigen Herden sind sie für den Tod von bis zu 70 Prozent der Kälber verantwortlich. Manchmal ist die Karibuherde so groß, dass die Tiere an der Spitze noch immer weiden und das Chaos hinter sich gar nicht bemerken. Sobald ein Kalb von der Herde getrennt worden ist, wird die Jagd zu einem Ausdauerlauf auf Leben und Tod zwischen Wolf und Kalb.

Am Ende des kurzen arktischen Sommers ziehen die Karibus wieder nach Süden und verbringen den Winter im Schutz und mit dem Nahrungsangebot des Waldes. Schon bald sind die Ebenen wieder verlassen. Wenn man zu dieser Zeit die Barrenlands durchquert, trifft man manchmal auf ein einsames, verirrtes Karibukalb. Wenn es einen Menschen sieht, läuft es erwartungsvoll muhend auf ihn zu, nur um festzustellen, dass es sich nicht um seine Mutter handelt. Auf der Wanderung, beim Überqueren der Flüsse und während der Jagd durch Wölfe werden viele Kälber von der Herde getrennt und sterben. Ihre Kadaver dienen den zurückbleibenden Raben, Bären und Polarfüchsen als Nahrung.

OBEN Junge Tüpfelhyänen an der Höhle. Erwachsene Hyänen müssen ihre Jungen bei ihrer Jagd auf die wandernden Gnus tagelang allein lassen.

GEGENÜBER Ein Arktisches Erdhörnchen frisst im kurzen Sommer Grassamen.

WEITERE GRÜNDE, UM IN BEWEGUNG ZU BLEIBEN

In den großen Ebenen Afrikas sind Nahrung und Wasser wegen der saisonbedingten tropischen Regenfälle zu verschiedenen Zeiten an verschiedenen Stellen verfügbar. Während der Trockenzeit in Ostafrika ziehen mehr als 1,5 Millionen Gnus über die heißen Ebenen und durchqueren auf der Suche nach Nahrung Flüsse, in denen es von Krokodilen wimmelt. In der Regenzeit wandern sie in Gebiete mit frischem, phosphorhaltigem Gras, das sie für die Milchproduktion und ein gesundes Knochenwachstum benötigen. Das Leben ihrer neugeborenen Kälber hängt davon ab, ob sie diese Weideflächen finden. Dadurch, dass sie ständig weiterziehen, sind sie außerdem vielen Räubern einen Schritt voraus. Löwen, Geparden, Schakale und Leoparden bleiben den Gnus nicht auf den Fersen, da sie ihr Revier verteidigen und ihre Jungen schützen müssen. Hyänen pendeln jedoch zwischen ihren Jungen in der Höhle und den wandernden Gnuherden hin und her und nehmen auch Hin- und Rückwege von bis zu 140 Kilometer auf sich. Die Mütter sind manchmal bis zu vier Tagen nicht bei ihren Jungen. Diese Strategie scheint in der Serengeti Erfolg zu haben; schließlich sind die Tüpfelhyänen dort die am häufigsten vorkommenden großen Fleischfresser.

In der Tundra wandern die Karibus so weit wie möglich weg von den Wölfen, um ihre Jungen zu gebären. Daher müssen die Polarwölfe, die zu dieser Zeit ebenfalls Nachwuchs bekommen, ihre Jungen wie die Hyänen allein zurücklassen und ständig zwischen Höhle und Karibuherden pendeln. Das Aufspüren dieser Herden in der Weite der Tundra erfordert große Ausdauer und kann einen Hin- und Rückweg von bis zu 200 Kilometern bedeuten.

In den Steppen der Mongolei findet die letzte große asiatische Wanderung statt, wenn bis zu zwei Millionen Mongolische Gazellen von ihren winterlichen Paarungsgründen zu ihrem Sommerrevier aufbrechen, um dort ihre Jungen aufziehen. Obwohl die genauen Gründe für diese Wanderung noch nicht erforscht sind, vermutet man, dass die Angst vor Räubern, die Insektenplage und die Suche nach Mineralien und guten Weideflächen dahinter steckt.

SUPERGRAS

Es gibt zirka 10 000 verschiedene Grasarten, die diese Pflanzenfamilie zu der am weitesten verbreiteten auf der Erde machen. Gräser gehören außerdem zu den robustesten Pflanzen und halten Feuer, Frost, Überschwemmungen und Trockenheit stand. Sie überstehen es auch, abgefressen oder niedergetrampelt zu werden. Ihr Geheimnis ist, dass ihre Halme im Gegensatz zu Bäumen, Sträuchern und anderen Blütenpflanzen ständig von unten nachwachsen. Wenn sie also von oben abgefressen oder beschädigt werden, regenerieren sie sich bereits von unten. Ein anderer ihrer Überlebenstricks ist, dass sie schnell wachsen. Zu Beginn der Schneeschmelze und des kurzen Sommers in der Tundra nutzen Gräser ihre Reserven, um innerhalb weniger Wochen alle ihre Halme wachsen zu lassen.

Einige Gräser können sich weit ausbreiten, ohne ihre Samen zu verteilen, indem sie Ausläufer an der Oberfläche bilden, aus denen Triebe und Blätter wachsen können. Im Winter sterben sie nicht, sondern hören einfach auf zu wachsen und warten auf die Rückkehr der wärmeren Jahreszeit. Viele Arten ziehen sich unter die Erde zurück und ruhen als Wurzelstöcke. Die in diesen Stöcken gespeicherten Nährstoffe ermöglichen es ihnen, bei der ersten Gelegenheit wieder mit dem Wachstum einzusetzen.

In den afrikanischen Ebenen sind die meisten Grasarten jedoch einjährig. Sie verteilen ihre Samen, wenn die Dürre zurückkehrt, und überleben nur so die Trockenzeit – als Samenkörner. Sobald der Regen kommt, keimen sie und bilden innerhalb weniger Tage neue Blätter. Selbst ein leichter Schauer kann die Savanne in leuchtendem Grün erstrahlen lassen.

AUFSCHWUNG UND ZUSAMMENBRUCH

Viele der großen Wanderungen haben heute nur noch einen Bruchteil ihres früheren Ausmaßes, und viele Arten sind vom Aussterben bedroht. Das Eindringen des Menschen in dieses Ökosystem ist ein Hauptgrund dafür.

Vor ein paar hundert Jahren bedeckte das Grasland fast die doppelte Fläche, heute jedoch wird es zum Großteil für die Landwirtschaft genutzt oder ist eingezäunt. Auch die Jagd hat die Artenvielfalt drastisch abnehmen lassen.

Das bekannteste Beispiel für das Überjagen auf den großen Ebenen ist der nordamerikanische Bison. Einst streiften über 60 Millionen Tiere über die Prärien. Durch die Jagd wurde die Art fast ausgerottet, und obwohl der Bestand durch staatliche Schutzmaßnahmen in letzter Minute wieder auf 350 000 Tiere stieg, ist er heute zersplittert und auf Reservate und Nationalparks beschränkt.

Im Südsudan wanderten früher rund eine Million Kob-Antilopen eine Strecke von mehr als 1500 Kilometern pro Jahr – eine Szenerie, die es mit den Wanderungen in den ostafrikanischen Ebenen aufnehmen kann. Man nimmt an, dass der letzte Bürgerkrieg im Sudan die Zahl der Tiere drastisch reduziert hat, doch genau weiß man es nicht.

Im südlichen Afrika zogen im 19. Jahrhundert etwa 10 Millionen Springböcke über die Steppe. Heute bestehen die Herden selten aus mehr als ein paar hundert Tieren, und viele ihrer Wanderrouten sind durch Zäune versperrt.

Tschirus (Tibetantilopen) begeben sich noch immer auf eine große Wanderung über die tibetischen Ebenen. Den genauen Grund dafür versteht man noch nicht ganz, und selbst der abgelegene Ort, an dem sie ihre Jungen zur Welt bringen, war noch bis vor ein paar Jahren ein Rätsel. Heute gibt es allerdings nur noch weniger als 75 000 Exemplare – von einst einer Million Exemplare im Jahre 1900: Fast alle fielen der Mode zum Opfer. Hunderttausende wurden wegen ihrer hochwertigen Wolle, Shahtoosh genannt, getötet. Diese wird zu kunstvollen Schals verarbeitet, die in New York und London Preise von bis zu 15 000 Dollar erzielen. Der Handel mit Shahtoosh ist zwar weitgehend eingestellt, und einige Teile des Tibetischen Hochlands sind unter Schutz gestellt worden, doch wird noch immer gewildert.

DIE SAIGA-SAGE

Den vielleicht drastischsten Rückgang aller großen Säugetiere in den letzten Jahren hat der Bestand der Saiga-Antilopen in den zentralasiatischen Steppen zu verzeichnen. Anfang der 1990er-Jahre gab es noch über eine Million Tiere. Nur fünfzehn Jahre später waren davon kaum 30 000 Exemplare übrig.

Eine Saiga ähnelt in Größe und Aussehen einer Ziege, hat jedoch eine große, knollenartige, bewegliche Schnauze – eine lustige Nase mit einer ernsten Funktion. Die großen Nasenöffnungen haben sich zu Filtern entwickelt, die die Atemluft anfeuchten und anwärmen, bevor sie in die Lunge gelangt. Denn die Saiga lebt in den zentralasiatischen Steppen Russlands, der Mongolei und Kasachstans, wo die Luft trocken und staubig ist.

Jedes Jahr im Herbst, wenn der erste Schnee auf die Steppe fällt, wandern die Antilopen in schneeärmere Gebiete im Süden ihres Reviers. Hier paaren sie sich und ziehen im Frühjahr zur Geburt ihrer Jungen wieder nach Norden. Über Jahrtausende hinweg haben sie diese Wanderung unternommen, und über Jahrtausende wurden sie wegen ihres Fleisches gejagt, insbesondere aber wegen ihrer Haut und Hörner, die in der traditionellen chinesischen Medizin als Mittel gegen Entzündungen verwendet werden.

Mit der Erfindung der Schusswaffen artete diese Jagd so sehr aus, dass der Bestand 1920 schon auf 1000 Tiere gesunken war. Nach der russischen Revolution wurde die Saigajagd verboten, sodass sich der Bestand erholen konnte und bis in die 1950er-Jahre wieder auf über zwei Millionen Tiere stieg. Die Bestände konnten sich auch deswegen erholen, weil die Saigas gut an ihre unberechenbare Umgebung angepasst sind. In Jahren der Dürre und schneereichen Zeiten verhungern viele – bis zu 80 Prozent der Population –, in guten Jahren dagegen können sich Saigas rasend schnell vermehren. Die Weibchen bekommen oft Zwillinge (eine Seltenheit bei Antilopen), die mit nur acht Monaten schon geschlechtsreif sind. Die Jungtiere können sich daher paaren, bevor der Winter beginnt.

Vor einigen Jahren musste der Saigabestand eine erneute Dezimierung überstehen. Anfang der 1990er-Jahre schlugen einige Naturschützer zum Schutz der Nashörner vor, Saigahörner als Alternative zu Nashorn (das ebenfalls in der traditionellen chinesischen Medizin benutzt wird) zu verwenden. Damals brach die Sowjetunion gerade zusammen. Die Handelsbestimmungen für Saigahorn verloren ihre Gültigkeit, und die Jagd nahm neue Ausmaße an.

Naturschützer, die auf eine zweite wundersame Erholung der Bestände warten, sind durch neuere Ergebnisse alarmiert. Die gezielte Jagd auf männliche Tiere – nur sie haben Hörner – bedeutet, dass der Bestand jetzt hauptsächlich aus Weibchen besteht und sich nicht ausreichend vermehren kann. Aller Wahrscheinlichkeit nach wird die Saiga in der Mongolei dieses Jahr aussterben.

VON LINKS NACH RECHTS

Eine Restherde nordamerikanischer Bisons in South Dakota. Vor 150 Jahren wanderten über 60 Millionen dieser Büffel über die Prärien.

Im Südsudan streifen etwa eine Million Kob-Antilopen auf der Suche nach frischen Weiden umher, doch wurde ihr Bestand vermutlich durch den Bürgerkrieg dezimiert.

Die große Springbockwanderung in Südafrika findet nicht mehr statt, da die Zahl der Tiere stark zurückgegangen und das Grasland von Zäunen durchzogen ist.

Die Geschichte der Saiga in Asien ähnelt der des Bisons. Durch die Jagd wurde die Antilope fast ausgerottet.

DIE HOCHEBENEN

OBEN Ein Kiang-Hengst versammelt seinen Stutenharem um sich. Kiangs sind die größten Wildesel und echte Grasfresser. Man findet sie neben den vom Aussterben bedrohten Tibetantilopen und den Tibetgazellen in den großen Steppen und auf den Bergwiesen des Tibetischen Hochlands.

Vor rund 40 Millionen Jahren kollidierte der indische Subkontinent mit Asien und schob das Land um mehr als 8000 Meter in die Höhe: Der Himalaja mit solch spektakulären Bergen wie dem Mount Everest entstand. Dieses Gebirge trennt heute zwei völlig unterschiedliche Ebenen voneinander. Wenn man an einem wolkenlosen Tag auf dem Gipfel des Mount Everest stünde, würde man im Norden das trockene, trostlose Tibetische Hochland erahnen – das Dach der Welt, das sich bis in die weite Ferne Asiens erstreckt. Im Süden würde man eine üppige, fruchtbare, grüne Tiefebene ausmachen, die sich über einen großen Teil Indiens erstreckt – die Gangesebene, eine der am dichtesten besiedelten Regionen der Welt. Tibet liegt im Schatten der Berge und erhält nur wenig Regen, während die Gangesebene vom jährlichen Monsun durchtränkt wird.

Einst war das Tibetische Hochland ein urzeitlicher Meeresboden, und selbst in einer Höhe von 4000 Metern über dem Meeresspiegel findet man noch Meeresfossilien. Heute ist es eine gewaltige Ebene, die fast viermal so groß ist wie Frankreich und sich größtenteils höher über dem Meeresspiegel befindet als die höchsten Gipfel der Alpen.

Bei der Ankunft auf dieser Ebene bemerkt man als Erstes den eigenen Herzschlag. Man fühlt sich schwindlig, und der Kopf pocht, da das Blut schneller durch den Körper gepumpt wird, um den Sauerstoffmangel in der dünnen Luft auszugleichen. Man trifft zwar ab und zu auf einen Nomaden, der Schafe hütet, doch ist die Vegetation so karg und das Süßwasser so knapp, dass eine Begegnung mit Menschen oder Vieh eher unwahrscheinlich ist. Die karge Ebene ist völlig ausgedörrt, und ein trockener Wind verursacht permanenten Durst. Wer hier zeltet, ist nur durch den tiefblauen Himmel vom Rest des Universums getrennt. Wolken wird er fast nie sehen. Doch selbst in dieser kargen Landschaft wachsen Gräser.

Mehr als 70 Prozent der Ebene bestehen aus Grasland, und es gibt genug Pflanzen, von denen robuste Tiere einigermaßen leben können.

Von weitem sehen Wildyaks aus wie große, haarige, schwarze Kühe. Sie sind zwar wesentlich scheuer, doch sobald man näher herankriecht, erkennt man ihre eindrucksvolle Gestalt. Mit ihrem Fell, das so lang ist, dass es fast ihre Füße bedeckt, sehen sie aus, als wären sie in zottelige Decken gehüllt. Weibchen und Junge leben in Herden von bis zu 200 Tieren, während die Bullen meist Einzelgänger sind. Bei ihren Streifzügen über die Ebenen halten sie den schönen, breiten Kopf tief gesenkt. Während sie ihr quadratisches Maul fest auf den Boden pressen, knabbern sie am mageren Gras. Wenn sie aufschauen und einen Menschen sehen, nehmen sie eine stolze Haltung ein und stellen ihre Hörner zur Schau, bevor sie wegtrotten. Bis in die Fünfzigerjahre des 20. Jahrhunderts lebten mehr als eine Million Wildyaks in Tibet. Durch die Jagd wurden sie auf weniger als 15 000 Stück reduziert.

In den Hochebenen sind die wolkenlosen Nächte kalt, doch wenn die Sonne aufgeht, können die Temperaturen um bis zu 27 °C steigen. In dieser Höhe verbrennt die Sonne die Haut besonders leicht. Das schwarze Fell der Yaks schützt sie vor der intensiven Strahlung, obgleich es auch ein paar goldfarbene Wildyaks gibt. Die Yaks sind hervorragend an die rauen Höhenbedingungen angepasst: Im Vergleich zu Kühen derselben Größe haben Wildyaks eine größere Lunge und ein größeres Herz, und ihr Blut kann mehr Sauerstoff transportieren. Ihr dickes Fell, das im Winter mit Raureif überzogen ist, hält sowohl den ständigen Wind der Hochebene als auch die eisigen Temperaturen von bis zu -40 °C ab.

Schwarzlippenpfeifhasen sind genauso robust und leben in derselben Höhe wie die Yaks. Diese liebenswerten kleinen, Gras fressenden Verwandten der Hasen sehen aus wie eine Kreuzung zwischen Meerschweinchen und Maus und werden von den Einheimischen als Himalaja-Pfeifhasen bezeichnet. Pfeifhasen, auch Pikas genannt, leben zwar äußerst dicht zusammen (bis zu 300 auf einer Fläche von der Größe eines Fußballfeldes), verbringen jedoch die meiste Zeit ihres Lebens unter der Erde. Wenn man sich still an eines der vielen Löcher setzt, mit denen die Ebene übersät ist, kommen sie irgendwann heraus. Pikas bleiben immer in der Nähe ihrer Löcher. Gegen die bittere Kälte plustern sie ihr Fell auf. Bewegt man sich, scheint der Boden zum Leben zu erwachen, wenn hunderte von ihnen zu ihrem Bau flitzen. Pikafamilien suchen in diesen Erdhöhlen Schutz vor Räubern, aber auch vor den Elementen. Im Gegensatz zu anderen Kleinsäugern in rauen Gegenden halten sie keinen Winterschlaf, sondern schaffen es, genügend Nahrung zu lagern, um das ganze Jahr über aktiv zu bleiben.

Die widerstandsfähigen Pikas sind für das Leben in den Hochebenen von entscheidender Bedeutung. In der baumlosen Umgebung bieten ihre Höhlen auch Eidechsen und verschiedenen nistenden Vögeln wie Schneefinken und Höhlenhähern einen Unterschlupf. Allen Räubern der Hochebene, den Wölfen, Schneeleoparden, Adlern und Füchsen, dienen Pikas als Nahrung. Sogar der Tibetbär gehört zu den Pikaräubern. Von diesem Bären, der vermutlich als Anregung für den legendären Yeti diente, gibt es nur noch ein paar Restbestände, die in den Bergen um die Hochebene verstreut sind. Wo ihre genauen Lebensräume liegen, ist nach wie vor ein Rätsel.

Obwohl Tibet selbst ein sehr trockenes Klima hat, üben seine gewaltigen Berge und Ebenen einen großen Einfluss auf die Niederschläge und Flüsse in ganz Asien aus. Im Sommer heizt die Sonne die ausgedehnten Flächen Tibets wie eine riesige Kochplatte auf. Die Warmluft steigt auf und verbindet sich mit feuchter Luft aus dem Indischen Ozean. Wolken bilden sich, und sobald sie auf den Himalaja treffen, setzt in den Gebirgsausläufern und über der Gangesebene der Monsunregen ein. In Tibet, dem »Dach der Welt«, beginnen alle großen asiatischen Flüsse – Ganges, Brahmaputra, Gelber Fluss, Indus, Irrawaddy und Yangtse – ihre Reise. Zusammen versorgen diese bedeutenden Ströme fast die Hälfte der Weltbevölkerung mit Wasser.

OBEN Ein Pika in Alarmbereitschaft. Er muss wachsam sein, da er die Hauptbeute der meisten Raubtiere in Tibet ist. Sein Bau dient auch als Nistloch für Vögel und Unterschlupf für Reptilien, was den Pika zu einem der wichtigsten Säugetiere des Tibetischen Hochlands macht.

GEGENÜBER RECHTS Herbst am Rand des Kunlun-Gebirges. Hier gibt es Pikas in Hülle und Fülle. Die Yaks fressen das Riedgras, das an den Bächen wächst.

GEGENÜBER LINKS, VON OBEN NACH UNTEN
Ein Wildyak mit wachsam aufgestelltem Schwanz. Wildyaks leben heute nur noch in abgelegenen Gegenden des Tibetischen Hochlands. Vermutlich gibt es weniger als 10 000 Tiere.

Ein Tibetbär mit seinem typisch hellen Gesicht gräbt mit langen, kräftigen Krallen nach Pikas.

Der Tibetfuchs frisst hauptsächlich Pikas, die er tagsüber jagt. Er benutzt auch die kleinsten Vertiefungen als Deckung und legt beim Heranpirschen die Ohren flach an.

GRÜNERES GRAS

Der 2896 Kilometer lange Brahmaputra führt vom Tibetischen Hochland hinab in die Ebenen Indiens. Als das Tibetische Hochland auf der einen Seite des Himalaja entstand, bildete sich auf der anderen die Gangesebene. Sie ist eine große Senke, die sich über Jahrmillionen mit den Sedimenten gefüllt hat, die von den Bergen herabgespült wurden. Es wird vermutet, dass diese Sedimentschicht stellenweise 13 Kilometer umfasst. Jedes Jahr wird diese Region vom Monsunregen durchtränkt, der sie fruchtbar und zu einer der produktivsten Ebenen der Welt macht.

Folgt man dem Brahmaputra stromabwärts, gelangt man schließlich in den nordindischen Kaziranga-Nationalpark in Assam. Der 430 Quadratkilometer große Park besteht aus weiten Grasflächen, Wäldern und Sumpfgebieten. In Kaziranga lebt eine dichte Tigerpopulation. Allerdings sieht man sie nur selten, da das Gras höher als fünf Meter werden kann. Die Tiere, die man manchmal über dem Gras sieht, sind riesige Pflanzenfresser – wilde Büffel (1400 Stück), Elefanten (2000 Stück) und Panzernashörner (1600 Stück), die wie gepanzerte Versionen ihrer afrikanischen Verwandten aussehen. Gleich in der Nähe befindet sich der Manas-Nationalpark. Wie der Kaziranga wird auch der Manas-Park von einer Landschaft aus üppigem, hohem Gras beherrscht. Hier lebt ein wesentlich kleinerer Steppenbewohner: das Zwergwildschwein, das seltenste und kleinste Wildschwein der Welt. Zwergwildschweine bauen aus den langen Gräsern ein überdachtes Nest, das den Monsunregen abhält und an heißen Tagen Schatten spendet. Außerdem dient dieses Nest den drei bis vier Jungtieren, die pro Wurf geboren werden, als Kinderstube.

AFRIKAS GROSSE SAVANNE

Ostafrika wird oft als endlose Weite mit Massen von Weidetieren dargestellt, und tatsächlich stimmt dieses Klischee. Hier befinden sich die größten Ebenen der Welt. Ausgehend vom südlichen Rand der Sahara bildet dieses tropische Grasland einen großen Bogen, der sich von der Atlantikküste im Westen bis zum Indischen Ozean im Osten erstreckt. Von hier aus zieht es sich bis zur Südspitze Afrikas und bedeckt insgesamt ein Drittel des Kontinents. Die großen Savannen sind sehr produktiv und beherbergen einige der größten Ansammlungen großer Tiere. Bei den alljährlichen Wanderungen in Ostafrika ziehen 200 000 Zebras und etwa 400 000 Thomsongazellen zusammen mit über 1,5 Millionen Gnus über die Ebene.

Das afrikanische Grasland ist nicht nur ausgesprochen produktiv, sondern dient auch der größten Artenvielfalt aller großen Ebenen als Nahrungsquelle. Auf 100 Weidetierarten kommen in Afrika nicht weniger als 15 große Raubtierarten. Diese Vielfalt ist das Ergebnis eines Mosaiks von Lebensräumen – von den baumlosen Ebenen der Serengeti bis zu dem mit Akazien bewachsenen Grasland des Ngorongoro-Kraters. Die Gemeinsamkeit ist das Gras, das manchmal so hoch steht wie ein Elefant, manchmal aber gerade mal hoch genug ist, um eine Ameise zu verbergen.

Durchquert man Afrika auf diesem bemerkenswerten Flickenteppich, hängt die Art der Savannenlandschaft, die man zu sehen bekommt, von der komplexen Wechselwirkung zwischen Pflanzen, Tieren und den Naturgewalten ab. Brände, Bodenbeschaffenheit, Niederschlagsmenge und das Relief der Landschaft spielen für die Gestaltung der verschiedenen Savannen eine wichtige Rolle. In jedem Lebensraum gibt es andere Lebewesen – von den eleganten Giraffengazellen in der bewaldeten Savanne bis zu den hoppelnden Topis in den offenen Ebenen –, und jedes davon ist an das Leben in einer von vielen Nischen angepasst.

OBEN Steppenzebras gehören zu den Herdentieren, die am meisten vom Wasser abhängig sind. Deshalb legen sie täglich weite Strecken zu Wasserlöchern oder Flüssen zurück. In der Trockenzeit müssen sie zusammen mit den Gnus wandern.

GEGENÜBER OBEN Das Zwergwildschwein (hier im Manas-Nationalpark in Assam) ist mit einer Länge von weniger als 65 Zentimetern das seltenste und kleinste Schwein der Welt. Es lebt nur im hohen Gras, frisst Wurzeln und Knollen und baut Nester aus Gras.

GEGENÜBER UNTEN Ein Panzernashorn grast in den Überschwemmungsebenen des Kaziranga-Nationalparks im indischen Assam – seines letzten Refugiums.

WIEDERVERWERTUNG IN DER SAVANNE

Viele Tiere hinterlassen auch viele Exkremente. Doch die Savanne ist ein dynamischer Ort, an dem Nährstoffe rasch wiederverwertet werden. Noch bevor die Ausscheidungen abgekühlt sind, fliegen männliche Mistkäfer herbei und verarbeiten den Dung zu handlichen Kugeln, die sie ihren Weibchen präsentieren. Nachdem die Weibchen ihre Eier darin abgelegt haben, vergraben die Käfer die Kugeln bis zu einem Meter tief. Nach dem Schlüpfen haben die jungen Larven damit gleich eine fertige Mahlzeit. In der Serengeti werden die meisten aller tierischen Exkremente von Käfern verzehrt, die so für die Düngung des Bodens sorgen.

OBEN Wenn das Okawangobecken überschwemmt wird, müssen sich die Tiere ins Wasser zurückziehen. Für diese Paviane bedeutet das, aufrecht zu gehen.

GEGENÜBER Dürre in Botswana, wo die Savanne wie ein Backofen ist. Selbst Giraffen sind gezwungen, den Weg zu den weit entfernten Flüssen und Wasserlöchern anzutreten.

VORHERIGE DOPPELSEITE Die große Serengeti ist berühmt für ihre riesigen Steppentierherden, die hier leben. Mehr als eine Million Gnus wandern hindurch und folgen dem Regen und dem frischen Gras.

Die rasche Abfallbeseitigung in der Savanne gewährleistet, dass die großen Ebenen Jahr für Jahr eine große Anzahl von Weidetieren ernähren können. Die zahlreichsten und vielleicht einflussreichsten Grasfresser, die Termiten, sind die meiste Zeit unsichtbar, denn Milliarden von ihnen leben in riesigen Kolonien unter der Erde. Man vermutet, dass Termiten mehr Material aus den afrikanischen Ebenen beziehen als alle großen Weidetiere zusammen.

Es gibt zwar genug Gras, doch ist es schwer verdaulich. Sowohl Termiten als auch große Weidetiere setzten daher Mikroorganismen wie Bakterien und Pilze in ihrem Darm ein, um die harten Bestandteile der pflanzlichen Nahrung aufzuspalten. Die Mikroben in einer Termitenkolonie, zu denen auch Pilzgärten in speziell klimatisierten »Räumen« gehören, wiegen insgesamt vermutlich genauso viel wie die mehreren Millionen Termiten, aus denen die Kolonie bestehen kann.

Über der Erde bilden die größeren, Gras fressenden Säugetiere wiederum eine Nahrungsquelle für Fleischfresser wie Löwen, Leoparden und Hyänen. Was die Räuber übrig lassen, räumen Aasfresser wie Schakal und Geier auf.

REGEN UND DÜRRE

Die afrikanischen Ebenen am Äquator unterliegen zwar nicht den Temperaturschwankungen der Tundra, doch ist der Jahreszeitenwechsel ähnlich drastisch. In der arktischen Tundra gibt es Sommer und Winter, in der afrikanischen Savanne Regen- und Trockenzeit. Die meiste Zeit des Jahres ist die Savanne wie ein Backofen. Doch nach einem heftigen Regenguss wird aus der vertrockneten Erde innerhalb weniger Tage üppiges grünes Grasland. Die Kombination aus tropischem Sonnenschein und jahreszeitlich bedingten Niederschlägen liefert sofort verfügbare und erneuerbare Nahrung für Millionen und Abermillionen von Weidetieren, vom winzigen Dikdik bis zum riesigen Elefanten. Ihnen folgt eine eindrucksvolle Reihe Steppenräuber, von Löwen und Geparden bis zu Wildhunden und Hyänen. Die afrikanischen Savannen sind ausgesprochen fruchtbar und können über 200-mal mehr tierische Organismen ernähren, als dies ein gleich großer Regenwald vermag. Doch auch der tropische Lebensstil besteht aus einem Wechsel zwischen Festmahlen und Fasten.

Zeitpunkt und Menge der Niederschläge sind unberechenbar, häufig herrscht Dürre. Dann wieder fällt innerhalb weniger Wochen die Niederschlagsmenge eines ganzen Jahres. Manchmal ist der Boden so ausgetrocknet oder der Regen fällt in solchen Sturzbächen, dass das meiste Wasser von der Oberfläche abfließt. Durch den intensiven tropischen Sonnenschein verdunsten bis zu 80 Prozent des Regengusses. Die wenige verbleibende Feuchtigkeit muss möglicherweise den Rest des Jahres über für das Leben in den Ebenen reichen. Die Tiere und Pflanzen der Savanne müssen in der Lage sein, auf die Launen des

Wetters zu reagieren. Das Gras kann sein Wachstum einstellen, bis sich die Bedingungen bessern, doch die Tiere, die auf das Gras angewiesen sind, müssen weiterziehen. Diese jährlichen Zyklen aus Regen- und Trockenzeit sind der Grund für die großen afrikanischen Wanderungen.

RÄUBER UND BEUTE

Manchmal passen sich einzelne Tierarten an spezielle Bedingungen an. In ganz Afrika zum Beispiel halten sich Löwen und Elefanten voneinander fern, doch an einigen wenigen Wasserlöchern im Chobe-Nationalpark im Norden Botswanas sind die Umstände anders. Im Schutze der Nacht machen Löwen dort Jagd auf Elefanten.

In der Trockenzeit fällt manchmal acht Monate lang kein Regen, und die Temperaturen erreichen sengende 50 °C. Im Oktober sind die Ebenen staubtrocken. Elefanten kommen nur wenige Tage ohne Wasser aus, daher strömen in den heißesten Monaten Zehntausende von ihnen über das trockene Hinterland in Gebiete, wo es ständig Wasser gibt, wie den Chobe River und die Okawangosümpfe. Tausende von Elefantenkonvois, die aus mehreren hundert Tieren bestehen können, folgen denselben Wegen – einer nach dem anderen, sodass die ständigen schweren Schritte tiefe Furchen in die Landschaft graben. Im Norden Botswanas gibt es etwa 120 000 Elefanten, ein Viertel des weltweiten Bestands. Durch Staubstürme und sengende Hitze marschieren sowohl sechs Tonnen schwere Erwachsene als auch winzige, wenige Wochen alte Babys auf ihrem Weg zum Wasser Strecken von bis zu 80 Kilometern am Tag.

In einem Teil des Chobe-Nationalparks gibt es eine Ansammlung kleiner Wasserlöcher, an denen die Elefanten auf ihrem Weg zu entfernteren Flüssen einen Zwischenstopp einlegen. Bei ihrer Ankunft an diesen Wasserlöchern stoßen und rempeln sie sich an, um einen Platz zum Trinken zu ergattern. Am Rand dieser übermütigen Versammlung wartet ein Löwenrudel. Wenn sie etwas zu trinken brauchen, müssen sie an den Herden vorbei und um die Füße der Elefanten herumkriechen. Die Löwen werden immer wieder verjagt – erwachsene Elefanten greifen an, wirbeln Staub auf und treiben das Rudel mit einer Rüsselbewegung auseinander. Irgendwann gelingt es den Löwen dann doch noch zu trinken. Nahrung zu finden kann für sie zu dieser Jahreszeit sogar noch schwieriger sein, denn die Gnus, Zebras und Büffel, die hier in der Regenzeit leben, sind längst weitergezogen.

OBEN Das Wasserloch – ein Zwischenstopp für Elefanten und ein geeigneter Ort für einen Hinterhalt der Löwen.

GANZ OBEN Als ein junger Elefant wegläuft, springt eine Löwin auf sein Hinterteil. Sobald sie Halt gefunden hat, zieht sie sich hoch und reitet auf dem Elefanten, während er durch das Gebüsch stürzt. Vier oder fünf andere Löwinnen hängen an seinen Hinterbeinen, und sobald das Jungtier langsamer wird, springen noch mehr Räuber auf ihr Opfer, bis der Elefant schließlich unter ihrem Gewicht in die Knie geht.

GEGENÜBER Tagsüber regieren die Elefanten an den Wasserlöchern des Chobe-Nationalparks und vertreiben die Löwen. Doch nachts wird der Spieß umgedreht.

OBEN Erdferkel sind nachtaktive afrikanische Steppentiere, die sich hauptsächlich von Termiten ernähren. Mit seinen kräftigen Beinen und langen, meißelartigen Krallen kann das Erdferkel in die vertrocknete Erde lange Tunnel graben, die in Termitenhügel münden.

GEGENÜBER Der amerikanische Gabelbock ist über längere Strecken das schnellste Tier der Erde und kann über eine Distanz von 1,6 Kilometern mit 67 Stundenkilometern laufen. Er galoppiert mit langen, fliegenden Schritten, hat kräftige Rumpfmuskeln und leichte Beine – ideal, um über die Ebenen zu flitzen. Seine vorstehenden Augen mit einem Blickfeld von fast 360 Grad eignen sich perfekt, um Räuber zu entdecken. Derartige Anpassungen stammen wahrscheinlich aus einer Zeit, als der Gabelbock noch das Beutetier eines mittlerweile ausgestorbenen Hochleistungsraubtiers war, vielleicht einer Geparden-Unterart, die sowohl ausdauernd als auch schnell war.

Bei Einbruch der Nacht vertreibt eine kühle Brise die Spannung. Alles scheint friedlich zu sein. Wenn die Elefanten trinken, kann man ihr rhythmisches Planschen und Gurgeln sowie die schabenden Geräusche hören, wenn sie sich mit ihrer dicken, behaarten Haut aneinander reiben. Vor allem Gruppen mit Jungtieren scheinen lieber in den kühlen Nächten zu wandern.

Nach Sonnenuntergang fühlen sich die Löwen selbstsicherer und sind wachsamer. Die Machtverhältnisse haben sich geändert. Das Rudel hier ist ungewöhnlich groß. Normalerweise leben afrikanische Löwen in Gruppen von nicht mehr als etwa zehn bis zwölf Erwachsenen. An diesem Wasserloch hat das Rudel mindestens 30 Mitglieder, manchmal sogar 50. In der Dunkelheit beziehen sie Stellung und schwärmen über die ausgetretenen Elefantenpfade zwischen zwei kleinen Wasserlöchern aus. Sie machen keinen Versuch, dem Elefantenverkehr aus dem Weg zu gehen. Es sieht nach einem schlecht vorbereiteten Hinterhalt aus. Zwei oder drei Löwinnen, die im kühlen Sand liegen, beobachten den Aufmarsch der Herden. Wenn man in einem Fahrzeug zwischen den Löwen sitzt, kann man die Spannung zwischen den Tieren spüren. Man bemerkt Elefanten, die aus Versehen ins Rudel stolpern. In der Dunkelheit scheinen sie noch unbeholfener zu sein, vielleicht, weil sie nicht so gut sehen wie Löwen. Große Elefantenbullen und große Herden mit Jungtieren werden von den Räubern ignoriert.

Gelegentlich kommen ein oder zwei gerade entwöhnte Jungtiere an den Löwen vorbei. Mit zwei bis drei Metern Schulterhöhe sind sie noch nicht ausgewachsen und wandern getrennt von den anderen Herden. Wenn solche Tiere sich dem Rudel nähern, springen alle Löwen auf. Elefanten trompeten alarmiert. Löwen brüllen aufgeregt. Die afrikanische Nacht explodiert. Als ein junger Elefant wegläuft, beginnt eine chaotische Verfolgung. Dreißig Großkatzen sind ihm auf den Fersen. Eine Löwin springt beißend und kratzend auf sein Hinterteil. Andere folgen, bis der Elefant durch die bloße Anzahl der Löwen überwältigt ist und auf die Knie sinkt. Es dauert etwa 20 bis 30 Minuten, bis er tot ist.

Löwen jagen normalerweise kleinere Beutetiere wie Gnus und Zebras, obwohl sie in einigen Teilen Afrikas auch Elefantenbabys oder verletzte Elefanten angreifen. An diesem Wasserloch, an dem es keine gewöhnliche Beute gibt, scheinen die Löwen jedoch mit dem Angriff auf heranwachsende Elefanten erfolgreich eine neue Strategie entwickelt zu haben. Ein großes Rudel ist notwenig, um derartig riskante Attacken zu unternehmen. Einige Löwinnen werden bei der Jagd verletzt, und so mancher graue Riese kann fliehen, indem er sich blitzschnell umdreht und seine Verfolger abschüttelt. Andere Elefanten bekommen Hilfe von ihrer Mutter. Aus mehrwöchigen Beobachtungen weiß man, dass etwa einer von vier Löwenangriffen Erfolg hat.

DAS LEBEN UNTER DEN WEITEN STEPPEN

Eine der größten Herausforderungen für Tiere in den weiten Steppen ist der fehlende Schutz. Die wenigen Bäume spenden nur wenig Schatten, bieten kaum Schutz vor dem Wind und nur wenige Verstecke vor Räubern. Weil viele Säugetiere deswegen unter der Erde leben, sehen einige Ebenen auf den ersten Blick völlig unbewohnt aus. Nirgendwo ist dies offensichtlicher als in den mongolischen Steppen. Man kann kilometerweit fahren und sieht kein einziges Tier. Doch unter der Erde gibt es zahlreiche kleine Bodenbewohner, darunter Murmeltiere, Hamster, Wüstenspringmäuse und sogar eine Katze, die in einem Bau lebt – der Manul, auch Pallaskatze genannt.

Bodenbewohner sind in allen großen Ebenen zahlreich vertreten – die Pikas in Tibet, Lemminge in der Tundra, Viscachas in Südamerika und Erdhörnchen in Amerika. Doch den größten Bau von allen hat das Erdferkel. Ein Erdferkel kann einen zehn Meter langen Gang graben, durch dessen Eingangsloch ein Mensch fast hindurchpasst. Den weitläufigsten Bau hat der Präriehund der nordamerikanischen Ebenen.

Dieses Nagetier lebt in riesigen Kolonien (»Städten«), die bis zu eine Million Einwohner haben und sich über hunderte Quadratkilometer erstrecken. Manchmal werden unbenutzte Löcher der Präriehunde von Kanincheneulen übernommen. Da es in der Prärie keine Bäume gibt, nisten sie einfach in solch einem Bau. Die Kanincheneule verfügt über einen weiteren raffinierten Trick: In einigen Gegenden legt das Männchen Bison- und Rindermist vor den Bau. Das lockt Mistkäfer an, die die Eulen dann fressen.

STÄRKE DURCH SCHNELLIGKEIT UND ANZAHL

In diesen weiten, flachen, offenen Landschaften ist Laufen sowohl für Räuber als auch für Beutetiere eine gute Strategie, und so verwundert es nicht, dass Steppentiere zu den schnellsten Tieren der Welt gehören. In Afrika wurde bei einem Geparden eine Geschwindigkeit von 103 Stundenkilometern gemessen, bei einem Strauß waren es 72 Stundenkilometer. In Amerika erreichte ein Gabelbock sogar 88,5 Stundenkilometer. Außerdem kann er über eine Strecke von mehr als 1,6 Kilometern mit Tempo 67 laufen.

Weidetiere, die nicht unter die Erde flüchten können, leben oft im Schutz großer Herden – im Fall der Mongolischen Gazelle sind das während ihrer Wanderung bis zu 50 000 Tiere. Eine größere Herde bedeutet mehr Augen, um nach Räubern wie Wölfen Ausschau zu halten. Mongolische Gazellenweibchen gebären wie die Karibus, Gnus und viele andere Steppentiere außerdem alle fast gleichzeitig ihre Jungen in einer Woche im Juni. Wenn ein Gebiet ein paar Tage lang mit Kälbern überbevölkert ist, können Räuber nur wenige der Neugeborenen töten. Von der arktischen Tundra und dem Tibetischen Hochland bis zu den tropischen Savannen in Afrika versammeln sich deswegen Herden, um gleichzeitig die Jungtiere aufzuziehen. Zusammen bilden sie die größten Ansammlungen wild lebender Säugetiere auf der Erde.

5

Die großen Wüsten

Es sind die letzten großen wilden Landstriche – die heißesten, trockensten Regionen der Welt, die ständigen Veränderungen unterworfen, vom Wind gezeichnet und abwechselnd glühend heiß und eiskalt sind. Nur die robustesten Pflanzen und Tiere können hier überleben.

Wenn Astronauten nach einer Umkreisung unseres Planeten auf die Erde zurückkehren, sind sich alle darüber einig, was aus einer erdnahen Umlaufbahn den größten Eindruck auf sie gemacht hat. Erstaunlicherweise hat sie nicht das Weiß der Polkappen, das verschlungene Netz der Flussdeltas oder die riesige Ausdehnung des Himalaja sprachlos gemacht. Stattdessen sind es die Wüsten der Erde. Die Astronauten schwärmen von den ungewöhnlich dunklen Rottönen der Großen Sandwüste in Australien, den herrlichen Mustern der vom Weltraum aus deutlich sichtbaren gigantischen Sanddünen der Namibwüste – und vor allem von der Abwesenheit jeglicher menschlicher Spuren. Schon allein das Ausmaß der Wüsten beeindruckt die Raumfahrer. Besonders verwunderlich ist das nicht, wenn man bedenkt, dass Wüsten und Halbwüsten die größte Naturlandschaft auf unserem Planeten bilden. Wüsten bedecken fast 50 Millionen Quadratkilometer, das heißt etwas mehr als ein Drittel der gesamten Landfläche der Erde – und jedes Jahr dehnen sie sich weiter aus.

Obwohl sie vom Weltraum aus leicht zu erkennen sind, sind Wüsten nicht ganz so leicht zu definieren. Das deutsche Wort stammt von dem lateinischen Wort »vastus« ab, das die Bedeutung »leer«, »öde« hat. Ein Botaniker würde Wüsten als große Gebiete ohne dauerhafte Vegetation bezeichnen. Ein Klimatologe würde als Hauptmerkmale geringe Niederschläge in Verbindung mit hohen Temperaturen und anschließender Verdunstung nennen. So einfach ist es jedoch nicht: So fallen die Temperaturen in der Wüste Gobi oft auf unter -40 °C, während in der Kalahari zahlreiche Bäume und Büsche wachsen. In Europa stellen wir uns unter einer Wüste oft die endlosen Sanddünen der Sahara vor, während in Nordamerika jede trockene Region ohne Landwirtschaft als Wüste bezeichnet werden kann. Die nützlichste und allgemein anerkannte Definition einer echten Trockenwüste ist eine Region, in der durchschnittlich weniger als 50 Millimeter Regen pro Jahr fallen. Diese Definition schließt auch die Polargebiete ein, da zum Beispiel am Südpol im Jahresdurchschnitt ebenfalls nur 50 Millimeter Niederschlag fallen.

DIE SANDGÜRTEL DER WELT

Die Wüsten der Welt weisen in ihrer Verteilung eine verblüffende Symmetrie auf. Die meisten Wüsten befinden sich in zwei weltumspannenden Gürteln am nördlichen und südlichen Wendekreis. Im Norden findet man die Wüsten und Halbwüsten Nordamerikas, die gewaltige Fläche der Sahara – die ungefähr so groß wie die USA und somit die größte Wüste der Welt ist –, die arabischen Wüsten sowie die zentralasiatischen Wüsten. In der südlichen Hemisphäre befinden sich die Atacama-Wüste in Chile sowie die

Halbwüste von Patagonien, die Namib und die Kalahari in Afrika sowie die Wüsten Australiens. Da ganze 80 Prozent der Gesamtfläche Australiens arid oder semiarid sind, ist es der trockenste aller von Menschen bewohnten Kontinente.

All diese Wüsten liegen an den Rändern der Tropen, hauptsächlich wegen der Zirkulation der Erdatmosphäre. Die Atmosphäre fungiert als eine Art Wärmespeicher, der von der Sonnenenergie ständig in Bewegung gehalten wird. Die Sonne steht fast immer senkrecht über dem Äquator, sodass diese Breiten die meiste Sonnenstrahlung aufnehmen. Die Luft über dem Land erwärmt sich, dehnt sich aus und steigt auf. Sie trägt riesige Mengen Wasserdampf aus den warmen tropischen Meeren mit sich. Beim Aufsteigen kühlt sich die Luft ab, verliert Auftrieb und verteilt sich seitlich nach Norden und Süden. Durch die Abkühlung verringert sich das Wasserspeichervermögen der Luft: Die Feuchtigkeit kondensiert und produziert enorme Regengüsse, die typisch für die Äquatorialregionen sind.

Die Luft, der auf diese Weise Feuchtigkeit entzogen wurde, wandert weiter nach Norden und Süden und beginnt zu fallen. Dabei verdichtet sich der kontinuierliche Luftstrom und erwärmt sich wieder. Daher

UNTEN Eine Satellitenansicht von der australischen Simpson-Wüste mit ihren Längsdünen – den längsten Sandfalten der Welt.

GEGENÜBER OBEN Salzgebilde erstrecken sich über die Salar de Uyuni – Boliviens Salzwüste, dem Überrest eines verdunsteten Sees.

GEGENÜBER UNTEN Die schneebedeckte Wüste Gobi, die so groß wie Holland und sowohl extrem heiß als auch extrem kalt ist.

VORHERIGE DOPPELSEITE Die spezialisierten Wüstenelefanten der Namib.

findet man am gesamten nördlichen und südlichen Wendekreis warme, trockene Hochdruckluft an der Erdoberfläche. Diese Luftzirkulation ist der Hauptgrund dafür, dass die meisten Wüsten der Welt in zwei symmetrischen Gürteln im Norden und Süden entstanden sind.

WASSERSCHEIDEN

Auch andere, eher lokale Faktoren können zur Wüstenbildung führen. An Bergen kann die Luft aufsteigen und dabei ihre Feuchtigkeit abgeben. Dadurch entsteht auf der windabgewandten Seite ein Regenschatten. Die großen Gebirgsketten der Rocky Mountains und der Sierra Nevada haben einen solchen Einfluss auf die meisten Wüstenregionen Nordamerikas. Die Mojave-Wüste in Kalifornien liegt beispielsweise im Regenschatten der Sierra Nevada und der San Bernardino Mountains, die eine Barriere für die feuchten Pazifikwinde bilden. Folglich weist die Mojave-Wüste den geringsten Niederschlag aller nordamerikanischen Wüsten auf – nur 40 Millimeter Regen pro Jahr im Death Valley, dem heißesten Ort des Kontinents. In Südamerika hält die lange Gebirgskette der Anden ebenfalls den Regen vom Pazifik auf und führt somit zur Entstehung der riesigen Halbwüste Patagoniens. Und der Himalaja schirmt das großflächige Tibetische Plateau vom indischen Monsun ab, was ebenfalls zur Entstehung einer Wüste führt.

Genauso können große Landmassen eine Rolle spielen. Riesige Gebiete Zentralasiens sind nur deshalb Wüsten, weil sie zu weit vom Meer entfernt sind, um feuchte Luft zu erhalten.

Erstaunlicherweise liegen einige der trockensten Orte der Erde in Sichtweite des Meeres. Die Atacama-Wüste in Südamerika, die Namib in Südwestafrika und die Sonora-Wüste auf der Halbinsel Baja California sind Wüsten, die alle durch ihre unmittelbare Nähe zu kalten Meeresströmungen entstanden sind. Sie haben sich an den westlichen Küstenlinien der jeweiligen Kontinente entwickelt, wo die vor-

herrschenden Winde meist ablandig wehen und das warme Oberflächenwasser des Meeres in die offene See hinausdrücken. Weil dieses Oberflächenwasser durch kaltes Wasser aus der Tiefe ersetzt wird, kühlt feuchte Luft sofort ab, sobald sie über dieses eisige Wasser strömt. Als Folge kondensiert die Feuchtigkeit über dem Meer in Form von Regen oder dichten Nebelbänken an der Küste. Bis zur Wüste im Landesinneren gelangt nur wenig oder gar kein Niederschlag. Deshalb gilt beispielsweise die Atacama als die trockenste Wüste der Erde. Der durchschnittliche Niederschlag beträgt einen bis fünf Millimeter pro Jahr, wobei es an einigen Stellen jahrelang überhaupt nicht regnet. Bedenkt man, dass der lange, dünne Streifen der Atacama-Wüste nur 400 Kilometer südlich des Äquators in Peru beginnt, also in einer Region, in der man permanente tropische Feuchtigkeit erwarten würde, wird deutlich, wie wichtig lokale Faktoren bei der Entstehung von Wüsten sein können.

DIE HEISSESTEN ORTE

Wüsten sind die heißesten Gebiete der Erde. Aufgrund der geringen Bewölkung kann die Sonne die Wüsten regelmäßig bis zu einer sengenden Hitze von 40 °C, in einigen Fällen bis zu 50 °C oder mehr aufheizen. Doch dies ist nur die Lufttemperatur. Im Sand und auf den Steinen kann man sich bei Temperaturen bis um die 75 °C die Füße verbrennen. Selbst Menschen, die diese Hitze gewohnt sind, können nicht lange in der Mittagssonne bleiben. Die Tuareg der Sahara und die Beduinen der arabischen Wüsten – alles Wüstenvölker – wissen schon lange, dass eine schützende Kopfbedeckung unverzichtbar ist. Nur in der relativ kühlen Luft des frühen Morgens oder späten Nachmittags ziehen sie von einem Ort zum anderen. Und welcher ist nun der heißeste Ort der Erde? Es gibt Unstimmigkeiten bezüglich der Messverfahren. Einige plädieren für das Death Valley in Kalifornien, wo im Juli 1913 eine Temperatur von

OBEN Dichte Nebelschleier liegen über dem Küstenrand der afrikanischen Namibwüste. Diese Feuchtigkeit reicht den spezialisierten Pflanzen und Tieren zum Überleben.

GEGENÜBER OBEN Die trockenste Wüste der Erde – die Atacama-Wüste an der chilenischen Küste. Kaltes Pazifikwasser an ihrer Westseite bildet eine konstante Wasserscheide. Die einzige Feuchtigkeit, die das Landesinnere erreicht, ist Nebel.

GEGENÜBER UNTEN Ein Eulychnia-Kaktus am Rand der Atacama-Wüste. Er ist vom Morgentau bedeckt, der vom Meer kommt.

56,7 °C im Schatten gemessen wurde. Der allgemein anerkannte Rekordhalter ist jedoch El Aziza in Libyen, wo am 13. September 1922 unglaubliche 58 °C im Schatten gemessen wurden.

Betrachtet man die Wüsten als Ganzes, ist die tief liegende südliche Sahara die heißeste Wüste der Erde, die Wüste Gobi, die zwei Monate im Jahr schneebedeckt ist, hingegen die kälteste. Die Temperaturen in der Gobi können im Winter auf unter -40 °C fallen und im Sommer mehr als 40 °C erreichen.

DIE GESTALTERISCHEN KRÄFTE

OBEN Sanddünen – in diesem Fall die gewellte »Dune Rose«, die berühmte rosafarbene Düne von Mali – bedecken nur 20 Prozent aller Wüsten der Erde.

GEGENÜBER Die kargen Hügel der Halbwüste der nordamerikanischen Badlands wurden von prähistorischen Flüssen, vom Wind und von seltenen, aber umso heftigeren Regenfällen abgetragen.

Wasser und Wind entfalten ihre erosiven Kräfte in Wüsten heftiger als in jeder anderen Umgebung, und zusammen haben sie einige der spektakulärsten Landschaften der Welt geformt. Ohne den Schutz von Bäumen und Büschen haben die Kräfte der Natur in Form von sengender Sonne, kalten Nächten und starken Winden das Skelett der Erde freigelegt. Generationen von Wüstenforschern konnten dem Ruf dieser wilden, unberührten Landschaften nicht widerstehen. Selbst heute, wo Kamele größtenteils durch Fahrzeuge ersetzt werden, ist eine Wüstenreise eine ganz besondere Erfahrung. Fast jede Woche fahren ein paar alte Lastwagen von Timbuktu in Mali durch die Sahara nach Norden. Sie transportieren Schafe, die auf den Märkten im Süden Algeriens verkauft werden. Es ist eine strapaziöse fünftägige Fahrt, die sich dann in Richtung Süden wiederholt – mit einer Fuhre Datteln für den Verkauf in Timbuktu. Fährt man als Anhalter auf einem dieser Lastwagen mit, kann man die ganze Bandbreite der Wüstenlandschaft kennen lernen. Kurz hinter Timbuktu rollt man auf einer breiten, flachen Piste aus kleinen Steinen, die vom Wind herrlich glatt geschliffen wurden. Diese Oberfläche ist typisch für den größten Teil der südlichen Sahara. Wenn man Glück hat, passiert man hohe Steinformationen, die die Eintönigkeit des endlosen, flachen Horizonts auflockern. Erst nach drei oder vier Tagen anstrengender Fahrt erreicht man schließlich die Sanddünen, die man in einer Wüste erwarten würde. Die riesigen Dünen im südalgerischen Sandmeer überragen den Lastwagen und können unmöglich ohne ein trittsicheres Kamel überquert werden.

SANDMEERE

Selbst in den trockensten Wüsten enthält das Gestein winzige Wassermengen. Aufgrund der stark schwankenden Wüstentemperaturen friert und taut dieses Wasser ständig. Nachdem es auf diese Weise jahrtausendelang erhitzt und gefroren wurde, zerbrechen selbst große Felsen in immer kleinere Teile, bis sie irgendwann als Sandkörner durch die Wüste wehen. Der Wind bläst die Körner mit aller Kraft gegen Felsen und gegeneinander, sodass sie rund und mit einer roten Politur von Eisenoxid überzogen werden. Wenn die Sandpartikel weiter über die Landschaft wehen, sammeln sie sich in Haufen – Sanddünen – an, die heute bis zu 20 Prozent der Wüsten ausmachen.

Sanddünen sind sicherlich die auffälligsten Merkmale einer Wüstenlandschaft. Kräftige Winde bilden aus dem Sand einige der schönsten und zugleich vergänglichsten Skulpturen der Welt – von kleinen Haufen bis zu steilen Sandbergen, die über 300 Meter hoch und mehrere Kilometer lang sein können. In großen Gruppen bilden sie wunderschöne, wellenförmige Landschaften, die als Sandmeere bezeichnet werden – riesige Flächen aus Sandwellen, die sich bis zum Horizont kräuseln. Das größte Sandmeer der

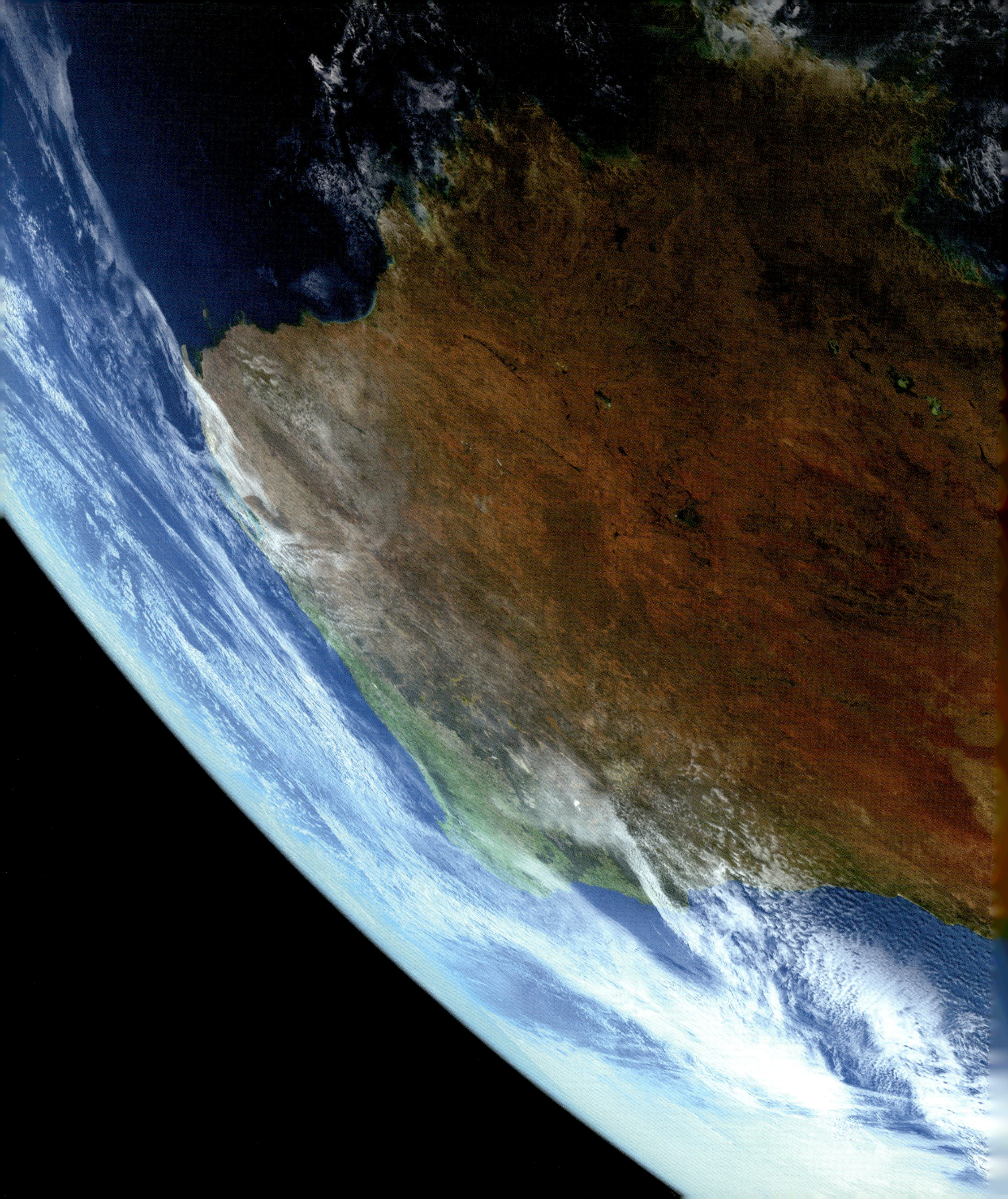

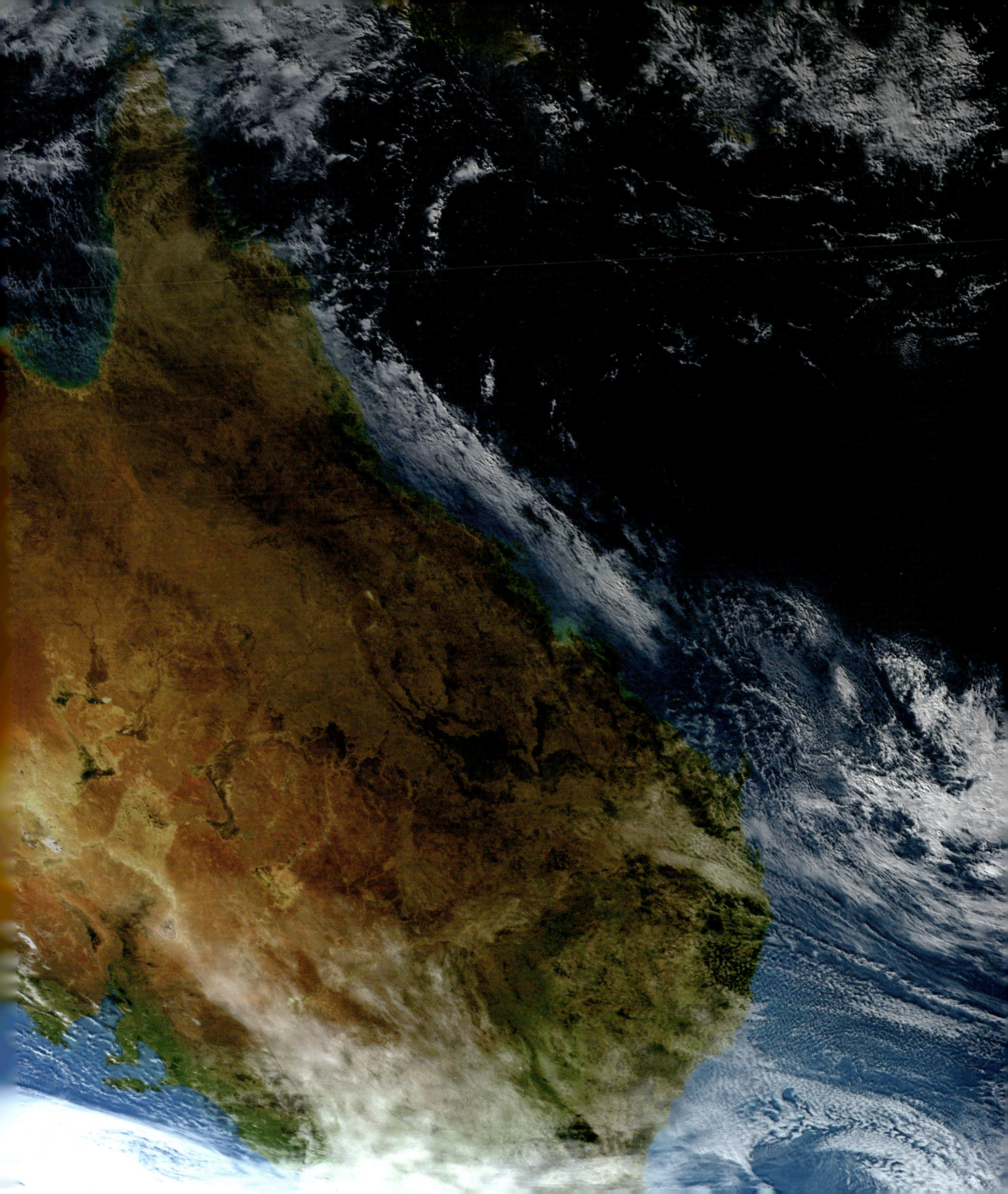

OBEN Kalksteinpilze sind alles, was von einem prähistorischen Meeresboden übrig ist – verwittert und zu den Wahrzeichen der Weißen Wüste Ägyptens ausgewaschen.

VORHERIGE DOPPELSEITE Die großen Wüsten Zentralaustraliens vom Weltall aus betrachtet.

Erde ist die Rub al-Khali (»Leeres Viertel«) auf der arabischen Halbinsel. Sie erstreckt sich über mehr als 500 000 Quadratkilometer – eine Fläche, die ungefähr der Größe Frankreichs entspricht. Die verschiedenen lokalen Winde formen den Sand zu verschiedenen Dünensystemen. Die häufigsten sind die Längs- oder Strichdünen, die wie auf die Küste treffende Wellen eine Reihe paralleler Linien bilden. Diese Dünenform ist typisch für Australiens Wüsten. Mit den 300 Kilometer langen parallelen roten Sandkämmen der herrlichen Simpsonwüste in Südaustralien bildet sie die längsten Sanddünen der Welt. Die majestätischen Sanddünen des Sossusvlei in der Namibwüste erstrecken sich zwar ebenfalls in langen Linien, doch sind diese sich ständig verändernden Sandfalten wesentlich höher. Sie ragen bis zu 300 Meter in den Himmel und bilden somit die größten Dünen der Welt. Diese Dünen sind ständig in Bewegung – sie »kriechen« langsam über die Erdoberfläche – viele mit einer Geschwindigkeit von zehn bis 20 Metern pro Jahr, einige sogar mit bis zu 50 Metern.

WIND

Wind hat eine enorme Kraft, vor allem, wenn er Sandpartikel transportiert. An einigen Orten hat er bizarre Landschaften erschaffen. Im Kleinen trägt er Gestein zu perfekt gerundeten und verwitterten Formen, den so genannten Windkantern, ab. In einem größeren Rahmen kann er spektakuläre Gesteinssäulen und aerodynamisch geformte Hügel, die Yardangs, aus der Erdoberfläche herausschleifen. Einige der spektakulärsten Yardangs befinden sich in der Libyschen Wüste in Ägypten, wo ein ganzer Meeresboden aus Kalkstein in eine Reihe seltsamer Gebilde verwandelt wurde. Viele sehen aus wie riesige weiße Pilze, deren Sockel zu stromlinienförmigen, sich verjüngenden Gebilden geschliffen wurden. In der Dasht-e Lut-Wüste im Iran erinnern die Formen der Yardangs an Gebäude – die Iraner nennen sie aus diesem Grund auch »Wüstenstädte«.

STURM

Nichts verändert eine Wüstenlandschaft so schnell wie ein starker Staubsturm. Jahreszeitliche Winde nehmen riesige Sand- und Staubwolken auf, blasen sie über die Wüsten, begraben Dörfer unter sich und verdunkeln den Himmel. Die wenigen Tiere, die unter diesen Bedingungen überleben können, haben spezielle Anpassungsmechanismen entwickelt: Kamele besitzen gegen die Sandkörner extrem lange Wimpern und lange, behaarte Nasenlöcher, die einzeln geschlossen werden können.

WASSERKRAFT

Wasser spielt bei der Gestaltung von Wüstenlandschaften eine bedeutende Rolle. Vor Jahrmillionen bahnten sich reißende Urzeitflüsse ihren Weg über die Felsebenen. Diese Flüsse sind zwar schon lange ausgetrocknet, doch haben ihre einst enormen Kräfte spektakuläre Landschaften geformt. Eines der eindrucksvollsten Beispiele findet man im Westen Nordamerikas, wo weiches Gestein und Lehm abgetragen wurden und karge Wüstenlandschaften zurückblieben.

Die bizarr geformten Hochebenen, Spitzkuppen, messerartigen Kämme, Pfeiler und Säulen des Ödlands und der Canyons der nordamerikanischen Wüste sind alle auf diese Weise entstanden. Im Bryce Canyon in Utah sind die rötlichen Türme alles, was von einem Kalksteinplateau übrig geblieben ist. Das weichere Gestein wurde von prähistorischen Flüssen weggespült. Der Regen spielt bei der Zersetzung des weichen Wüstengesteins auch heute noch eine Rolle. Spärliche Vegetation und dünne Böden in Verbindung mit kurzen, aber heftigen Regenfällen bedeuten, dass Halbwüsten der Erosion durch Wasser stärker ausgesetzt sind als alle anderen Gebiete der Erde.

In der Sahara türmen sich die Sturmwolken aus Sand in bis zu tausend Meter Höhe und sind vom Weltraum aus deutlich zu erkennen. Allein in der Sahara entstehen pro Jahr 300 Millionen Tonnen Flugsand, der von Winden zum Teil bis nach Grönland und Südamerika geweht wird. Die Sahara ist die größte Staubquelle der Welt und spielt für das globale Ökosystem eine entscheidende Rolle: Ihre Heißluft und ihr Sand können Stürme über Florida erzeugen, zur Produktion von Planktonschwärmen im Atlantik beitragen und sogar den Amazonas düngen.

LEBEN IM BACKOFEN

Für Tiere und Pflanzen, die versuchen, in den Wüsten zu überleben, gibt es zwei große Herausforderungen: Wassermangel und extreme Temperaturen. Obwohl sie nur selten in hoher Zahl auftreten, haben sich viele verschiedene Pflanzen und Tiere – aus fast jeder großen Gruppe – hervorragend angepasst, um mit den anspruchsvollen Bedingungen zurechtzukommen.

Pflanzen müssen dort verharren, wo sie wachsen, deswegen sind die sich ständig verändernden Wüsten ein Ort mit geringer Vegetationsdichte. In der riesigen Einöde der Sahara – neun Millionen Quadratkilometer – wurden bisher nur 1400 verschiedene Pflanzenarten gefunden. Die Mehrheit der Wüstenpflanzen hat sich für eine von zwei Grundstrategien entschieden: Sie sind entweder dürreresistent oder dürremeidend. Die dürreresistenten sind mehrjährige Pflanzen, die ständig in der Wüste leben und tagtäglich ums Überleben kämpfen. Die dürremeidenden sind kurzlebige Pflanzen, die nur unter den richtigen Bedingungen wachsen.

WASSERSPEICHERUNG

Um das wenige vorhandene Wasser zu speichern und nicht auszutrocknen, haben die dürreresistenten Pflanzen vielfältige Anpassungsmechanismen entwickelt. Sie sind entweder auf Wasserspeicherung oder auf die Reduzierung der Wasserverdunstung spezialisiert. Meist haben sie kleine, einfache Blätter mit einer undurchlässigen Beschichtung, um den Wasserverlust zu minimieren, oder in einigen Fällen gar keine Blätter. Lebende Steine (*Lithops*) in der Namibwüste sind ein extremes Beispiel für diese Strategie. Die Pflanzen sehen aus wie eine Hand voll kleine, graue Kiesel. Auf diese Weise sind sie vor Pflanzenfressern geschützt. Durch ihre runde Form bleiben ihre Oberfläche und damit ihr Wasserverlust sehr gering. Die Wurzeln von Wüstenpflanzen lassen sich in drei Kategorien einteilen: ausgedehnte, flache, faserige Wurzelsysteme, die das Beste aus einem plötzlichen und unvorhersehbaren Wüstenregen machen, Knollen, die als unterirdische Wasserspeicher fungieren, sowie tiefe Pfahlwurzeln. Die meisten Wüstensträucher und -bäume sind klein und verfügen über ausgedehnte Wurzelsysteme, die tief in die Erde bis zum Grundwasser reichen. Viele Jahre lang gab es eine allein stehende Akazie in der Sahara, die als berühmter Wegweiser für Kamelkarawanen und Reisende diente. Als dieser einsame Signalposten schließlich starb, entdeckte man, dass seine Wurzeln bis in 35 Meter Tiefe reichten. Andere Wüstenbäume wie Mesquiten und Tamarisken haben Wurzeln, die ähnlich tief oder sogar noch tiefer reichen.

Der nordamerikanische Kreosotbusch hat ein Wurzelsystem, das den umgebenden Boden so effektiv durchzieht, dass die Pflanze in der Lage zu sein scheint, jedes verfügbare Wassermolekül in der näheren Umgebung aufzunehmen. Keine andere Pflanze in der Nähe kann überleben, und selbst die eigenen Sämlinge verlieren den Kampf ums Wasser – was die Vermehrung etwas problematisch macht. Die Lösung ist, den Boden in der Nähe nicht durch Samen zu kolonisieren, sondern durch die Bildung neuer Stämme durch ein Wurzelnetz, das sich um den Hauptstamm herum erstreckt. Wenn sich der Busch ausbreitet, sterben die inneren Stämme ab, was zur Folge hat, dass sich der Kreosotbusch zu einem immer größer werdenden Ring ausdehnt und immer weiter wächst. Es gibt Aufzeichnungen über ein Exemplar, das über 11 700 Jahre alt und somit einer der ältesten bekannten Einzelorganismen auf der Erde ist.

UNTEN Die Entstehung eines sichtraubenden Sandsturms. Solche Stürme bewegen sich mit großer Geschwindigkeit fort und können innerhalb von Minuten auftreten. Der aufgewirbelte Sand kann auf der anderen Seite der Welt landen – so düngt zum Beispiel Staub aus der Sahara gelegentlich den Amazonas.

RECHTS Der vielleicht bekannteste Kaktus ist der Riesenkaktus in der Sonora-Wüste, der alle anderen Kakteen überragt.

UNTEN Der Riesenkaktus bietet eine Baumbehausung für Wüstentiere – hier für einen Virginia-Uhu. Viele Tiere ernähren sich außerdem von seinen Blüten und Früchten – eine lebenswichtige Erfrischung für Zugvögel und Fledermäuse.

STACHELIGE LÖSUNGEN

OBEN In der Sonora-Wüste in Arizona gibt es die meisten Kakteenarten – hier ein Fasskaktus und dahinter ein Organ-Pipe- sowie ein Riesenkaktus. Die Vegetation ist ungewöhnlich üppig, da ein unerwarteter Regenguss die Wüste zum Blühen gebracht hat. Ruhende Samen wie der des Arizonamohns keimen und blühen dann innerhalb weniger Wochen.

Kakteen, die typischen Wüstenpflanzen, verfügen über ein flaches, dichtes Netz aus faserigen Wurzeln, die sich dicht an der Oberfläche des Bodens über ein großes Gebiet erstrecken. Die Wurzeln sind für eine schnelle Aufnahme leichter Niederschläge angelegt, die nur kurz in den Boden eindringen, bevor sie verdunsten. Kakteen haben ihr Wasserproblem gelöst, indem sie ihre Blätter in Stacheln verwandelt haben, was den Wasserverlust stark reduziert und gleichzeitig weidende Tiere fern hält. Durstige Weidetiere stellen ein so großes Problem für Wüstenpflanzen dar, dass viele Pflanzen entweder giftig sind oder Dornen und Stacheln entwickelt haben, um sich zu schützen. Zwischen 2000 und 3000 Arten der Bodenkakteen kommen auf dem amerikanischen Kontinent vor, und trotz ihrer verschiedenen Formen und Größen sind alle so beschaffen, dass sie die für ihren Umfang kleinste Verdunstungsfläche bieten und damit ihren Wasserverlust minimieren. Durch die Spaltöffnungen einer Pflanze (Poren, durch die eine Pflanze Kohlendioxid aufnimmt) entweicht ebenfalls wertvolle Feuchtigkeit; daher haben Kakteen deren Größe und Anzahl reduziert. Sie halten sie in der Tageshitze geschlossen und öffnen sie nachts, um Kohlendioxid aufzunehmen. Das Gas wird chemisch gebunden und als organische Säure gespeichert, um tagsüber, wenn das Sonnenlicht die Photosynthese wieder ermöglicht, verarbeitet zu werden. Diese raffinierte Methode der Kohlendioxidspeicherung verwenden auch viele Wüstengräser.

Möglicherweise besteht die größte Spezialisierung der Kakteen in der Art, wie sie Wasser speichern. Die nordamerikanische Sonora-Wüste beherbergt weltweit die größte Kakteenanzahl und -vielfalt, von der der Riesenkaktus mit seinen kandelaberförmig aufragenden, säulenartigen Stämmen wohl das eindrucksvollste Exemplar und das Wahrzeichen der Sonora-Wüste ist. Sein Stamm besteht aus einer Reihe faltenartiger Rillen und kann etwa 75 Jahre lang wachsen, bevor er sich zum ersten Mal verzweigt. In seiner langen Lebenszeit – bis zu 200 Jahre – kann ein einziger Riesenkaktus über 40 Millionen Samen produzieren, von denen sich jedoch meist nur einer voll entwickelt. Der Kaktus kann bis zu 15 Meter hoch werden, über acht Tonnen wiegen und bis zu 50 einzelne Äste tragen. Sein ausgedehntes Wurzelsystem ist genauso breit wie lang und kann an einem einzigen Tag eine Tonne Wasser aus einem plötzlichen Regenguss aufnehmen. Nach einigen solchen Regenfällen kann Wasser 80 Prozent des Gewichts der Pflanze ausmachen. Dieser stattliche Riese stellt eine willkommene Futterstelle für alle möglichen Tiere dar. Nachts produziert er prachtvolle große, weiße Blüten, die Fledermäuse zum Bestäuben anlocken. Außerdem sind seine Blüten und Früchte eine wertvolle Futterquelle für vorbeiziehende Tiere wie Kolibris und Fledermäuse. Ohne solche Futterstellen wären viele dieser Tiere nicht in der Lage, die Wüste zu durchqueren.

EWIGES LEBEN UND AUFERSTEHUNG

Die Welwitschie ist eine der seltsamsten Pflanzen der Welt. Sie wächst in der Namibwüste und nutzt den frühmorgendlichen Nebel, der von der Atlantikküste hereinzieht. Über Jahrmillionen hat sich die Pflanze zu einem großen, dicken, rübenförmigen Stamm entwickelt, aus dem nur zwei Blätter wachsen. Die Blätter sind jedoch Ungetüme, die sich in ausgefranste, bis zu sechs Meter lange Streifen aufteilen. Die Pflanze kann bis zu 1500 Jahre alt werden. In dieser Zeit wachsen ihre Blätter immer weiter und reißen an den Enden auf, wenn der Wind dagegenpeitscht.

Trotz ihrer Fransen fungieren die Blätter als Wassersammler: Von saugfähigen Fasern bedeckt, die das Wasser aus dem Nebel ziehen, nehmen die Blätter etwas Wasser durch ihre Spaltöffnungen auf und leiten das restliche Kondenswasser ins Zentrum der Pflanze und in ihr Wurzelsystem.

Während einer extremen Dürre ziehen sich einige Pflanzen einfach völlig vom Leben über der Erde zurück. Diese so genannten Geophyten, wie der duftende Säulenkaktus, ein Nachtblüher, überleben unter der Erde mit Hilfe von Zwiebeln, Knollen, Bulben oder Wurzelstöcken. Gräser bilden weit verzweigte Wurzelsysteme aus. Wenn es endlich regnet, können diese Pflanzen innerhalb weniger Tage Blätter bilden. Eine außergewöhnliche Pflanze in der Atacama-Wüste hat überhaupt keine Wurzeln. Die Luftpflanze *Tillandsia latifolia* hat nur feste, elastische Blätter in Form eines Knäuels und lässt sich vom Wind durch die Wüste rollen. Sie ist so konstruiert, dass sie Feuchtigkeit aufnehmen kann, wenn der Nebel von den kalten Gewässern des Pazifiks hereinzieht.

BLÜHENDE WÜSTEN

Die plötzliche Verwandlung einer kargen Wüstenlandschaft in ein buntes Blumenmeer ist einer der größten Zaubertricks der Natur. Es ist eine Vorstellung von Pflanzen, die die kurzlebige Strategie der Dürremeidung praktizieren. Eigentlich sind es Samen, die nur einen kleinen Teil ihres Lebens als Pflanzen verbringen – und doch sind es Samen, die fast über Nacht zum Leben erwachen können, sobald die Wüste einmal vom Regen durchtränkt wird.

Kurzlebige Arten wie Mohnblumen, Zistrosen und Gräser sind quasi die Grashüpfer der Pflanzenwelt. Meist regnet es saisonbedingt nur so viel, dass die Pflanzen gerade noch überleben können, doch fällt manchmal auch so viel Regen, dass sich die ganze Landschaft verwandelt. Samen, die 30 Jahre lang in der vertrockneten Erde gelegen haben, keimen dann plötzlich aus.

Um zu gewährleisten, dass sie ihre Chance nicht in einem kurzen Regenguss verspielen, haben die Samen einen speziellen chemischen Hemmstoff in ihrer Hülle, der von einer relativ großen Regenmenge aufgelöst werden muss, bevor Keimlinge entstehen können. Ihr großer Moment kann zwar Jahre auf sich warten lassen, aber wenn er kommt, legen sie sich richtig ins Zeug: Dann entwickeln sie große Blätter und knallbunte Blüten.

Die Wüste kann zwar innerhalb von Tagen mit einem riesigen Teppich aus farbenprächtigen Blüten überzogen werden, doch ist die ganze Vorstellung oft schon nach ein paar Wochen wieder vorbei. Die Pflanzen haben das Ziel, so schnell wie möglich bestäubt zu werden, und produzieren daher eine gewaltige Menge Samen, die viele Jahre lang ruhen können: So keimten die Samen einer kurzlebigen Wüstenpflanze unter Zugabe von Wasser auf, nachdem sie 250 Jahre in einem Museum aufbewahrt worden waren.

DER LAZARUSEFFEKT

Heftiger Regen und ein Vegetationsschub können alle möglichen Lebensformen wiederbeleben. In der Wüste von Arizona scheint starker Regen sogar die Erde selbst in Bewegung zu versetzen. Schaufelfußkröten, die zehn Monate in getrocknetem Schlamm vergraben waren, bringen ihren Lebenszyklus in nur wenigen Stunden wieder in Gang. Wenn sie herauskommen, steigern sie sich in eine Raserei aus Lockrufen, denn wie die Wüstenblumen haben auch sie nur wenig Zeit, um sich zu vermehren, bevor die sengende Sonne ihre Jungen wieder in ihre Verstecke zwingt.

Insekten wie die Wüstenheuschrecke nutzen ihren Ruhezustand ebenfalls, um lange Dürreperioden zu überleben. Ihre Eier können 20 Jahre überdauern, bis die Bedingungen zum Schlüpfen günstig sind. Dann jedoch explodiert ihre Anzahl förmlich und führt zur Entstehung von Schwärmen biblischen Ausmaßes. Ein registrierter Schwarm bedeckte über 200 Quadratkilometer und war nur einer von mehreren Schwärmen in einem Gebiet mit insgesamt etwa 500 Milliarden Heuschrecken. Eine einzelne Heuschrecke frisst alle 24 Stunden eine Futtermenge, die ihrem eigenen Körpergewicht entspricht. Daher müssen die Schwärme ständig weiterziehen. Ein Heuschreckenschwarm, der pro Tag bis zu 300 Kilometer zurücklegt, vertilgt das frische Grün in rasender Geschwindigkeit. Schon bald verwandelt sich die Wüste wieder in eine trockene Einöde.

VON LINKS NACH RECHTS

Welwitschia mirabilis – die Pflanze mit den ältesten Blättern der Welt. Sie lebt in der Namibwüste, aber nahe genug an der Küste, um den Nebel zu nutzen, der nachts vom Atlantik hereinkommt: Sie nimmt die Feuchtigkeit auf und leitet Überschüsse nach unten in die Wurzeln.

Die Hakenlilie, eine Amaryllis, blüht nach einem Sommerregen in der Kalahari. Sie kommt mit den Wüstenbedingungen zurecht, indem sie als Zwiebel ruht und schnell aufblüht, sobald es regnet.

Die Sandverbene – eine einjährige Pflanze aus dem Süden der USA, die den größten Teil ihres Lebens als Samen verbringt. Doch wenn Regen fällt, kann sie eine Wüste innerhalb weniger Wochen mit einem Blütenteppich überziehen. Die Haare auf den Blättern und Stämmen bieten einen Puffer zwischen dem Blatt und der heißen Luft.

Eine sukkulente Agave, verziert mit Büschelschön – dies ist eine einjährige Wüstenpflanze mit einem schnellen Lebenszyklus, der durch starken Regen aktiviert wird.

DIE TRICKS DER TIERE

Tiere, die in der Wüste überleben können, sind noch bemerkenswerter als die Pflanzen. Sie müssen nicht nur ihre Austrocknung verhindern, sondern auch die Körpertemperatur konstant halten. Vor allem Säugetiere sind bezüglich extremer Hitze und starker Temperaturschwankungen sehr empfindlich, und ihre Fähigkeit, frostige Nachttemperaturen zu überleben, ist ebenso wichtig wie ihre Anpassung an die Tageshitze.

IN DER HITZE DES TAGES

Siedend heiße Lufttemperaturen und ein glühend heißer Boden bedeuten, dass den meisten Tieren nichts anderes übrig bleibt, als das Tageslicht völlig zu meiden. Da hilft es, klein zu sein. Schon ein paar Stunden nach Sonnenaufgang sind die meisten Sandböden siedend heiß. Gräbt man jedoch nur einige Zentimeter tief in den Sand, ist er überraschend kühl. Kleine Wüstentiere wie Insekten, Skorpione, Reptilien und Nagetiere haben daher gelernt, den Tag bis zum Einbruch der Dunkelheit unter der Sandoberfläche oder unter Steinen zu überstehen. Klein zu sein ist so sehr von Vorteil, dass sich auch eine Vielzahl kleinerer Säugetiere auf das Leben in der Wüste spezialisiert hat. In der Sahara sind beispielsweise 40 Nagetierarten heimisch, unter anderem Wüstenrennmäuse und Wüstenspringmäuse. Viele von ihnen haben lange Hinterbeine, damit sie auf ihren Streifzügen sehr schnell über den heißen Sand laufen können. Die amerikanische Taschenmaus geht noch einen Schritt weiter. In Zeiten extremer Hitze und Dürre zieht sie sich in ihren Bau zurück und fällt in einen Schlaf, der als Aestivation bezeichnet wird.

Wenn ein Tier durch seinen Lebensstil gezwungen ist, ans Tageslicht zu kommen, kann es nur überleben, indem es Schatten und die Möglichkeit zur Wärmeableitung findet. Das afrikanische Erdhörnchen benutzt seinen buschigen Schwanz als Sonnenschirm und richtet ihn ständig so aus, dass sein Körper immer im Schatten ist. Dabei fächern sich die Schwanzhaare auf und bilden eine Art Sonnendach. Andere Säugetiere überleben in der sengenden Hitze, indem sie einzelne Körperteile in Kühler verwandeln – so

UNTEN Walzenspinnen, Verwandte der Spinnen, haben einen besonders dicken Panzer, um den Wasserverlust zu reduzieren. Sie flitzen nachts über den Sand und töten mit ihren großen Mundwerkzeugen Skorpione, Spinnen und Insekten.

UNTEN RECHTS Die Sandechse jagt tagsüber. Sie verbrennt sich nicht die Füße, da sie nie mehr als zwei Beine gleichzeitig auf dem heißen Sand aufsetzt.

haben der Eselhase in Amerika, der Wüstenfuchs in der Sahara und der Beuteldachs in Australien ihre Ohren in große, effiziente Wärmetauscher verwandelt.

Schwitzen und Hecheln können ebenfalls mittels Verdunstung den Körper abkühlen. Einige australische Beuteltiere produzieren große Speichelmengen, sobald sich ihre Temperatur erhöht. Anschließend verteilen sie den Speichel mit der Zunge über ihren Körper. Der Speichel verdunstet und kühlt die Tiere ab. Kängurus haben ebenfalls eine spezielle Kühlregion an den Vorderbeinen in Form eines Kapillarnetzes an der Hautoberfläche, das sie mit Speichel bedecken, wenn die Temperatur steigt.

Einige große Wüstensäugetiere haben ein erstaunlich dickes Fell. Dichte, isolierende Behaarung funktioniert jedoch in beide Richtungen. Eine dicke Fellschicht speichert nachts die Wärme und ist gleichzeitig ein wirksamer Schutz gegen die Hitze. So kann beispielsweise die oberste Schicht des struppigen Fells eines Kamels um bis zu 30 °C wärmer sein als seine Körpertemperatur.

Gazellen und Antilopen haben jedoch kein dickes Fell, das sie vor der Überhitzung schützen würde. Sie könnten diese Hitze zwar durch Schwitzen und Hecheln wieder abgeben, würden dadurch jedoch viel Wasser verlieren. Daher ist ihr Körper in der Lage, sich bis auf 46 °C zu erhitzen, eine Temperatur, die bei anderen Säugetieren zu Hirnschädigungen führen würde. Die Oryxantilope, auch Spießbock genannt, überlebt diese Temperaturen, da ihr Gehirn ein paar Grad kühler ist als der restliche Körper. Dazu benutzt sie ihre Nasengänge und ein komplexes Gefäßsystem, um das Blut auf dem Weg ins Gehirn zu kühlen.

OBEN Ein frei lebendes Baktrisches Kamel und sein Junges auf Wassersuche in der Wüste Gobi. Baktrische Kamele sind stark bedroht, und es gibt nur noch einige Restbestände in China und der Mongolei. Sie sind an extreme Hitze, Kälte und Trockenheit angepasst. Im Winter haben sie ein dickes Fell (hier ist die Mutter im Fellwechsel) und erhalten Feuchtigkeit, indem sie Schnee fressen. Im Sommer speichern sie Wasser durch ihre schwankende Körpertemperatur, die das Schwitzen verhindert, sowie durch die Ausscheidung trockener Fäkalien und winziger Urinmengen. Dichte Wimpern und fest verschließbare Nüstern halten den Staub ab, und mit ihren abgeschrägten, gepolsterten Füßen können sie im heißen Sand laufen.

KEIN TROPFEN ZU TRINKEN

Selbst bei normalen Temperaturen müssen Tiere die Feuchtigkeit, die sie durch Atmen und Schwitzen verlieren, durch Feuchtigkeitsaufnahme ausgleichen. In der Wüste ist ein solcher Ausgleich lebenswichtig. Dies ist insbesondere für kleinere Tiere ein großes Problem. Im Vergleich zu ihrer Masse haben sie eine relativ große Körperoberfläche, was sie viel anfälliger für den Wasserverlust durch Verdunstung macht. Spinnen und Skorpione haben ihnen da etwas voraus: Von allen Wüstentieren kommen sie am zahlreichsten vor und haben den Vorteil eines wasserdichten Außenpanzers, der sie vor dem Austrocknen schützt. Wüsteninsekten haben eine besonders dicke Chitinschicht, um ihren Wasserverlust so gering wie möglich zu halten.

Doch Insekten und Spinnentiere sind trotzdem anfällig für die Extreme der Wüste, und nur wenige von ihnen verbringen am Tag längere Zeit über der Erde. Skorpione zum Beispiel trinken selten, da sie den Großteil der benötigten Flüssigkeit mit der Nahrung aufnehmen. Doch sie verbringen ihre Tage unter Steinen oder in einem Bau und kommen nur nachts zum Jagen heraus.

OBEN Eine Schaufelfußkröte gräbt sich mit ihren kräftigen Beinen rückwärts in den Sand ein. Unter der Erde schützt sie sich mit einem Hautkokon vor dem Austrocknen und kommt erst wieder heraus, wenn es im folgenden Sommer regnet. Dann paart sie sich und legt in den Pfützen ihre Eier ab, die sich innerhalb von zwei Tagen zu Kaulquappen entwickeln.

GEGENÜBER Der Spießbock ist einer der wenigen großen Pflanzenfresser in der Wüste. Er grast oder gräbt nach Wurzeln und Knollen (eine Feuchtigkeitsquelle) und unternimmt auf der Suche nach Wasser lange Wanderungen.

DICKHÄUTIGKEIT ZAHLT SICH AUS

Wegen ihrer dünnen, wasserdurchlässigen Haut ist das Wüstenleben für Amphibien besonders hart. Diese Wüstenbewohner verbringen die meiste Zeit ihres Lebens unter der Erde. In den australischen Wüsten gibt es mindestens 20 Grabfroscharten, von denen viele schaufelartige Füße zum Graben haben. Außerdem können sie einen Kokon aus toter Haut um sich herum bilden, um sich unter der Erde feucht zu halten. Wenn es endlich regnet, kommen die Frösche in großer Zahl heraus, um sich zu vermehren. Normalerweise sind Wasserpfützen für die Fortpflanzung der Frösche äußerst wichtig, doch löst der winzige Australische Sandfrosch im Westen Australiens das Problem, indem er seinen Laich in einer feuchten Sandschicht ablegt.

Unter den Wirbeltieren machen sich die Reptilien die Wüstenbedingungen am erfolgreichsten zunutze. Sie kommen in jeder Wüste der Welt vor. Ihr Hauptvorteil ist ihre dicke, undurchlässige Haut, die zur Speicherung des Wassers beiträgt. Sie sind wechselwarm und müssen daher keine Nahrung aufnehmen, um ihre Körpertemperatur aufrechtzuerhalten. Somit können sie mit den wenigen Futterquellen, die die meisten Wüsten zu bieten haben, leicht auskommen. Da sie die Hitze der Sonne brauchen, um ihren Körper aufzuwärmen, kehren viele Reptilien das normale Aktivitätsmuster der Wüstentiere um und jagen am Tag. Doch selbst sie haben bei Extremtemperaturen Probleme. Die Sandechse der Namib hat immer nur zwei Beine gleichzeitig auf dem Boden – ein Vorderbein und das Hinterbein auf der anderen Seite. Durch regelmäßiges Abwechseln der beiden Beine gewährleistet die Echse, dass die Füße nie zu heiß werden.

WASSER IM GEFIEDER

Vögeln geht es in der Wüste relativ gut, da sie eine höhere Körpertemperatur als Säugetiere haben und über einen langen Zeitraum Temperaturen von über 40 °C aushalten können. Die meisten typischen Wüstenvögel sind so klein wie Lerchen und tagsüber meist nicht besonders aktiv. Sie haben zudem den

Vorteil, dass sie große Strecken zurücklegen und aus der Luft nach Wasser Ausschau halten können. In den australischen Wüsten fliegen beispielsweise große Schwärme von Wellensittichen umher – bunt gefiederte Nomaden, die dem unberechenbaren Regen folgen. Wenn erwachsene Vögel sich um ihre Jungen kümmern, kann das Problem der Wassersuche allerdings größer werden. Vogeljunge wie die des Narmaflughuhns ziehen Wasser aus der Nahrung, die sie bekommen, und wenn diese nicht saftig genug ist, brauchen sie Flüssigkeit aus einer anderen Quelle. Die erwachsenen Narmaflughühner müssen dem Nachwuchs also Wasser bringen, selbst wenn das Nest kilometerweit von der nächsten Quelle entfernt ist. Das Problem des Wasserholens hat die Natur durch eine ebenso geschickte wie einfache Konstruktion gelöst: Die Brust- und Bauchfedern des erwachsenen Flughuhnmännchens saugen das Wasser wie ein Schwamm auf. Bei der Ankunft am nächsten stehenden Gewässer stillt er zuerst seinen eigenen Durst und watet dann hinein, bis seine Federn voll gesogen sind. Bei seiner Rückkehr nach Hause stürzen sich die Jungen sofort auf ihn und kämpfen um einen Platz, um von den Federn zu saugen.

In den Wüsten Arizonas und Mexikos hat der Erdkuckuck eine weitere Möglichkeit entdeckt, um Wasser zu seinen durstigen Jungen zu bringen. Diese Vögel nisten in Kakteen oder Dornensträuchern und ziehen zwei bis drei Junge auf, die erstaunlich große Mahlzeiten schlucken und verdauen können. Insekten und sogar Eidechsen werden schon sehr früh angenommen. Doch bei der Weitergabe der Mahlzeit vom Elternteil zum Jungen entwickelt sich ein seltsamer Streit. Keiner von beiden möchte das Futter loslassen. Dieser Zank ums Essen ist ein wichtiges Fütterungsritual. Solange die Eidechse oder das Insekt festgehalten wird, kann der erwachsene Vogel Wasser von seinem Schnabel in den des Jungen leiten – Wasser, das während der Verdauung des Elternvogels speziell für seinen Nachwuchs gesammelt wurde. Erst wenn das Junge fertig getrunken hat, kann es mit dem Fressen beginnen.

OBEN Ein Erdkuckuck gibt Wasser auf raffinierte Art und Weise an sein Junges weiter. Er erlaubt ihm, ein Stück Nahrung zu packen, lässt es aber nicht los, bis genügend Wasser aus seinem Schnabel an der Beute vorbei und in den Schnabel des Nachwuchses getröpfelt ist.

GEGENÜBER Eine Zwergpuffotter bewegt sich rasch seitwärts über den Sand. Sie ist perfekt an die Dünenwelt der südwestlichen Namibwüste angepasst. Sie meidet die Tageshitze, indem sie sich wellenförmig ihren Weg unter der Sandoberfläche sucht und sich dann eingräbt. Dann lauert sie auf Beute, wobei nur die Nasenöffnungen und Augen (die sich fast an der Oberseite des Kopfes befinden) aus dem Sand ragen.

EIGENE HERSTELLUNG

Säugetiere mit einer proteinhaltigen Ernährung haben ein Problem: Eiweiß enthält Stickstoff und wird in Harnstoff umgewandelt, der ausgesprochen giftig ist, wenn er im Körper bleibt. Er muss den Körper als Urin verlassen, was den Verlust wertvollen Wassers bedeutet. Einige Wüstentiere gleichen den Verlust aus, indem sie während des normalen Stoffwechsels im Körper Wasser produzieren. Für Wüstensäugetiere wie Kängururatten ist der Wasservorrat so knapp, dass sie sich tagsüber in einem kühlen Bau verstecken und die Öffnung zu ihren Nestern mit Erdpfropfen verschließen. Trotzdem verlieren sie durch Atmung und Verdunstung so viel Wasser, dass ihr Bau feucht ist und ihr Samenvorrat sogar klamm werden kann. Die Kängururatten leben auf Messers Schneide, um dieses Wasser zu ersetzen, und so kann die Produktion von Stoffwechselwasser über Leben und Tod entscheiden.

FETT ZAHLT SICH AUS

Wenn Grünpflanzen vorhanden sind, können Kamele Monate ohne Wasser auskommen. Doch im Sommer gibt es in der Sahara nur Trockenfutter, und selbst das ist sehr rar. Kamele können etwa eine Woche ohne Wasser und bis zu 30 Tage ohne feste Nahrung überleben. Dazu greifen sie auf ihre Fettreserven in den Höckern zurück. Das Fett wird mit Hilfe von Sauerstoff verbrannt, und für jedes halbe Kilogramm Fett entsteht ungefähr ein halbes Kilo Wasser. Wenn Kamele schließlich wieder an eine Tränke kommen, können sie innerhalb kürzester Zeit bis zu 30 Prozent ihres Körpergewichts in Form von Wasser zu sich nehmen. Das Wasser wird dann im Magen zwischengespeichert. Das dicke Fell und die fetthaltigen Höcker tragen außerdem zur Wärmeisolierung der »Wüstenschiffe« bei, die deswegen nur selten schwitzen. Diese Isolierung ist für das zweihöckrige Baktrische Kamel, das in den Wüsten Chinas und der Mongolei lebt, besonders wichtig. Die Tagestemperaturen können in der Wüste Gobi um rund 30 °C schwanken, und für zwei Monate im Jahr kann die kälteste aller Wüsten schneebedeckt sein. Zum Leidwesen der Kamele ist die Luft hier so trocken, dass der Schnee nie schmilzt, sondern direkt in die Atmosphäre verdunstet. Daher bleibt den Kamelen nichts anderes übrig, als den Schnee zu fressen. Das Schlucken großer Mengen auf einmal wäre gefährlich, doch da der Schnee über lange Zeit liegen bleibt, kommen die Kamele mit kleineren Tagesportionen aus. Täglich nehmen sie so etwa zehn Liter Wasser in Form von Schnee zu sich.

WÜSTENRIESEN

Man würde nicht erwarten, den größten Pflanzenfresser der Welt in der Wüste zu finden, doch tatsächlich gibt es zwei kleine Elefantenpopulationen: an den Rändern der Sahara in Mali und in der Namibwüste. Diese Tiere haben sich dem Wüstenleben auf ganz besondere Weise angepasst: Sie haben einen kleineren Körper und größere Füße als die übrigen afrikanischen Elefanten. Die großen Füße helfen ihnen, auf ihren langen Tagesmärschen von bis zu 70 Kilometern auf Wasser- und Futtersuche den instabilen Sand zu überqueren. In der Namib haben die Elefanten gelernt, unter der Sandoberfläche nach den Wurzeln des Wüstengrases zu graben, das viele Nährstoffe enthält. Im Gegensatz zu den Steppenelefanten, die jeden Tag Wasser brauchen, müssen Wüstenelefanten nur alle drei bis vier Tage trinken.

Noch erstaunlicher ist, dass sich in der Namib auch eine kleine Population Löwen niedergelassen hat, die durch die Jagd auf Spießböcke überlebt. Die Raubkatzen bejagen in kleineren Rudeln größere Reviere als ihre afrikanischen Artgenossen. Bemerkenswert ist, dass die Wüstenlöwen trotz ihrer geringen Populationsdichte die größten Würfe und die Jungen die höchste Überlebensrate aller afrikanischen Löwen haben. Zumindest im Moment gehören diese Säugetiere zu den besonders erfolgreichen Überlebenskünstlern der Wüste.

UNTEN Die Namib-Löwen. Eine kleine Löwenpopulation überlebt in der Wüste, indem sie ein großes Revier bejagt – größer als das jedes anderen afrikanischen Löwenrudels. Ihre Hauptbeute ist die Wüsten-Oryxantilope.

GEGENÜBER Elefanten in der Namibwüste müssen von mageren Rationen leben – oft von Wüstengraswurzeln. Mit der Zeit wurden sie kleiner als gewöhnliche Steppenelefanten und entwickelten größere Füße, um auf der ständigen Suche nach Futter und wertvollem Wasser besser im Sand laufen zu können.

6
Das Hochgebirge

Berge sind der Inbegriff der Wildnis: Hier können nur die robustesten Lebewesen überleben. Kälte, Lawinen und Stürme fordern jedoch nicht nur die Bergbewohner heraus – sie nagen auch an den Bergen selbst.

Jeder Gebirgszug hat einen eigenen Charakter, eine einzigartige Lebensgeschichte. Die hohen Gipfel des Himalaja sind jung und von Schnee und Eis bedeckt – eine Eiswelt, in der nichts dauerhaft leben kann. Das Hochland von Abessinien in Afrika dagegen ist uralt, nicht so hoch und bis zu den Gipfeln grün. Eine Fülle von Pflanzen und Tieren gedeiht dort. Alle großen Gebirgszüge unserer Erde liegen irgendwo zwischen diesen beiden Extremen. Jeder ihrer einzelnen Berge ist das Ergebnis jahrtausendelanger Veränderungen der Oberfläche unseres Planeten.

Was einen Berg ausmacht, hängt von seiner Umgebung und seinem Betrachter ab. Während die Watchung Mountains in New Jersey mit ihren 122 bis 152 Metern Höhe den Bewohnern der Region bestens bekannt sind, tun Tibeter 3600 Meter hohe Himalajagipfel achselzuckend als Vorgebirge ab. Und auch das Alter eines Berges kann vom Betrachter abhängen: Voltaire (1694-1778), einer der wichtigsten Denker der europäischen Aufklärung, hielt die Ansicht des befreundeten Wissenschaftlers Comte de Buffon, dass selbst die kleinen Hügel Frankreichs nicht schon immer da gewesen seien, für absurd. Buffon war von den Muscheln fasziniert, die er in den Felsen französischer Hänge entdeckt hatte. Wie, fragte er sich, sind sie wohl dorthin gekommen? Buffon gelangte zu der Überzeugung, dass Meerestiere dort gelebt hatten, wo jetzt die Berge standen und schloss daraus, dass sie von weichen Ablagerungen bedeckt worden waren, die sich in den Flachmeeren zu Felsen entwickelt hatten. Später erhoben sich die Felsen dann hoch über den Meeresspiegel. Unsinn, sagte Voltaire – Pilger hätten die Muscheln von der Küste auf den Berggipfel gebracht.

Zu Buffons Zeiten steckte die Wissenschaft der Geologie noch in den Kinderschuhen, die Evolutionstheorie sollte erst 100 Jahre später entwickelt werden. Heute weiß man, dass ein Berg nicht ewig existiert. Er wird geboren, hat eine bewegte Jugend, ein langes Erwachsenendasein und ein noch längeres hohes Alter, bis er schließlich zu Erde abgetragen wird und verschwindet.

DIE ENTSTEHUNG EINES BERGS

Die Oberfläche der Erde bildet eine Gesteinskruste, die sich vor allem aus sieben großen und sehr zerklüfteten Segmenten zusammensetzt, die wie Puzzleteile zueinander passen. Man nimmt an, dass sich diese Segmente, auch tektonische Platten genannt, mit ein bis zehn Zentimetern pro Jahr extrem langsam über die Oberfläche schieben. Wenn sie auseinander driften, bildet sich an dem Riss ein Stück neue Erdkruste; wenn sie zusammenstoßen, schieben sie sich nach oben und bilden Berge.

OBEN Säurehaltige Becken und Schwefelablagerungen auf der brodelnden Vulkankruste der Quellen von Dallol in der Danakil-Senke in Äthiopien, die auf der Verwerfungslinie des Großen Afrikanischen Grabenbruchs liegt.

GEGENÜBER Der Große Afrikanische Grabenbruch in Kenia. Hier bewirkte die heftige geologische Aktivität, dass die Erdkruste auseinander riss und stellenweise versank. Eine Vulkankette entstand.

VORHERIGE DOPPELSEITE
OBEN Torres del Paine an der Südspitze der Anden in Chile. UNTEN Dscheladas im Hochland von Abessinien.

Ein Hubschrauberflug über die Danakil-Senke in Äthiopien ist wie der Blick aus einer Zeitmaschine auf die gigantischen Umgestaltungsprozesse, die auf unserer Erde im Gange sind. Erst in der zerklüfteten Landschaft dort unten werden Diagramme aus Lehrbüchern über tektonische Platten lebendig. Mit seiner wachsenden Kette aus neu gebildeten Vulkanen und schwarzen Lavafeldern, die sich bis in die Wüste schlängeln, gehört die Danakilsenke zu den geologisch aktivsten Orten auf dem Globus. Aus der Luft betrachtet, sehen die Quellen von Dallol zwar relativ unscheinbar aus: eine kreisförmige Wüstenfläche, deren Orangeton dunkler ist als ihre Umgebung. Doch wenn der Helikopter landet, betritt man einen der bizarrsten Orte der Erde.

Zunächst wird man von der Hitze erschlagen, die so intensiv ist, dass jede Pore im Körper nach Wasser schreit. Die Tagestemperaturen liegen hier im Durchschnitt bei 48 °C, was die Danakil-Senke zu einem der heißesten Orte weltweit macht. Siedend heiße Schwefeldampfwolken brennen in den Augen und nehmen einem den Atem, wenn man durch eine Landschaft wankt, die eher auf den Mars passen würde. Hier steht man in einem riesigen Vulkankrater. Eines Tages werden seine Eruptionen die Oberfläche erreichen, der Vulkan wird sich aus der Erdkruste erheben, und ein Berg ist geboren.

Die Danakil-Senke liegt am Nordende des Großen Afrikanischen Grabenbruchs. Er ist Teil eines großen Spaltensystems in der Erdkruste, das Afrika in zwei Teile zu brechen droht. Es bildete sich vor 100 Millionen Jahren, als die Landmassen begannen, in entgegengesetzte Richtungen zu ziehen. Als sich die Kruste dehnte, brachen Vulkane aus, wie man sie heute auf der Gesamtlänge des Grabens findet. Die Spaltung wird sich irgendwann vollziehen, indem die Senke zum Meer hin aufreißt und das Salzwasser des Roten Meeres die Wüste überfluten wird. Schließlich ist die Spitze Afrikas vom restlichen Kontinent abgetrennt und bildet eine Insel.

UNTEN Der seltene und vom Aussterben bedrohte Äthiopische Wolf lebt nur noch im Gras- und Heideland abgelegener Gebirgsregionen im Hochland von Abessinien. Er hatte zwar vermutlich einen eurasischen, wolfartigen Vorfahren, verhält sich jedoch eher wie ein Kojote und ernährt sich hauptsächlich von kleinen Nagetieren.

GEGENÜBER Der Dschelada, ein weiterer Restbestand einer Spezies, lebt nur noch auf dem »Dach Afrikas«. Hier ist er relativ sicher vor Räubern und muss nicht um die Berggräser konkurrieren, auf die er angewiesen ist. Die Felsvorsprünge bieten nachts Schutz und frühmorgens einen Platz zum Sonnen.

DAS DACH AFRIKAS

Das Hochland von Abessinien bildet die größte Gebirgsregion Afrikas. Hier gibt es einen der höchsten Berge des Kontinents, den Ras Dashen mit 4620 Metern Höhe. Vor zwei Milliarden Jahren war dieses Hochland so flach wie die Danakil-Senke, doch über die Jahrmillionen hinweg drückte geschmolzene Lava aus dem Erdkern nach oben und führte zur Entstehung einer riesigen Kuppe mit einem Durchmesser von 1000 Kilometern – das »Dach Afrikas«. Im Norden befinden sich die Simienberge, die noch vor 10 000 Jahren vergletschert waren. Dort haben die Kräfte von Eis und Regen eine spektakuläre Landschaft aus Canyons und Felsspitzen geformt.

In zirka 4000 Metern Höhe lebt der *Walia Ibex*, ein Eindringling, der während der letzten Eiszeiten, als die beiden Kontinente durch Tundra miteinander verbunden waren, aus Europa kam. Diese seltenen Steinböcke überleben nur auf ganz abgelegenen Berggipfeln und klettern mit ihren gummiartigen Hufen über steile Felswände, um Gras und Kräuter zu fressen. Sie teilen sich die Hochplateaus mit zahlreichen Dscheladas, die die lebensgefährlichen Felsmassive ebenfalls mit Leichtigkeit bezwingen, da sie die für ihre Größe kräftigsten Finger aller Primaten haben.

Die Dscheladas ernähren sich fast ausschließlich von Gras, vor allem von den proteinhaltigen Gebirgsgräsern, die es nur in diesen Höhen gibt. Sich warm zu halten und Energie zu sparen ist hier oben äußerst wichtig. Dscheladas haben eine dicke Fellmähne und fressen ausschließlich im Sitzen, wobei sie sich auf ihrem Hinterteil von einem Grasbüschel zum nächsten schieben. Primaten zeigen ihre Paarungsbereitschaft oft mit ihren Genitalien an, doch da weibliche Dscheladas so lange sitzen müssen, haben sie ihr farbenprächtiges Gesäß durch eine fellfreie Stelle auf der Brust ersetzt, die bei Paarungsbereitschaft anschwillt und rot wird.

Fossilien zeigen, dass Dscheladas früher in Afrika weit verbreitet waren. Es gab sogar eine Art, die so groß war wie ein Gorilla. Man nimmt an, dass Dscheladas von den heißen afrikanischen Ebenen in die Isolation des Hochlands getrieben wurden, um Räubern und dem Konkurrenzkampf mit anderen Primaten, vor allem Menschen, zu entfliehen. Die Simienberge sind in der Tat ein idealer Zufluchtsort: Es gibt Gras in Hülle und Fülle, nur wenig Konkurrenz durch andere Grasfresser sowie guten Zugang zu sicheren Ruheplätzen auf den nahe gelegenen Klippen. Dscheladas haben selbst hier noch immer Angst vor potenziellen Gefahren und grasen in gemischten Herden neben den *Walia Ibex*. Diese sind größer und können Räuber im hohen Gras leichter entdecken. Sie profitieren wiederum von den Augen und Ohren der Dscheladagruppen, die gegen Ende der Regenzeit aus bis zu 800 Mitgliedern bestehen können und somit die größten Affengruppen der Erde sind.

Früher war der Äthiopische Wolf, der ebenfalls in diesem Hochland lebte, vielleicht eine echte Bedrohung für die Jungen der *Walia Ibex* und Dscheladas. Heute gibt es nur noch 500 Wölfe. Somit sind sie die seltensten großen Räuber Afrikas. Sie haben sich auf die Rattenjagd spezialisiert und jagen meist allein – mit feinem Gehör, schlanker Schnauze und scharfen, nach außen gerichteten Frontzähnen, um leichtfüßige Ratten aufzuspüren und aus ihrem Bau zu holen.

Als sich das Klima nach der letzten Eiszeit erwärmte, verlagerte sich der breite Gürtel subalpiner Vegetation in die kältere Zone der höheren Berglagen. Auf diesen kalten Berggipfeln regnet es dreimal so viel wie im etwa 35 Kilometern entfernten Flachland: für Pflanzenfresser eine ideale Zuflucht vor dem restlichen kargen und trockenen Äthiopien. Wenn das afrikanische Klima auch weiterhin immer trockener

UNTEN Sonnenaufgang über dem Lago Pehoe und dem Cuernos del Paine im chilenischen Nationalpark Torres del Paine in Patagonien. Die Gipfel gehören zur großen Gebirgskette der Anden, die sich am westlichen Rand Südamerikas entlangzieht. Die auch heute noch aktiven Vulkane entstanden aus der Pazifikplatte, die an den Kontinent stieß und sich unter ihn schob.

wird, verlagert sich das schmale Band aus alpinem Grasland und mit ihm die dort lebenden Tiere noch weiter nach oben – sie sind dazu gezwungen, auf dem Dach Afrikas zu leben.

DIE LÄNGSTE GEBIRGSKETTE DER ERDE

Die höchsten aktiven Vulkane der Welt befinden sich in den Anden: der 6550 Meter hohe Tupungato in Chile und der 5897 Meter hohe Cotopaxi in Ecuador. Ihre Tätigkeit ist der Beweis dafür, dass die geologischen Prozesse, aus denen die Anden hervorgegangen sind, auch heute noch stattfinden: Die dichtere ozeanische Kruste des Pazifiks schiebt sich unter den westlichen Rand Südamerikas, wölbt ihn empor und faltet ihn auf. Dabei schmelzen Teile der Platten, die in Form von heftigen Vulkanausbrüchen wieder an die Oberfläche befördert werden.

Die Anden sind außerdem die längste Gebirgskette der Welt und erstrecken sich bis etwa zum 55. Grad südlicher Breite. Wenn man den Anden nach Süden folgt, bemerkt man einen seltsamen Effekt: Die Baumgrenze verschiebt sich immer weiter nach unten, je südlicher man sich befindet. Bäume in den tropischen bolivianischen Anden wachsen bis zu einer Höhe von 4000 Metern, während die Baumgrenze in der subpolaren Tierra del Fuego fast auf Meereshöhe liegt.

Wenn man Patagonien sehen wolle, so die Empfehlung Einheimischer, müsse man sich einfach nur hinstellen: Dann wehe es vorbei. Tatsächlich bemerkt man den Wind an der Südspitze der Anden

sicherlich als Erstes. Die eisigen Böen können über 160 Stundenkilometer erreichen. Die Region wird von drei großen Eisschichten beherrscht. Als größte Eisfläche außerhalb der Polregionen bedecken sie etwa 20 000 Quadratkilometer und können sogar ihr eigenes Wetter erzeugen.

Auf der Eisschicht selbst gibt es so gut wie kein Leben, und selbst das Überleben am Rand erfordert großes Durchhaltevermögen. Die drei berühmten Felstürme »Torres del Paine« erheben sich aus der Eiskappe. Auf ihrer vom Wind abgewandten Seite leben zahlreiche Säugetierarten, die eines der wechselhaftesten Gebirgswetter des Planeten aushalten müssen. Auf dieser Eislandschaft bilden sich ständig Stürme, die zwischen den Türmen hindurchfegen. Selbst im Hochsommer kann es hier zu einem Temperatursturz kommen, bei dem die Tiere sich plötzlich einem Schneesturm ausgesetzt sehen.

Das Guanako aus der Familie der Kamele ist ein Vorfahre des Lamas und mit seiner dichten Wollschicht besonders gut an solche drastischen Klimaveränderungen angepasst. Es ist im »Torres del Paine«-Nationalpark zahlreich vertreten. Die gewöhnlichen Bergbewohner Nordamerikas, wie zum Beispiel die Wildziegen und -schafe, fehlen hier jedoch: Sie sind nicht nach Süden gewandert, nachdem sich der Spalt zwischen den beiden Amerikas geschlossen hatte.

DIE LÖWEN DER ANDEN

Das Inkawort für Berglöwe lautet Puma, was mächtig bedeutet – eine perfekte Beschreibung des Patagonischen Pumas. Die amerikanischen Pumas haben größere Reviere als alle anderen Landsäugetiere. Man findet sie vom Yukon in Kanada bis zur Magellanstraße im Süden. Es gibt über 25 Rassen, und der

Patagonische Puma ist der bei weitem größte. Seine Größe hilft ihm, die Wärme im bitterkalten Winter zu speichern. Pumas im Torres-del-Paine-Park sind im Allgemeinen Einzelgänger. Die größte Gruppe besteht aus einer Mutter mit ihren Jungen, die 18 Monate lang bei ihr bleiben. Um hier genug Nahrung zu finden, braucht ein Weibchen 100 Quadratkilometer und ein Männchen sogar noch mehr, und die Schaffarmen um den Park stellen für eine hungrige Raubkatze eine unwiderstehliche Verlockung dar. Obwohl Pumas in Chile gesetzlich geschützt sind, werden sie gnadenlos verfolgt. Farmbesitzer setzen Belohnungen aus

LINKS Eine seltene Aufnahme von vier Pumajungen (acht bis neun Monate alt). Sie fressen ein Guanako, das ihre Mutter im »Torres del Paine«-Nationalpark getötet hat.

GEGENÜBER Eine Guanako-Junggesellenherde, die unterhalb der drei Türme des »Torres del Paine«-Parks grast. Diese »Bergkamele« sind hervorragend an die extremen Temperaturschwankungen und das karge Nahrungsangebot in den hohen Anden angepasst.

VORHERIGE DOPPELSEITE Der große Gebirgsrücken der Anden in Südamerika. Er beginnt am Äquator und endet 7000 Kilometer südlich in Tierra del Fuego, nur rund 1100 Kilometer von der Antarktis entfernt.

und stellen manchmal sogar Pumajäger ein. In Torres del Paine gibt es schätzungsweise 25 Pumas, obgleich diese Zahl wegen der Scheu der Tiere umstritten ist. Die Zahl könnte jedoch steigen, da sich der Bestand der Guanakos, ihrer Hauptbeute, erholt hat und heute insgesamt über 3000 Tiere umfasst.

DER AMERIKANISCHE RÜCKEN

Aus dem Weltraum betrachtet zieht sich der größte amerikanische Gebirgszug, auch Kordilleren genannt, wie ein Rücken am westlichen Rand beider Kontinente entlang. Er beginnt in Alaska in der Nähe des Polarkreises und erstreckt sich in einer fast ununterbrochenen Reihe aus Gebirgsketten in Richtung Süden. Man nimmt an, dass die Rocky Mountains und die Anden irgendwann einen ständig aktiven Gebirgsgürtel bildeten. Doch im Gegensatz zu den Anden, die weiterhin wachsen, da sich die ozeanische Kruste unter den westlichen Rand Südamerikas schiebt, sind die Rocky Mountains definitiv dem Untergang geweiht: Sie nehmen ab. Die Platte, die sich vor Urzeiten unter Nordamerika geschoben hat, ist geschmolzen. Der aktive Aufbau der Berge, der die Felsen der Rocky Mountains so aufgefaltet und aufgeworfen hat, dass sie wie Wogen auf dem Meer aussehen, ist damit zu Ende.

WINTERQUARTIERE

Im Winter sind die Rocky Mountains in Schnee gehüllt – der jährliche Durchschnitt liegt bei etwa zehn Metern. Hänge mit einer Neigung zwischen 35 und 45 Grad sind besonders lawinengefährdet. Man nimmt an, dass der genaue Neigungswinkel der Hänge für einen Bergbewohner auch der Schlüssel zum Überleben im Winter ist. Grizzlybären graben ihre Höhlen bevorzugt in Hänge mit einer Neigung von 30 Grad. Das ist gerade steil genug, um ein Höhlendach zu bauen, das im Winter nicht einstürzt. Gleichzeitig wird in diesem Winkel der Eingang durch eine schwere, schützende Schneeschicht bedeckt. Ein Grizzly zieht sich im Oktober oder November in seine Höhle zurück und lebt in den folgenden sechs Monaten von seinen Fettreserven. Er fällt in einen Winterschlaf, bei dem er nur einmal pro Minute atmet und sein Herz nur zehnmal pro Minute schlägt. Die Weibchen haben sich zwar im Spätfrühjahr gepaart, doch entwickelt sich ein Embryo erst, wenn sie in den Winterschlaf fallen. Wenn sie nicht genug Fettreserven haben, um sich und einen Nachkommen im Winter am Leben zu erhalten, entwickelt sich kein Embryo. Die Jungen werden im Januar geboren, verlassen die Höhle jedoch erst nach drei oder vier Monaten. Die steilen Hänge an ihrer Höhle sind zwar vor allem für die jungen, unerfahrenen Kletterer eine Herausforderung, doch erschweren sie auch den erwachsenen Männchen, die doppelt so groß sind wie Weibchen, den Weg zur Höhle, um die Jungen zu fressen. Da die Mutter in diesen Höhen nur wenig Nahrung findet, ist sie gezwungen, die Jungen nach nur wenigen Wochen von der Sicherheit der Hänge wegzuführen. Mehr als die Hälfte der Grizzlyjungen stirbt daher im ersten Lebensjahr durch Räuber, Kannibalismus, Unfälle, Hunger und Krankheiten.

Im Sommer sind die Gipfel der Rocky Mountains schneefrei und enthüllen das wahre Wesen des Gebirges. Jetzt können Kletterer wie die Schneeziege – keine Ziege, sondern eine »Ziegenantilope«, die eher mit dem Moschusochsen verwandt ist – die Hochlagen zurückerobern. Die Schneeziege ist von allen großen nordamerikanischen Säugetieren am besten auf das Überleben in diesen zerklüfteten Höhen vorbereitet: Ein doppeltes Fell sorgt für eine optimale Isolierung, und die Hufe haben sowohl bewegliche gummiartige Ballen, um an glatten Felsen nicht abzurutschen, als auch harte, scharfe Hornränder, um auch an den kleinsten Vorsprüngen Halt zu finden.

Während des Sommers befinden sich die Grizzlys an den tiefer gelegenen Hängen, um sich Speck für den nächsten Winter anzufressen. Einige klettern jedoch gipfelwärts, um nach einem Festmahl Ausschau

UNTEN Eine Grizzlymutter mit ihren beiden Jungen, die gerade ihre winterliche Geburtshöhle verlassen haben. Die Mutter muss den Nachwuchs von seiner Kinderstube in den hohen, schneebedeckten Hängen in die tiefer gelegenen Nahrungsgründe führen.

OBEN Ein Blick auf einen Teil der Rocky Mountains (hier in Alberta, Kanada) – eine Reihe von Gebirgsketten, die sich über die gesamte Länge Nordamerikas erstrecken. Im Gegensatz zu den Anden in Südamerika sind sie »tote« Berge und weisen keine Vulkantätigkeit auf.

LINKS Die Schneeziege ist für das Klettern wie geschaffen: Sie hat einen breiten Brustkorb und kräftige Schultermuskeln, relativ kurze Beine und spezielle haftende Ballen an den Hufen. Mit ihrem langen, dicken Fell kann sie auch den härtesten Winter überstehen.

zu halten: Millionen von Motten. Jeden Sommer kommen die Insekten in die Bergregionen, um nachts den Nektar von Gebirgsblumen zu trinken. Tagsüber schlafen sie im Geröll, wo sie dann von den Bären aufgespürt werden. Obwohl Motten eine dürftige Mahlzeit für einen Bären zu sein scheinen, sind sie, in Massen verzehrt, genauso nahrhaft wie Lachse.

DIE BERGZERSTÖRER

Flüsse sind die großen Gleichmacher. Sie meißeln tiefe, v-förmige Täler in Gebirgsregionen und transportieren das ausgewaschene Gebirgsmaterial ab, das sie schließlich im Meer ablagern. Die größten Flüsse des Himalaja, Indus und Ganges, transportieren zusammen eine Milliarde Tonnen Sediment pro Jahr. Wenn man damit Lastwagen füllen würde, könnte man die Fahrzeugschlange über 40-mal um die Erde wickeln. Dadurch entsteht die größte Sedimentansammlung der Welt: Der Bengalfächer erstreckt sich über 56 980 Quadratkilometer.

Wenn sich hoch oben in den Bergen Schnee sammelt, rasen immer wieder Lawinen zu Tal. Mit einer Geschwindigkeit von bis zu 400 Stundenkilometern sind sie extrem zerstörerisch. Da sie die kürzeste Strecke nehmen, kommen sie normalerweise jedes Jahr an denselben Stellen herunter und erzeugen gut sichtbare Rinnen an den Hängen. Bei heftigen Schneefällen kann sich die Rinne verbreitern, während eine geringere Lawinentätigkeit in anderen Jahren dazu führen kann, dass dort wieder Bäume wachsen.

EISFLÜSSE

Wenn sich Schnee in einem Kar, einem Bergkessel, sammelt, verwandelt er sich unter seinem eigenen Gewicht in Eis und bildet einen Gletscher. Fast siebzig Prozent des Süßwassers auf der Erde ist in Gletschern und Packeis gebunden, die zehn Prozent der Landfläche bedecken (während der Eiszeit waren es 32 Prozent). Wenn all das Eis schmölze, würde der Meeresspiegel um etwa 70 Meter ansteigen.

Der Baltoro-Gletscher in Pakistan gehört zum größten Gebirgsgletschersystem der Erde. Es ist knapp 60 Kilometer lang, stellenweise bis zu sechs Kilometer breit und wird von über 30 Gletscherzuflüssen gespeist. Auf seinem Weg die Hänge hinunter bricht das Oberflächeneis und bildet tiefe Gletscherspalten. Geröll aus der Umgebung baut sich an den Seiten zu Seitenmoränen auf oder wird in den Gletscher eingeschlossen und am anderen Ende als Endmoräne wieder ausgespien. Der dunkle Streifen, der manchmal in der Mitte eines Gletschers zu sehen ist, entsteht durch das Zusammenschieben zweier Seitenmoränen beim Zusammentreffen von zwei Gletschern. Wenn die Luft zwischen den Kristallen mit der Zeit entweicht, wird das Eis blau. Der Kutiah-Gletscher gehört zum selben System wie der Baltoro, hält aber den Geschwindigkeitsrekord unter den Gletschern: 1953 floss er in drei Monaten über zwölf Kilometer, das heißt durchschnittlich etwa 130 Meter am Tag.

Während sie fließen, tragen Gletscher die Berge ab, indem sie das Gestein gefrieren, es aus den Tälern reißen und das Grundgestein abschleifen. Diese Eisgiganten sind die stärksten Erosionskräfte auf dem Planeten. Wenn Schmelzwasserbäche in einen Gletscher fließen, bilden sich vertikale Schächte. Sie werden als Gletschermühlen bezeichnet und bieten den Glaziologen einen Einblick in die Aktivitäten im Inneren eines Gletschers. Denn diese Bewegung im Inneren ist alles andere als einheitlich. Wegen des Widerstands fließt ein Gletscher ähnlich einem Fluss im Zentrum schneller als an den »Ufern«. Je tiefer man ins Innere gelangt, desto langsamer bewegt sich der Gletscher. Da die Fließgeschwindigkeit mittlerweile exakt berechnet werden kann, hat sich eine makabre Art der Berechnung entwickelt: Wann

UNTEN Der Baltoro-Gletscher in Pakistan zermahlt auf seinem langsamen Weg bergab das Tal. Die »Spuren« sind Mittelmoränen – Gesteinsmaterial von den Gletscherrändern, die zu einem riesigen, bis zu sechs Kilometer breiten Eisfluss verschmolzen sind.

GEGENÜBER Eine Pulverschneelawine am Gasherbrum im Karakorumgebirge, der hohen, zerklüfteten Gebirgskette, die Pakistan von China trennt. An ihren Hängen sind mehr Menschen gestorben als in jedem anderen Gebirge.

OBEN Der Mount Everest, der höchste Berg der Welt. Wenn die Monsunwinde den Himalaja hinaufwehen und den Gipfel des Everest in 8844 Meter Höhe erreichen, führen sie kaum noch Niederschläge mit sich, und so ist die Spitze der gewaltigen Pyramide immer relativ schneefrei. Der völlige Nahrungsmangel und die mörderisch kalten Winde bedeuten, dass hier nichts dauerhaft leben kann.

GEGENÜBER Satellitenansicht des Himalaja. Sie zeigt den Everest als größten, dreieckigen Gipfel in der Mitte. Der Himalaja erstreckt sich über ein Sechstel des Erdumfangs. Er entstand in den letzten 50 Millionen Jahren, und der zerklüftete Grat, der noch nicht von den Elementen geglättet wurde, ist ein Beleg dafür, dass er noch relativ jung ist.

taucht die Leiche eines eingeschlossenen Menschen wieder auf? Im Sommer 1956 gab ein Gletscher am Fuß des Weißhorns in der Schweiz die gut erhaltene Leiche des 19-jährigen deutschen Bergsteigers Georg Winkler frei, der 1888 vom Gipfel gestürzt war. Das Eis hatte 68 Jahre gebraucht, um seinen Körper rund 1,6 Kilometer weit vom oberen Teil des Gletschers bis zum Gletscherende zu transportieren.

Schweizer Wissenschaftler befassten sich als Erste mit den Gewohnheiten von Gletschern und kamen zu dem Ergebnis, dass die Schweizer Gletscher eigentlich die Reste riesiger Eisschichten sind, die noch vor 12 000 Jahren Nordeuropa bedeckten. Heutigen Schätzungen zufolge war die Gletscherkappe der Alpen rund anderthalb Kilometer dick. Das Land war unter Millionen Tonnen von Eis begraben, und nur die Gipfel der höchsten Berge ragten heraus. Im letzten Jahrhundert schrumpften sie gemeinsam mit fast allen Gletschern der Welt stetig zusammen. In den letzten Jahrzehnten haben Gletscher in einigen Teilen der Welt zwar begonnen, infolge höherer Niederschläge wieder zu wachsen, doch schmelzen die meisten schneller ab als je zuvor.

DAS GEBIRGE DER SUPERLATIVE

Der Himalaja bietet Superlative: der höchste Berg, der höchste Pass, die tiefste Schlucht, die am höchsten lebenden Pflanzen und Tiere. Andere Gebirgszüge sind von Straßen und Eisenbahnschienen durchzogen, doch im Himalaja gibt es keine Schienen und nur wenige Straßen. Diese Berge sind so groß, dass man sie zwar überfliegen, aber keinen Tunnel hindurchtreiben kann, sie zwar besteigen, aber nicht erobern kann, sie zwar kartografieren, aber nur selten bewohnen kann. Sie sind, wie Kenneth Mason, ehemaliger Leiter des *Survey of India,* sie nannte – »das größte physikalische Merkmal der Erde«.

Als die Dinosaurier den Planeten beherrschten, driftete Indien noch als eigener Kontinent durch die südliche Hemisphäre. Vor siebzig Millionen Jahren überquerte er den Äquator und kollidierte mit der Kontinentalplatte Asiens. Als sich die indische Kontinentalplatte weiter nach Norden schob, wurden die beiden Kontinente zusammengedrückt und verdichtet. Das Ergebnis war der Himalaja, ein zerklüftetes Durcheinander aus dem alten Gestein der beiden Platten, das sich mit neuerem Sedimentgestein vom Grund des urzeitlichen Tethysmeeres, das einst Indien von Asien trennte, vermischte. Die indische Platte schiebt sich auch heute noch unablässig nach Norden. Das ist der Grund, warum der Himalaja immer noch wächst und es in der Region so viele Erdbeben gibt.

Bei einem Blick auf eine Reliefkarte der Welt stellt man fest, dass der Himalaja keinen Bogen wie die Alpen oder eine gerade Linie wie die Anden bildet. Stattdessen schlängelt er sich über Afghanistan,

Pakistan, Indien, Nepal, Bhutan und China. Zudem besteht er aus mehreren Gebirgszügen: dem Hindukusch im Westen und dem Karakorum-Gebirge, das sich über Nordpakistan und den Bundesstaat Jammu und Kaschmir erstreckt. Beide Gebirgszüge werden als Transhimalaja bezeichnet, und es wird unter Fachleuten noch immer heiß diskutiert, ob sie wirklich zum Himalaja gehören. Die Berge des Himalaja selbst erstrecken sich über die nördlichen Grenzen Indiens, Nepals und Bhutans. Eines steht jedoch fest: Dieses gewaltige Gebirgssystem hat eine der größten Klimascheiden der Erde und somit eine Trennung zahlreicher Lebensräume hervorgebracht.

DER STARKE WIND

Der Himalaja ist so weitläufig, dass er das Weltklima beeinflusst. Als die Kontinente zusammenstießen, wurde Asien von Indien nach oben geschoben, und das Tibetische Hochland entstand, eine Ebene, die halb so groß ist wie die USA. Das etwa 4500 Meter über dem Meeresspiegel gelegene Hochland fungiert als »heißer Backstein«, indem es Sonnenwärme aufnimmt und die Seeluft aus dem Indischen Ozean anzieht. Dadurch entsteht der Monsun, ein großes Wettersystem, das Indien mit seinen starken Niederschlägen eine willkommene Pause von der alljährlichen Dürre beschert. Die Wissenschaft ist heute der Auffassung, dass der Monsun vor zirka 20 Millionen Jahren wesentlich an Stärke gewann: Möglicherweise, weil der Himalaja gerade die Höhe von 2000 bis 3000 Metern erreicht hatte, was den Temperaturunterschied zwischen dem Tibetischen Hochland und dem Meer drastisch verstärkte.

Man kann, umgeben vom indischen Urwald, am Fuße des Himalaja stehen und bei Temperaturen von 30 °C schwitzen. Hoch oben befindet sich jedoch eine Eiswelt mit peitschenden, 160 Stundenkilometer schnellen Winden, die die gefühlte Temperatur auf bis zu -70 °C fallen lassen. Wenn man sich auf den 8000-Meter-Aufstieg begibt, passiert man mehrere Klimazonen und Lebensräume, die man ansonsten nur auf einer Reise vom Äquator zu den Polen erleben könnte. An keinem anderen Ort der Erde geht es über eine so kurze Strecke so steil nach oben.

Es gibt eine weitere Achse, die für die Vielfalt des Himalaja mitverantwortlich ist. Steht man auf einem Südhang am östlichen Ende des Gebirgszugs, befindet man sich mitten im Nebelwald, der über und über mit Orchideen behängt ist und in dem zahlreiche orientalische Pflanzen gedeihen. Wechselt man zu den Nordhängen am westlichen Ende, findet man sich hingegen in einer Wüste wieder. Dieser Kontrast entsteht durch das Zusammenwirken von Gebirge und dem von ihm hervorgebrachten Monsun.

Der Monsun ist kein Regen, sondern ein Wind, der Regen mit sich führt. Wenn der Wind zwischen April und Oktober die Hänge des Himalaja hinaufbläst, kühlt er ab. Wasserdampf kondensiert, und Regen ergießt sich über die Südhänge. Oberhalb von 6000 Metern ist nur noch wenig Feuchtigkeit übrig – ein Grund dafür, dass der Gipfel des Mount Everest eine fast schneefreie schwarze Felspyramide ist. Auf seinem Weg nach Westen entlädt der Monsun früh seine Last, und wenn er das Hindukusch- und Karakorumgebirge in Pakistan erreicht hat, ist er bereits am Ende seiner Kräfte.

TOD IM KARAKORUM

Das Karakorumgebirge bildet einen Bogen über Nordpakistan und trennt es von China. Der Name bedeutet »Berge aus schwarzem Stein« und beschreibt zwar seinen wüstenartigen Charakter, jedoch nicht sein gewaltiges Ausmaß. Während die Berge der Everestregion Ehrfurcht gebietend sind, flößen diese kahlen Gipfel Furcht ein: Dass an ihren Hängen mehr Menschen gestorben sind als in jedem anderen Gebirge, verwundert den Betrachter kaum.

GEGENÜBER Der Gipfel des K2, der nur 233 Meter niedriger ist als der Everest, erhebt sich hoch über die anderen zerklüfteten Gipfel im kahlen Karakorum-Gebirge in Nordpakistan.

VORHERIGE DOPPELSEITE Satellitenansichten der großen Regenwolken, die von den Monsunwinden über Indien geweht werden. HAUPTBILD Wenn sich das Tibetische Hochland im Norden (oben) im Sommer aufheizt, zieht es feuchte Seeluft aus dem Indischen Ozean (rechts) an. Die daraus entstehende Wolkenmasse zieht von Osten über den Subkontinent.

KLEINE BILDER Der Monsun dringt zwar nach Westen bis Pakistan vor, wird aber von der Barriere des Himalaja davon abgehalten, nach Norden zu ziehen. Daher ist das Tibetische Hochland ständig vertrocknet.

Hier befindet sich auch der K2, mit 8611 Metern der zweithöchste Berg nach dem Mount Everest. Der K2 ist eigentlich eine Anhäufung gewaltiger Bergspitzen, die zehn der 30 höchsten Gipfel der Welt beinhaltet. Während die Berge der Everestregion majestätisch wirken, sind die Gipfel, die den K2 umgeben, wild. Die zerklüftete Landschaft besteht aus steilen Felswänden und scharfen Spitzen, eine vertikale Welt, in der kein Fels aussieht, als würde er dort hingehören.

Der Zusammenstoß der indischen und asiatischen Kontinentalplatte gestaltet nach wie vor das Leben sowohl der Berge als auch ihrer Bewohner. Im Jahr 1841 löste ein Erdbeben in der Gegend des Nanga Parbat einen großen Erdrutsch aus. Die gesamte Talseite fiel in den Indus und blockierte den Strom völlig. Hinter der 300 Meter hohen Stauung bildete sich ein 60 Kilometer langer See. Als der Damm schließlich brach, überflutete er eine ganze Sikh-Armee, die hunderte Kilometer flussabwärts ihr Lager hatte.

Am 8. Oktober 2005 gab es um 8.50 Uhr ein Erdbeben in Kaschmir. Das Beben mit einer Stärke von 7,6 ereignete sich in der Nähe von Muzaffarabad im pakistanischen Verwaltungsbezirk von Kaschmir. Seine Intensität ist mit dem Gujarat-Erdbeben von 2001 und dem Erdbeben in San Francisco von 1906 vergleichbar. Schätzungen zufolge gab es etwa 100 000 Tote. Am stärksten waren die Menschen in den Gebirgsregionen betroffen, wo mindestens drei Millionen ihr Obdach verloren.

UNTEN Ein männlicher Markhor im Nationalpark von Chitral Gol. Diese große Himalaja-Ziege hat bis zu anderthalb Meter lange Hörner. Sie lebt in Gebirgsregionen und ernährt sich von Gras, Blättern und Zweigen. Obwohl ihre Jungen auch zu den Beutetieren des Schneeleoparden gehören, stellen die Jagd durch Menschen, der Verlust ihres Lebensraums und von Haustieren übertragene Krankheiten die weitaus größeren Bedrohungen dar.

HOHE GIPFEL UND SCHNEEKATZEN

Der Nationalpark von Chitral Gol liegt in der Nordwestgrenzprovinz Pakistans und ist nur rund 50 Kilometer von der afghanischen Grenze entfernt. Er ist ein trockener, trostloser Ort, auf dessen fast senkrechten Hängen vereinzelt Steineichen und Wacholderbäume wachsen. Diese Berge befinden sich außerhalb der Hauptreichweite des Monsuns und erhalten somit die meiste Feuchtigkeit in Form von heftigen Schneefällen im Winter. Der Schnee schneidet die Täler zwar von den Menschen ab, verwandelt sie jedoch zugleich in Naturparadiese.

Eine anstrengende Wanderung über steile Geröllhänge mit Steinschlag führt ins Herz des Naturschutzgebietes. Beim Betreten des Parks sieht man manchmal eine Herde aus großen Ziegen, die hoch oben an einer Steineiche fressen. Es sind Markhore, vielleicht die größte Ansammlung überhaupt, obwohl sie nur aus einigen hundert Tieren besteht. Im Winter versammeln sich Gruppen von bis zu 70 Tieren auf den tiefer gelegenen Hängen, um sich von der spärlichen Vegetation zu ernähren. Dies lockt Räuber an und bietet dem Parkbesucher eine Gelegenheit, einen Blick auf einen Schneeleoparden zu erhaschen, das am höchsten lebende Landraubtier der Erde.

Schneeleoparden gebären meist in Höhlen. Bis die Jungen selbst auf Beutefang gehen können, ist die Mutter gezwungen, alle paar Tage auf die Jagd zu gehen, um sie zu füttern. Obwohl die Auffassung besteht, ein Schneeleopard könne ein Tier töten und schleppen, dessen Gewicht bis zum Dreifachen seines eigenen Körpergewichts (30-45 Kilogramm) beträgt, wählt er doch meist leichter zu bewältigende Beute, z. B. einen jungen Markhor oder Murmeltiere und Hasen im Sommer. Mit einer Schulterhöhe von nur einem Meter ist der Schneeleopard kleiner als ein gewöhnlicher Leopard, wirkt jedoch wegen seines langen Fells und extrem dicken, langen Schwanzes, der fast seiner Körperlänge entspricht, größer. Ein langer Schwanz hilft, das Gleichgewicht zu halten und bietet zudem eine zusätzliche Wärmeschicht, wenn er um den Körper gelegt wird. Weitere Anpassungen sind u. a. ein dichtes, wolliges, bis zu 12 Zentimeter langes Bauchfell, große Pfoten für das Laufen im Schnee und das Festhalten an Felsen, eine große Nasen- und Brusthöhle, um in der dünnen Höhenluft besser atmen zu können, sowie kräftige Brustmuskeln, die das Klettern erleichtern. Kurze Vorderbeine bedeuten einen niedrigen Schwerpunkt, der an steilen Hängen nützlich ist, und lange Hinterbeine sorgen für eine gute Sprungkraft beim Beutefang.

OBEN Eine Schneeleopardenmutter und ihr einjähriges Junges an einer Höhle – ihr Zufluchtsort vor den harten Wintern. Die Mutter macht ein paar Tage lang Pause von der Jagd. Wenn sie – meist etwa drei Tage hintereinander – auf Beutesuche ist, bleibt das Junge zurück, schläft in oder vor der Höhle oder amüsiert sich, indem es die Elstern ärgert. Wenn die Mutter zurückkehrt, reibt das Junge zur Begrüßung seine Schnauze an ihrer und miaut.

Obwohl der Schneeleopard in den hohen Bergen Zentralasiens – meist oberhalb der Baumgrenze bis in eine Höhe von 6000 Meter – weit verbreitet ist, besteht die Population aus nur etwa 6000 Tieren. Immer wieder fällt er Wilderern zum Opfer, die ihn wegen seines Pelzes und seiner Knochen – die in der chinesischen Medizin verwendet werden – jagen. Seine Feinde sind auch die einheimischen Hirten, die nicht einsehen, warum sie ihr Vieh gegen gelegentliche Übergriffe des Räubers schützen sollen. Die wild lebenden Beutetiere des Schneeleoparden werden zunehmend durch Hausrinder ersetzt, da die Menschen immer weiter in seinen Lebensraum eindringen. In der Region Chitral spielt auch der Drogenhandel eine Rolle. Die Grenze zwischen Pakistan und Afghanistan war eine Haupthandelsroute für Heroinschmuggler, die herausfanden, dass die Drogen nach dem Einreiben mit Schneeleopardenfett nicht von den Hunden entdeckt wurden. In den letzten zehn Jahren ging der Bestand der Bergkatze drastisch zurück, sodass der Schneeleopard vielleicht schon bald genauso bedroht ist wie der Indische Tiger.

DAS TOR ZUM ORIENT

Am östlichen Ende des Himalaja hat der große Zusammenprall der Kontinente eine Brücke geschaffen, über die viele verschiedene Pflanzen und Tiere aus dem Orient kommen konnten. Während der Frühjahrsblüte der großen Rhododendronwälder färben die Blüten der verschiedenen Arten die Berghänge leuchtend rot – von den winzigen Zwerggehölzen bis zum 18 Meter hohen Baumrhododendron, der Nationalblüte Nepals.

OBEN Braune Stumpfnasen sind die am höchsten lebenden Primaten außer dem Menschen. Diese vom Aussterben bedrohten Affen leben nur im Yunling-Gebirge im Südwesten Chinas und in einem Gebiet in Tibet. Wie die Pandas ernähren sie sich sehr einseitig und fressen fast ausschließlich Flechten, die auf der Rinde von Kiefern wachsen.

GEGENÜBER OBEN Ein wild lebendes Pandaweibchen mit ihrem drei Monate alten Jungen in Qinling in der chinesischen Provinz Shaanxi.

GEGENÜBER UNTEN Ein wild lebender Kleiner Panda frisst auf dem Waldboden des östlichen Himalaja Bambus. Er ist ein Einzelgänger, scheu, ein Baumbewohner, nachtaktiv und daher nur selten zu sehen.

Selbst im knorrigen Unterholz dieser Wälder leuchten die Frühlingsfarben, wenn die männlichen orientalischen Fasane den Weibchen ihr eindrucksvolles Federkleid präsentieren. Der farbenprächtigste von ihnen ist der Satyrtragopan, der auf dem Höhepunkt seines Balzzeremoniells einen hellblauen Kehllappen entfaltet und zwei fleischige Hörner auf dem Kopf aufstellt. Das auffällig schillernde Federkleid des männlichen Königsglanzfasans entfaltet sich nur voll, wenn er sich erschreckt. Dann segelt eine Mischung aus Blau, Rot und Gold vorbei und legt innerhalb von Sekunden hunderte von Metern zurück. Bei der Landung muss er jedoch den Hang wieder hinauflaufen, da seine Flügel nicht kräftig genug für längere Flüge und Abbremsmanöver sind. Der männliche Blutfasan hat purpurrote Streifen, die in starkem Kontrast zu seiner farblosen Partnerin stehen. Diese Art, so nehmen Wissenschaftler an, bewohnt den höchsten Fasanenlebensraum der Welt und ist besonders robust. Selbst im Winter wandern die Fasane nicht tiefer als 2000 Meter, und im Sommer halten sie sich weit oberhalb der Baumgrenze auf.

DIE SPEZIALISTEN

Die beiden Pandas gehören zu den größten Attraktionen unter den Säugetieren der östlichen Himalajawälder. Das Wort »Panda« stammt vom nepalesischen »nigalya ponya« ab, das »Bambusfresser« bedeutet. Die Ernährung des Großen Pandas besteht fast ausschließlich aus Bambus, wohingegen der Geschmack des Kleinen Pandas etwas abwechslungsreicher ist und er auch Eier, Insekten und gelegentlich ein Nagetier frisst. Beide Pandas haben einen Fleischfresserdarm, der für die Nährstoffaufnahme aus Pflanzen

ungeeignet ist, daher müssen sie riesige Mengen Bambus fressen: der Große Panda fast ein Fünftel und der Kleine Panda bis zu 45 Prozent seines Körpergewichts (ca. 200 000 Bambusblätter täglich).

Der Kleine Panda wird heute als Kleinbär mit einer eigenen Familie klassifiziert. Er hat Duftdrüsen an den Füßen, um Partnerinnen anzulocken, und als Kälteschutz ein dickes Fell an den Fußsohlen. Die Weibchen gebären ein bis vier Welpen in großen Baumlöchern. Dort bleiben die Kleinen drei Monate lang und werden so lange von beiden Elternteilen versorgt. Obwohl der Kleine Panda im gesamten Himalaja und in den Wäldern Chinas vorkommt, verringert sich sein Bestand rasch. Jedes Jahr sterben zirka 10 000 Kleine Pandas: Die meisten von ihnen fallen der Abholzung der Wälder zum Opfer, die anderen der Pelzindustrie. Neuere DNA-Analysen zeigen, dass der Große Panda ebenfalls mit den Bären verwandt ist. Obwohl er in Größe und Gewicht dem amerikanischen Schwarzbären ähnelt, hält er keinen Winterschlaf und kann nicht auf den Hinterbeinen laufen. Außerdem hat er das kleinste Baby aller Säugetiere außer den Beuteltieren (im Verhältnis zur Körpergröße) – fast ein Tausendstel des Gewichts der Mutter. Das Weibchen bekommt ein oder zwei Junge, doch überlebt meist nur eins. Es wird in einer Höhle oder einem hohlen Baum nackt, blind und zahnlos geboren. Die Mutter kümmert sich drei Wochen lang ununterbrochen um ihr Junges und säugt es bis zu zwölfmal pro Tag. Der Welpe wächst extrem langsam, da die Milch wegen der Bambusblätter kaum Nährstoffe enthält. Obwohl er so winzig ist, hat ein neugeborener Panda eine Stimme, die in keinem Verhältnis zu seinem schwachen Körper steht. Am Ende der dritten Woche sieht das Junge wie eine Miniaturausgabe eines erwachsenen Pandas aus, doch öffnet es die Augen erst im Alter von vier bis acht Wochen. Erst mit fünf Monaten ist es völlig mobil.

Wahrscheinlich gibt es heute nur noch etwa 1600 Große Pandas in der Natur. Fossilienfunde belegen, dass sie früher in einem Gebiet von Peking bis nach Burma und Nordvietnam beheimatet waren. Heute sind dort fast alle alten Bambus- und Nadelwälder der Landwirtschaft zum Opfer gefallen. Die einzigen Ausnahmen sind einige sehr hoch gelegene, steile und schwer erreichbare Gebiete an der Ostflanke des Himalaja, hauptsächlich in den Bergen Zentralchinas.

Die einseitige Ernährung des Großen Pandas macht ihn extrem verwundbar. Bambus hat einen sehr ungewöhnlichen Lebenszyklus: Alle 60 bis 120 Jahre blüht der gesamte Bambusbestand einer einzigen Spezies gleichzeitig, verteilt seine Samen und stirbt. Das ist verheerend, da uralte Korridore aus Bambuswäldern durch das Eindringen des Menschen zerstört wurden. Wenn einer dieser Bambuswälder abstirbt, können die Pandas über keine Korridore mehr ausweichen und verhungern. Wegen seiner hohen Spezialisierung ist der Große Panda heute vom Aussterben bedroht.

REISE ÜBER DAS DACH DER WELT

Aus der Luft sind die Berge der Everestregion ein einziger Gipfelwirrwarr. Beim Aufstieg teilt er sich in einzelne Gipfel. In 8000 Metern Höhe ist man noch immer von Gipfeln umgeben, bis man auf 8800 Metern – etwa die 20-fache Höhe des Empire State Buildings (samt Antenne) – nur noch einen einzigen Gipfel vor sich hat: den höchsten des Planeten, den Mount Everest, der 8844 Meter hoch in den Himmel ragt.

Tenzing Norgay sagte einmal, dass Sherpas den Everest als »einen Berg, der so hoch ist, dass kein Vogel darüber fliegen kann« beschreiben. Jedes Jahr begeben sich über 50 000 Jungfernkraniche auf eine der anspruchsvollsten Reisen der Erde, einen 3000 Kilometer langen Flug von ihren Brutplätzen in Zentralasien bis zu ihren Winterquartieren in Indien. Da sie nicht über den Everest fliegen können, müssen die Kraniche einen Umweg über eine Route nehmen, die von Generation zu Generation weitergegeben wird: über das Kali-Gandaki-Tal, die vermutlich tiefste Schlucht der Welt. Diese Schlucht wurde von dem großen Fluss Kali Gandaki ins weiche Gestein gewaschen. Die Vertiefung trennt die Gipfel des Dhaulagiri und Annapurna voneinander, die oberhalb der Schneegrenze auf 7850 Meter Höhe liegen. An der breitesten Stelle misst die Schlucht 22 Kilometer, und in der Talsohle liegt der Fluss, der zwischen den Gipfeln fließt, 5600 Meter weiter unten. Das Tal ist mehr als nur eine Passage für Wasser und Vögel, sondern dient seit Jahrhunderten den Menschen in Nepal und Tibet als Verbindungsstraße – eine der wenigen, die über die fast unüberwindliche Grenze des Himalaja führen.

Für viele Vögel ist dies ihre erste Reise über den Himalaja und für einige auch schon die letzte. Ab dem Vormittag tosen Winde mit einer Geschwindigkeit von rund 150 Stundenkilometern durch die Schlucht, daher müssen die Vögel ihnen ausweichen und höher fliegen. Schon bald geraten sie in Turbulenzen, die ihre Flugformationen stören und sie zum Umkehren und einem ungeplanten Zwischenstopp zwingen. Oft werden sie von den einheimischen Dorfbewohnern vertrieben, getötet oder gefangen: Einheimische wollen ihre spärliche Ernte nicht mit den vorbeiziehenden Kranichen teilen.

Wenn die Kraniche wieder starten und mit Hilfe der aufsteigenden Warmluft an Höhe gewinnen, warten bereits Steinadler auf sie. Bei einem solchen Vogelfestmahl arbeiten die Adler paarweise. Sie sorgen dafür, dass ein junger Kranich die Orientierung verliert, und trennen ihn von dem Schwarm. Wenn der Kranich den Klauen eines Adlers entkommt, wird er vom anderen gefangen. Der Schwarm kämpft sich weiter voran, da die Kraniche die 8000 Meter hohen Gipfel überfliegen müssen, bevor das Wetter schlechter wird. Beim letzten Aufstieg wird jeder Flügelschlag zu einer ungeheuren Anstrengung, da die Luft hier oben im Vergleich zur Meereshöhe nur ein Viertel des Sauerstoffs enthält. Schließlich erreichen die Vögel den Gipfel, doch wie alle Besucher im Hochgebirge riskieren sie keinen längeren Aufenthalt.

GEGENÜBER Nach dem Abklingen des Monsuns füllt sich der Himmel über Jomsom im Oktober für zwei Wochen mit den v-förmigen Formationen von Jungfernkranichen auf ihrer großen Reise von Zentralasien über den Himalaja zu ihren Winterquartieren in der Wüste Thar in Indien. Um dorthin zu gelangen, müssen die Kraniche den Hungertod riskieren und extremen Wetterbedingungen und Adlerangriffen trotzen.

7
Die Unterwelt

Für einen Forscher gibt es keine größere Herausforderung als Höhlen. Sie sind die am wenigsten erforschten Gebiete unserer Kontinente, beherbergen einige der seltsamsten Tiere und bieten außergewöhnliche Landschaften und aufregende Erfahrungen.

OBEN Ein Wald aus scharfkantigen Kalksteinnadeln: die »Tsingy-Formationen« im Tsingy de Bemaraha Strict Nature Reserve, Madagaskar, ein von Höhlen durchzogenes Weltnaturerbe.

GEGENÜBER Die bizarren Kalksteinberge von Ha Long Bay im Nordosten Vietnams, ein weiteres Weltnaturerbe mit spektakulären Höhlen.

VORHERIGE DOPPELSEITE
OBEN Die Carlsbad Caverns.
UNTEN Hunderttausende von Faltlippenfledermäusen fliegen in der Abenddämmerung aus einer Kalksteinhöhle in Thailand, um im Regenwald auf Nahrungssuche zu gehen.

Die meisten Menschen sind sich der verborgenen Welt unter ihren Füßen, einer Welt voller beängstigender Rätsel und doch atemberaubender Schönheit, glücklicherweise nicht bewusst. Diese Welt hat unvorstellbare Ausmaße und besteht aus einem Netz aus Schächten, Gängen, Kammern und Hohlräumen. Niemand kennt ihren vollen Umfang. Es gibt etwa 80 000 Kilometer erforschte Gänge, was in etwa einer doppelten Erdumrundung entspricht, doch es kann sein, dass dies nur zehn Prozent dessen sind, was sich tatsächlich unter unseren Füßen befindet.

Die Standarddefinition einer Höhle ist ein natürlicher, unterirdischer Raum, den Menschen betreten können. Mit anderen Worten ist eine Höhle offiziell erst dann eine Höhle, wenn jemand dort war. Das wirft natürlich eine Frage auf: Wenn eine Höhle noch nicht entdeckt wurde, woher weiß man dann, dass es dort eine gibt? Die Antwort: Man weiß es zwar nicht, aber man weiß, wo Höhlen mit hoher Wahrscheinlichkeit zu finden sind. Und da ein großer Prozentsatz dieser Gebiete noch gar nicht nach Höhlen abgesucht wurde, sind Fachleute überzeugt, dass es noch zahlreiche unterirdische Räume gibt, die nur auf ihre Entdeckung warten.

Höhlen gibt es an vielen verschiedenen Orten, in Eis, Sandstein oder auch Granit. Die überwältigende Mehrheit dieser rätselhaften Hohlräume ist jedoch in einem bestimmten Gestein zu finden: in Kalkstein. Der kommt auf jedem Kontinent einschließlich der Antarktis vor und gilt als eine der häufigsten Gesteinsarten der Welt. Besonders häufig findet man ihn in China, wo es mehr Kalkstein gibt als auf der restlichen Welt zusammen. Kalkstein ist ein Sedimentgestein, das heißt ein unter Wasser abgelagertes, schichtförmiges Gestein. Seine Bedeutung für die Höhlen besteht jedoch in seiner Zusammensetzung: Denn Kalkstein besteht hauptsächlich aus Kalziumkarbonat (Kalk), einer chemischen Verbindung, die von Schalentieren und Korallen aus dem Meerwasser gewonnen wird und als Grundlage für ihr Skelett und ihre Schale dient. Als Generationen dieser Lebewesen starben und auf dem Meeresboden abgelagert wurden, verfestigte sich diese Verbindung zu Gesteinsschichten, die durch Faktoren wie Plattenverschiebungen oder Eiszeiten irgendwann an Land sichtbar wurden.

Trotz seiner Häufigkeit würden die meisten ein Stück Kalkstein nicht erkennen, wenn sie darüber stolperten. Auf der ganzen Welt gibt es jedoch einige gut sichtbare Beispiele. Die spektakulärsten sind die bizarren Kalksteintürme von Guilin in China und Ha Long Bay in Vietnam. Fast genauso auffällig sind die Limestone Pavements der Yorkshire Dales und die riesigen dolchartigen Kalksteinspitzen von Borneo und Madagaskar. Diese Steinformationen liefern einen der besten Hinweise darauf, warum Kalksteinhöhlen auf unserer Erde so häufig vorkommen.

Kalkstein ist zwar meist sehr hart, doch kann das Kalziumkarbonat im Gestein erstaunlich leicht durch Kohlensäure aufgelöst werden – also durch nichts weiter als durch eine Kombination aus Regen und Kohlendioxid: sauren Regen. Kohlensäure ist zwar nicht viel stärker als ein kohlensäurehaltiges Getränk, kann aber das Kalzium im Kalkstein auflösen.

Das Wasser fließt zunächst in die winzigen Risse und Spalten, die durch Hebung und Verschiebung der Kontinentalplatten entstehen. Im Laufe von Jahrmillionen erweitert das korrosive Wasser diese winzigen Lücken jedoch zu Tunneln und Gängen, und eine Höhle entsteht. Wenn das Wasser Sand, Steine und Felsbrocken durch die Höhle transportiert, die Wände auswäscht und noch mehr Kalkstein abträgt, werden die Öffnungen noch größer. Dieser Prozess vollzieht sich zwar unendlich langsam, doch schwankt die Geschwindigkeit der Erosion enorm. In den Tropen kann sie 20-mal höher sein als in einem kälteren Klima, weil sie durch den reichlichen Regen und die größere Anzahl von Pflanzen beschleunigt wird. Denn die Pflanzen produzieren mehr Kohlendioxid und organische Säuren, die ebenfalls ins Erdreich sickern.

Obwohl die meisten Höhlensysteme relativ klein und nur selten länger als einen Kilometer und tiefer als 100 Meter sind, erweisen sich viele andere als unvorstellbare Labyrinthe aus Schächten, Gängen und Kammern. Die Sarawak Chamber (Sarawakkammer) im Mulu-Nationalpark in Borneo ist so groß, dass 40 Boeings 747 hineinpassen würden. Der glockenförmige Eingangsschacht in der Schwalbenhöhle in Mexiko ist so tief, dass das Empire State Building dort Platz hätte, und die längste Höhle der Welt, die Mammoth Cave (Mammuthöhle) in Kentucky erstreckt sich über 563 Kilometer, was länger ist als der Weg von Berlin nach Frankfurt am Main.

LEBEN OHNE LICHT

Wer noch nie die völlige Finsternis einer Höhle erlebt hat, die entsteht, wenn man die Taschenlampe ausschaltet, kann kaum nachvollziehen, wie schwarz Schwarz sein kann. Man müsste wahrscheinlich weit ins Weltall hinausfliegen, um auch nur annähernd denselben Effekt zu erzielen. Eine billigere Alternative ist zu warten, bis es dunkel wird, die Vorhänge zu schließen, das Licht auszuschalten, eine Augenmaske, wie man sie in Flugzeugen bekommt, aufzusetzen und sich in den geschlossenen Schlafzimmerschrank zu setzen. Das trifft es zwar immer noch nicht genau, ist aber keine schlechte Simulation. In der Dunkelzone einer Höhle sieht man nicht einmal die Hand vor Augen, ganz zu schweigen von der Richtung, in die man gehen muss. Es ist ein ernüchternder Gedanke, dass die Chance, ohne das Licht einer Taschenlampe aus einer Höhle herauszukommen, praktisch gleich null ist, egal, wie oft man vorher in der Höhle war.

Höhlen gehören zu den wenigen Lebensräumen, die nicht direkt von der Sonnenenergie profitieren. Nur ein kurzes Stück hinter dem Eingang ist Photosynthese bereits unmöglich. Da es deswegen keine Pflanzen gibt, ist die Nahrungskette von Nährstoffen abhängig, die in die Höhle hineingebracht oder -gespült werden. Dies geschieht meist durch die Teilzeithöhlenbewohner wie Fledermäuse, die einige Höhlen in großer Anzahl bewohnen. Etwa drei Millionen Faltlippenfledermäuse ziehen sich tagsüber in die Deer Cave in Sarawak, Borneo, zurück. Jeden Abend fliegen die Fledermäuse hinaus in den Wald, wo sie zentnerweise Insekten fressen. Bei ihrer Rückkehr am frühen Morgen setzen sie ihre Exkremente auf dem Höhlenboden ab. Dieser Guano bildet die Grundlage für eine komplexe Nahrungskette. Milben, Springschwänze, Käfer, Krebse und Kakerlaken ernähren sich von der nährstoffreichen Suppe aus Fledermauskot. Diese Tiere dienen wiederum Riesenhundertfüßlern, Höhlenschrecken, Spinnen und anderen Insektenfressern als Nahrung.

OBEN Fantastic Pit, ein 176 Meter tiefer, steiler Schacht in der Ellison Cave, Georgia, von angeseilten Höhlensportlern erleuchtet.

GEGENÜBER Ein Base-Jumper (mit Fallschirm) springt in eine der tiefsten Höhlen der Welt, die Schwalbenhöhle in Mexiko – einen 376 Meter tiefen Kalksteintrichter.

OBEN Hunderttausende von Kakerlaken schwärmen über den Fledermausguano. In der Deer Cave in Sarawak auf Borneo regnen die Exkremente von Millionen von Fledermäusen herab.

GEGENÜBER Der Abendausflug von unzähligen Faltlippenfledermäusen aus einer Höhle in Thailand. Solche Höhlen sind für das Überleben der Fledermäuse von entscheidender Bedeutung. Eine Fledermaus kann pro Nacht bis zu 3000 Insekten fressen – eine große Kolonie wie diese vertilgt also tonnenweise Insekten, darunter auch solche Plagegeister wie Moskitos.

Die gewaltigen Guanohaufen in tropischen Höhlen sind beeindruckend: Leuchtet man mit einer Taschenlampe über den Boden, schimmert alles vor hunderttausenden Guanofressern, die sich emsig ihren Weg durch den ständigen Strom frischer, von oben herabfallender Nährstoffe bahnen. Es ist ein Betrieb, der sieben Tage die Woche rund um die Uhr arbeitet. Denn während die Fledermäuse auf der Jagd sind, fallen weitere Exkremente von den rastenden Vögeln, den Salanganen, zu Boden. Doch zeigen sich die Guanofresser gegenüber ihren Ernährern in keiner Weise dankbar: Wenn eine Fledermaus oder Salangane in den Haufen stürzt, verzehren die hungrigen Horden gern auch sie.

Fledermäuse sind auch ein wichtiger Bestandteil am anderen Ende der Nahrungskette. Höhlen wie die Deer Cave bieten relativ guten Schutz vor Räubern. Es gibt jedoch spezialisierte Jäger, die ihre Rastplätze erreichen können, zum Beispiel die ausgesprochen flinke Schönnatter, eine Schlange, die fast senkrechte Höhlenwände hinaufkriechen kann. In der Bracken Cave in Texas – mit 20 Millionen Tieren die größte Fledermauskolonie der Welt – ernähren sich einige Tiere, die eigentlich keine Höhlenbewohner sind, während der Paarungszeit von Fledermäusen.

STINKTIERE UND FLEDERMAUS-SNACKS

Stinktiere und Waschbären steigen bis auf den Grund einer Höhle hinab und ertasten sich in völliger Dunkelheit ihren Weg über den Boden, um nach herabgefallenen Fledermausjungen zu suchen. Die Luft ist von den Ammoniakdämpfen aus dem Guano zwar extrem stickig, doch das scheint den Jägern kaum etwas auszumachen. Menschen hingegen müssen ein Atemschutzgerät tragen, das den Ammoniak aus der Luft filtert und vor Histoplasmose schützt, einer potenziell tödlichen Pilzinfektion, die von Fledermausguano verursacht werden kann. Haben die Räuber ein Fledermausbaby gefunden, wird es vom Stinktier oder Waschbären intensiv vor und zurück gerollt, um es zu unter Kontrolle zu bringen – eine weise Strategie, denn ein Tier zu fressen, das scharfe Zähne hat, ist riskant, vor allem, wenn man nicht sehen kann, welches Ende man gerade frisst.

Wie genau Stinktiere und Waschbären die Fledermäuse aufspüren, ist ein Rätsel. Ihr Geruchssinn müsste eigentlich vom Ammoniak betäubt sein, und das Geräusch einer piepsenden Fledermaus, die sich auf dem Boden abkämpft, geht in dem Lärm von Millionen rastender Fledermäuse unter. Die Antwort könnte einfach eine Mischung aus Glück und Hartnäckigkeit sein: Die Stinktiere und Waschbären scheinen die Fledermäuse aufzuspüren, indem sie gegen sie stoßen. Die wirklichen Probleme der Fledermäuse beginnen jedoch beim Verlassen der Höhle. Wenn tausende von Fledermäusen gleichzeitig hinausfliegen, ist dies ein sehr auffälliger Anblick.

Sofern das Wetter gut ist, verlassen die Fledermäuse ihre Schlafplätze in der Höhle am frühen Abend. Zuerst ist der Strom relativ bescheiden, doch wie im Berufsverkehr einer Stadt erhöht sich die Anzahl rasch. Innerhalb einer halben Stunde ist der Fledermausstrom 20 Meter breit und mehrere Meter tief. Vom Boden aus betrachtet ist der Schwarm manchmal so dicht, dass er den Himmel fast verdunkelt. Der »Ausflug« der Fledermäuse aus der Deer Cave ist zweifellos eines der größten Naturspektakel der Welt. Außerhalb des 90 Meter hohen Eingangs zur Deer Cave bilden die Fledermäuse oft riesige, donutförmige Ringe, die sich minutenlang drehen und winden. Der Grund dafür ist nicht bekannt, doch könnte es ein Versuch sein, Raubvögel zu verwirren – zumindest für die Rotbauchadler scheinen die kreisenden Fledermäuse etwas zu viel zu sein. Wenn die Fledermäuse im Ring eine bestimmte Dichte erreicht haben, lösen sich Gruppen daraus und bilden entweder einen neuen Ring oder fliegen über den Wald weg. Von unten betrachtet, wirken die Fledermausspiralen wie ein gewaltiges Luftballett, bei dem sich Millionen Lebewesen wie ein einziger riesiger Organismus bewegen.

OBEN Ein Korallenfinger-Laubfrosch mit einer Fledermaus im Maul – ein Jungtier, das auf seinem Weg aus der Bat Cleft Cave, der Attraktion des Mount-Etna-Caves-Nationalparks, gefangen wurde. Die Kalksteinhöhle beherbergt die größte Kinderstube der Langflügelfledermäuse. Während die Erwachsenen draußen jagen, werden die nackten Jungen von der warmen Luftschicht unter der Höhlendecke warm gehalten.

Die Fledermäuse sind zwar durch ihre hohe Anzahl geschützt, doch fallen einzelne Tiere immer wieder spezialisierten Räubern zum Opfer, wie zum Beispiel den Fledermausaaren, den Düsenjägern unter den Vögeln, die Fledermäuse mit Leichtigkeit in der Luft fangen. Für die Fledermausaare endet die Jagd jedoch mit dem Einbruch der Dunkelheit, und so packen sie die Fledermäuse zu kleinen Paketen zusammen, fressen sie im Flug, und fliegen dann zurück, um Nachschub zu holen. Es spielt jedoch keine Rolle, wie viele Fledermausaare zur Jagd kommen, denn ihre Angriffe haben praktisch keine Auswirkungen auf die Zahl der Fledermäuse. Am Morgen ist die große Mehrheit von ihnen wieder in der sicheren Höhle.

ZUSCHLAGEN UND SCHLUCKEN

In der Bat Cleft Cave in Queensland, Australien, müssen sich die Langflügelfledermäuse mit weiteren Feinden auseinander setzen: Pythons und Nachtbaumnattern warten direkt am Höhleneingang und versuchen, ihre Beute beim Verlassen der Höhle abzufangen. Trotz des dichten Fledermausschwarms ist die

Jagd reine Glückssache, und die Schlangen scheinen eher hoffnungsvoll als erwartungsvoll zuzuschlagen. Es ist natürlich ein schwieriges Unterfangen, die schnell hin und her flatternden Fledermäuse in fast völliger Dunkelheit zu erwischen, doch sind die Schlangen mit einer Geheimwaffe ausgerüstet: Rezeptoren im Kopf registrieren die Wärme, die von den fliegenden Fledermäusen abgegeben wird, und zeigen ihnen das Ziel, das sie ansteuern können.

Die ungewöhnlichsten aller Fledermausräuber lauern ebenfalls auf den Kalksteinfelsen. Große Laubfrösche warten darauf, dass gerade flügge gewordene Fledermäuse vom Wind am Höhleneingang an die Wand gedrückt werden. Wenn die desorientierte Fledermaus versucht, wieder in die Luft zu kommen, springt einer der Frösche hinüber und schnappt sie sich. Fledermäuse sind bekannt dafür, dass sie Frösche fressen – zu sehen, dass der Spieß umgedreht wird, ist daher ein mehr als ungewöhnliches und seltenes Freignis.

Nicht in allen Höhlen gibt es Fledermäuse oder eine ausreichende Anzahl von ihnen, um eine so große Insektenbevölkerung wie die in der Deer Cave zu ernähren. Für viele Höhlenbewohner ist die Nahrungssuche eine echte Herausforderung, die in der Dunkelheit natürlich noch größer ist. Um zumindest einige dieser Probleme zu lösen, haben wirbellose Höhlenbewohner wie Höhlenschrecken ungewöhnlich lange Fühler, damit sie besser tasten können. Es gibt jedoch ein Tier, das eine besonders raffinierte Lösung für das Überleben in dieser nahrungsarmen Welt entwickelt hat.

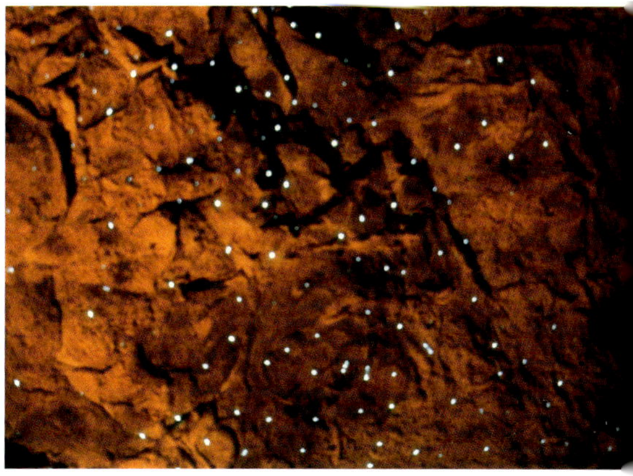

OBEN Die tödlichen Lichter der Glühwürmchen in der Mangawhatikau-Höhle in Neuseeland, die Insekten und selbst ihre eigenen Verwandten anlocken und ihnen ein klebriges Ende bereiten.

GANZ OBEN Die Fallen bestehen aus Spinnfäden, die, mit klebrigen Schleimklümpchen beschwert, von der Höhlendecke herabhängen.

TODESPERLEN

Wer die Mangawhatikau-Höhle auf der Nordinsel Neuseelands zum ersten Mal betritt, fragt sich meist, ob er sich überhaupt in einer Höhle befindet: Die Decke und einige Wände sind mit Tausenden kleiner Lichtern geschmückt und vermitteln den Eindruck, dass man unter einem wunderschönen Sternenhimmel wandelt. Es ist der wohl fantastischste Anblick, den man in einer Höhle zu sehen bekommt. Die Lichter sind Höhlenglühwürmchen, die Larven einer winzigen Mückenart. Im Dunkeln zu leuchten mag allgemein ganz nützlich sein, doch das ist noch längst nicht alles. Die kleinen Larven hängen an der Höhlendecke und spinnen bis zu 20 Zentimeter lange Fäden, die von den Felsen herabhängen. Die Fäden, die denen von Spinnen ähneln, werden aus Drüsen im Maul der Glühwürmchen abgesondert und anschließend mit Schleimkügelchen beschwert. Diese »Perlenketten« haben eine gefährliche Funktion: Sie dienen als Angelschnüre, und das Glühwürmchen wartet daneben wie ein geduldiger Angler in einer Hängematte aus Schleim. Jetzt zahlt sich seine Leuchtfähigkeit aus. Das Licht, das aus seinem Hinterteil scheint, entsteht durch eine chemische Reaktion in einer speziellen Kapsel im Schwanz. Insekten werden von diesem Licht unwiderstehlich angezogen und verfangen sich dann in den klebrigen Fäden. Jetzt müssen nur noch die Angelschnüre eingerollt und die armen Opfer verspeist werden – lebendig, denn wie Spinnen saugen Glühwürmchen ihre Beute aus.

Die Glühwürmchen leben teilweise von Beute, die vom Wind in ihre Höhle getragen wird. Indem sie sich über den Bächen ansiedeln, die durch die Höhle fließen, profitieren sie außerdem von Insekten wie der Eintagsfliege, die im Wasser schlüpft. Das Leben einer Eintagsfliege ist bekanntermaßen kurz, doch in der Mangawhatikau-Höhle beträgt die Lebenserwartung einer erwachsenen Fliege manchmal nicht einmal 20 Minuten – gerade Zeit genug, um ihre Flügel zu trocknen und dann die interessanten kleinen Lichter über ihrem Kopf zu untersuchen. Glühwürmchen sind keine besonders loyalen Nachkommen. Die Erwachsenen paaren sich und legen Eier zwischen die Glühwürmchenlarven. Anschließend fliegen sie häufig in eine Angel und werden gefressen – ein seltsam produktives Ende eines ansonsten kurzen Erwachsenenlebens.

OBEN LINKS Ein Höhlenengelfisch aus Thailand, der in schnell fließenden unterirdischen Bächen und Wasserfällen lebt und sich von Bakterien ernährt. Seine abgeflachten, flügelartigen Flossen haben winzige Haken an der Unterseite, mit denen er sich an steilen Felsen festhalten und klettern kann.

OBEN RECHTS Ein weiterer Troglobiont, der blinde Texanische Brunnenmolch, lebt nur in Höhlen der San-Marcos-Region. Er hat noch seine Larvenkiemen und verbringt sein gesamtes Leben unter Wasser.

DIE TROGLOBIONTEN

Troglobionten sind nicht mit Troglodyten – in Höhlen lebenden Menschen – zu verwechseln, sondern es sind Tiere, die in Höhlen leben. Im Gegensatz zu anderen troglophilen Lebewesen, das heißt Höhlenbewohnern, die sowohl im Inneren als auch außerhalb von Höhlen leben, und trogloxenen Lebewesen, die sich oberirdisch fortpflanzen, sich manchmal jedoch auch in Höhlen aufhalten, verlassen diese Tiere niemals ihre Höhle. Viele Höhlen sind wie Inseln, die nicht nur von der Außenwelt, sondern auch von anderen Höhlen abgeschnitten sind. Folglich entwickelten sich im Lauf der Evolution einige seltsam aussehende Tiere, die teilweise keine Augen und Pigmente haben. Da es Tausende oder sogar Hunderttausende von Jahren dauern kann, bis ein Lebewesen keine Augen mehr hat, müssen diese Tiere bereits über sehr lange Zeit isoliert gewesen sein.

DIE BLINDEN

Einer der bemerkenswertesten Troglobionten ist der Höhlenengelfisch, der aus nur zwei kleinen Höhlen in Nordthailand bekannt ist. Diese etwa zehn Zentimeter langen Fische, von denen es nur rund hundert Exemplare gibt, weisen die typischen Merkmale der Troglobionten auf: Sie haben keine Augen und sind rosa. Über ihr Verhalten ist kaum etwas bekannt, doch leben sie nur in Höhlenwasserfällen, was einige Fachleute dazu bewogen hat, sie als die anpassungsfähigsten Lebewesen der Erde zu bezeichnen.

Im schnell fließenden Wasser halten sich die Fische mit winzigen Haken auf der Unterseite ihrer flachen, flügelartigen Flossen (die ihnen ein engelhaftes Aussehen verleihen) fest und ernähren sich von Bakterien im sauerstoffreichen Wasser. Aufgrund ihrer Fähigkeit, sich an Felsen festzuhalten, können sie außerdem aus dem Wasser und an feuchten, senkrechten Wänden hoch kriechen; ein Trick, der ihnen vermutlich hilft, von einem Wasserfall zum nächsten zu ziehen. Sie scheinen keine Feinde zu haben, da sie nicht merken, wenn sich etwas nähert – selbst wenn es ein Mensch ist. Zugegebenermaßen würde auch ein Mensch im Getöse der Wasserfälle nicht einmal die gewaltigste Steinlawine hören.

Auf der anderen Seite der Welt gibt es einen weiteren Troglobionten, der sich an ganz andere Bedingungen anpassen musste. Der Texanische Brunnenmolch lebt ausschließlich im Wasser und dort auch nur in ganz ruhigen Seen. Als Amphibie kann er durch die Haut atmen. Um im sauerstoffarmen Wasser ständig leben zu können, hat er jedoch äußerliche Kiemen entwickelt, die aus den Ohren sprießen. Wie der Höhlenengelfisch hat der Texanische Brunnenmolch keine Augen und Pigmente, ist nur in wenigen Höhlen zu finden, und sein Bestand ist vermutlich ähnlich klein wie der des Höhlenengelfischs. Im Gegensatz zum Fisch nimmt er mit seinen Rezeptoren in der Haut jedoch jede kleinste Bewegung im Wasser wahr, beispielsweise Schwingungen, die von Krustentieren ausgelöst werden. Da solche Beutetiere sehr knapp sind, kann es sich der Molch nicht leisten, sie zu verpassen. Diese seltsame Amphibie verharrt über lange Zeit bewegungslos und kann daher mehrere Tage ohne Nahrung auskommen.

OBEN »Rotzfahnen« – Gebilde aus großen Bakterienkolonien in der giftigen Höhle von Villa Luz in Mexiko. Die Bakterien ernähren sich von Schwefelwasserstoff und sondern Schwefelsäuretropfen ab.

DIE »ROTZFAHNEN«

Von all den ungewöhnlichen Dingen, die man in Höhlen sehen kann, sind die »Rotzfahnen« der Cueva de Villa Luz in Mexiko sicherlich die bizarrsten. »Rotzfahne« ist die offizielle Bezeichnung für das, was wie ein Schleimstalaktit aussieht. Wie bei gewöhnlichen Stalaktiten tropft von ihrer Spitze ebenfalls Flüssigkeit. Doch da hören die Gemeinsamkeiten auch schon auf. Die Tropfen bestehen aus Schwefelsäure, die so stark ist, dass sie die Haut verätzen kann. Die großen Gebilde selbst bestehen aus riesigen Bakterienkolonien, die einen Zentimeter pro Tag wachsen können.

Genauso erstaunlich ist, dass diese Bakterien in einer Höhle gedeihen, deren Atmosphäre voller giftiger Dämpfe ist. Nicht umsonst ist die Villa-Luz-Höhle als giftige Höhle bekannt. Höhlenbesucher müssen Atemschutzgeräte und Monitore tragen, da die giftigen Dämpfe so schnell tödliche Konzentrationen erreichen können, dass ein Frühwarnsystem lebensnotwendig ist.

Die Quelle der giftigen Dämpfe liegt tief unten in der Höhle. Schwefelwasserstoff sprudelt aus Ölquellen in der Erdkruste und gelangt in die Höhle, was die Luft für zweibeinige Eindringlinge mehr oder weniger ungeeignet zum Atmen macht. Die Bakterien hingegen gewinnen ihre gesamte Energie aus dem Schwefelwasserstoff (wie die Pflanzen Energie aus dem Sonnenlicht gewinnen), und die Schwefelsäure, die aus ihnen tropft, ist das Nebenprodukt dieses Vorgangs. Wegen ihrer Überlebensfähigkeit unter solch extremen Bedingungen werden sie auch als extremophile Lebewesen bezeichnet. Seit ihrer Entdeckung wurden in zahlreichen Höhlen verschiedene Extremophile gefunden. Die Bakterien in der Lechuguilla-Höhle ernähren sich z. B. von Gestein. Es ist ein Forschungsgebiet, das die Ansicht darüber, was zum Leben notwendig ist, verändert hat. Einige Fachleute sehen in den extremophilen Lebewesen sogar den Beweis dafür, dass sich das Leben über der Erde eher auch unter der Erde hätte entwickeln können.

HÖHLENREICHTÜMER

In Südostasien gibt es Höhlen mit dem wahrscheinlich teuersten Nahrungsmittel der Welt. Belugakaviar (die Eier des Belugastörs) oder schwarze Trüffeln (Pilze) sind nichts dagegen. Jedes Gramm der Speichelnester der Weißnest-Salanganen ist mehr wert.

Sie sind die Hauptzutat der Schwalbennestersuppe, einer Delikatesse, die eigentlich nach gar nichts schmeckt, bis sie gesüßt oder gewürzt wird. Doch obwohl sie nicht für ihren Eigengeschmack berühmt ist,

hat die Schwalbennestersuppe gleich nach Ginseng für viele Chinesen ausgesprochen gesundheitsfördernde Eigenschaften. Es gibt sogar Behauptungen, die Suppe würde Krebs- und Aidskranken helfen. Eine chemische Analyse ihrer Eigenschaften ergab jedoch, dass die Nester fast keinen Nährwert haben. Trotzdem sind Menschen bereit, Kopf und Kragen zu riskieren, um die winzigen Nester einzusammeln.

Die Techniken dieser Nestsammler variieren zwar von Höhle zu Höhle, erfordern jedoch immer das Hinaufklettern in Schwindel erregende Höhen. In Gomantong, Sabah, auf der Insel Borneo, müssen die Sammler bis zu 60 Meter hohe Leitern aus Schlingpflanzen hinaufsteigen und anschließend auf ein Gerüst aus Bambusstangen klettern, das von einem Bodenteam mit Seilen an die richtige Stelle gezogen wird. Dann balancieren die Sammler oben auf dem Gerüst, um die Nester von der Wand zu lösen. Wenn die Nester immer noch außer Reichweite sind, benutzen die Männer Stangen mit dreizackartigen Spitzen am Ende, um sie von der Wand zu kratzen. Es ist auf jeden Fall ein gefährliches Unterfangen: Ohne Sicherheitsausrüstung ist ein Sturz aus dieser Höhe normalerweise tödlich.

In der Gomantong-Höhle ist das Unternehmen so wertvoll, dass wichtige Stellen rund um die Uhr zum Schutz vor Wilderern bewacht werden, selbst wenn die Vögel gar nicht nisten. Der Abstieg in die Obere Höhle von Gomantong ist ein außergewöhnliches Erlebnis. Auf dem Höhlenboden befinden sich direkt über der dicken Schicht aus Vogel- und Fledermausguano kleine Holzhäuser auf Stelzen. Ihre Wellblech-

GEGENÜBER Einsammeln von Salanganennestern in der Oberen Höhle von Gomantong, Borneo. Die Arbeit ist zwar gefährlich, doch machen die Zwischenhändler große Profite. Durch die Entfernung der Nester sind die Weißnest-Salanganen mittlerweile vom Aussterben bedroht.

KINDERSTUBE IM DUNKELN

Weißnest-Salanganen sind aus zwei Gründen erstaunliche Vögel. Erstens bauen sie ihre Nester ausschließlich aus Speichelfäden, und zweitens sind sie in der Lage, sie in der völligen Dunkelheit eines Höhlenraums wieder zu finden. Für Menschen wäre das so, als würde man Topfschlagen in einer Sporthalle spielen.

Die Salangane ist eine von zwei Vogelarten, die ihre Beute durch Ultraschallortung ausfindig machen (die andere ist der Fettschwalm in Venezuela). Im Flug durch die pechschwarze Dunkelheit stoßen die Salanganen eine Reihe hörbarer Klicklaute aus. Man nimmt an, dass die Vögel eine 3-D-Karte des Raums erstellen, während sie das Echo der Klicklaute hören. Wie genau sie jedoch unter hunderten Nestern ihres finden, das nur ein paar Zentimeter breit ist, weiß niemand. Für Salanganen ist die Familiengründung ein unkonventionelles Unterfangen. Wegen des Lichtmangels sieht ein Junges im Nest seine Eltern nie. Auf seinem ersten Flug muss es dann den Höhleneingang finden, indem es oft durch ein Labyrinth aus stockdunklen Gängen fliegt. Wenn es an eine Wand stößt oder eine Bruchlandung auf dem Boden macht (was häufig passiert), kommt es meist nicht mehr hoch. Die Guanolebewesen kümmern sich dann darum.

DER SCHMUCK DER NATUR

Die häufigste Frage zum Thema Höhlen ist: »Welche hängen herunter: Stalaktiten oder Stalagmiten?« Die Antwort ist natürlich Stalaktiten, denn Stalagmiten haben schon viel »mitgemacht«, sind daher »müde« und am Boden. Stalaktiten hingegen tropfen und hängen an der Decke. Um das Ganze zu vereinfachen, werden Stalaktiten und Stalagmiten zusammen oft als Tropfsteine bezeichnet. Sie verwandeln ein schwarzes Loch in einen geheimnis- und stimmungsvollen Ort. Doch sie sind nur ein Teil der Formationen (auch Höhlenschmuck oder Speläotheme genannt), die man in Höhlen findet. Andere sind Boden- und Wandsinter, Säulen, Gardinen, Vorhänge, Spaghetti, Höhlenballons, Mondmilch, Popcorn, Helictite, Höhlenperlen, Blumen und Kristalle. Wie die Tropfsteine bestehen sie fast alle aus Kalkspat, der entsteht, wenn säurehaltiges Wasser mit aufgelöstem Kalkstein in einen Höhlengang oder -raum gelangt.

Die wissenschaftliche Erklärung für das Wachstum dieser Formationen ist ganz einfach. Im Grunde ist es die Umkehrung des chemischen Vorgangs, durch den der Kalkstein zunächst aufgelöst wurde. Wenn das säurehaltige Wasser in die luftgefüllte Höhle eindringt, gibt es etwas von dem Kohlendioxid ab, das es auf dem Weg hierher aufgenommen hat. Mit seinem geringeren Kohlendioxidgehalt kann das Wasser nicht so viel aufgelöstes Kalzium bei sich behalten und lagert den Überschuss an der Höhlendecke als Kalkspat ab. Die meisten Stalaktiten sind zunächst Sinterröhrchen, deren Tropfen durch die Mitte einer Hohlröhre fließen. Dies geschieht so lange, bis die Röhre verstopft ist und das Wasser an der Außenseite herunterlaufen muss wie bei einem typischen Stalaktiten. Wenn das Wasser jedoch schnell durch die Höhlendecke fließt, lagert sich der Kalkspat stattdessen auf dem Boden ab und bildet Stalagmiten.

Die meisten Höhlengebilde entstehen durch denselben Vorgang, und ihr unterschiedliches Aussehen hängt von der Wassermenge ab, die in die Höhle gelangt. Helictite zum Beispiel sind dünne, faserige Formationen, die den gewundenen Wurzeln einer Kartoffelpflanze ähneln und vermutlich entstehen, wenn Wasser durch so kleine Poren in die Höhle sickert, dass sein Fluss eher durch Kapillarwirkung als durch die Schwerkraft gesteuert wird. Als Folge fließt das Wasser eher willkürlich, und der Kalkspat kann sich entgegen der Schwerkraft ablagern. Höhlenperlen hingegen entstehen, wenn ein Sandkorn gleichmäßig mit Kalkspat überzogen wird, indem es ständig in einer mit Wasser gefüllten Mulde aufgewühlt wird (ähnlich wie es bei der Entstehung echter Perlen passiert).

Die Wachstumsgeschwindigkeit der Höhlenformationen ist sehr unterschiedlich und hängt vom Volumen und Säuregehalt des Wassers ab. Im Allgemeinen ist es ein sehr langsamer Prozess, doch die Ergebnisse sind oft spektakulär. Der größte Stalaktit der Welt in Brasilien ist 28 Meter lang, und der größte Stalagmit 67 Meter hoch.

VON LINKS NACH RECHTS

Die größten natürlichen Höhlenkristalle der Welt in der Naica-Mine in Chihuahua, Mexiko, bestehen aus Selenit, einer Art von Gips. Die größten von ihnen sind über zehn Meter lang.

Der größte Stalagmit der Welt mit einer Höhe von 67,2 Metern in der Cueva San Martin Infierno auf Kuba. Links neben seinem Fuß steht in Rot ein Höhlenforscher, um das Größenverhältnis zu demonstrieren.

Die Kalzit-Tropfsteine von Grand Cenote, einer der überfluteten Höhlen von Yucatán, Mexiko. Sie entstanden vor Jahrtausenden, bevor die Höhle am Ende der letzten Eiszeit von Süßwasser überflutet wurde. Am Eingang befindet sich ein ein Kilometer langes Halteseil, damit die Taucher wieder hinausfinden, bevor ihre Pressluftflaschen leer sind.

Eine Quaste in der Ogof Ffynnon Ddu in Südwales. Sie bildete sich über viele Jahre hinweg, als Kalzit an einem Sinterröhrchen kristallisierte und die Oberfläche des Höhlenbeckens erreichte. Wenn der Wasserspiegel sinkt, kann der Stalaktit die tennisballgroße Quaste nicht mehr stützen.

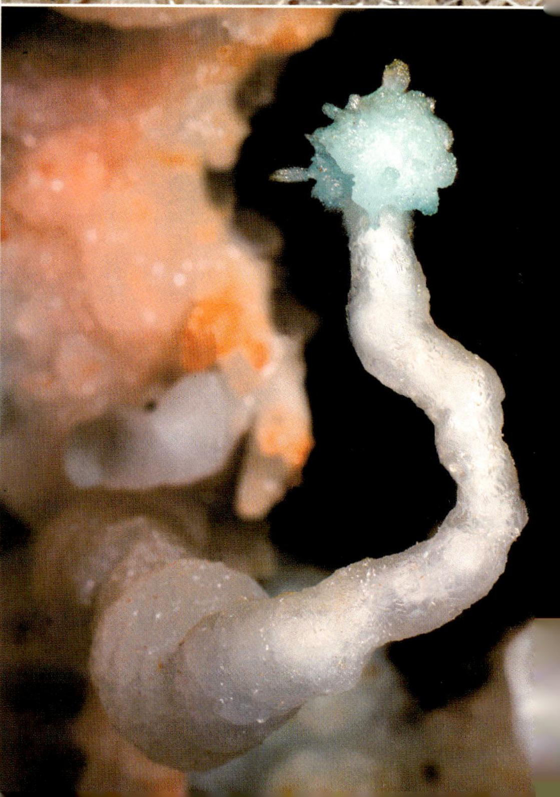

dächer bieten Schutz vor dem Dauerregen der Exkremente von oben. Hier essen, schlafen und spielen die Wachen bei künstlichem Licht, und zur Erntezeit leben dutzende von Menschen in der Höhle. Wer zum ersten Mal hierher kommt, fühlt sich wie in einer Szene aus einem Science-Fiction-Film

Es gibt Belege dafür, dass der Handel mit den Speichelnestern schon seit 1000 Jahren besteht. In letzter Zeit ist jedoch eine Veränderung eingetreten. In Sabah, Borneo, haben neue Bestimmungen zur Verteilung der Niststellen zu einer Überernte geführt. Anstelle von zwei Ernten pro Jahr führen die mafiahaften Gangs, die die Unternehmen betreiben, bis zu vier Ernten durch. Kombiniert mit einer zunehmenden Nachfrage nach Vogelnestern könnte die derzeitige Erntemenge in fünf bis zehn Jahren zur Ausrottung der Weißnest-Salanganen führen.

DIE UNERFORSCHTEN

Den meisten Menschen verursacht der Gedanke, in eine Höhle ohne großen Eingang, Wege und elektrisches Licht zu gehen, Platzangst. Wer diese Urangst jedoch überwindet, findet in Höhlen fantastische Erforschungsmöglichkeiten. Da schätzungsweise 90 Prozent des Kalksteins auf der Welt noch nicht nach Höhlen abgesucht wurden, gehören sie zum letzten Neuland unseres Planeten. Selbst auf einer so dicht besiedelten Insel wie Großbritannien gibt es noch unentdeckte Orte unter der Erde. So wurden der größte Höhlengang dort erst im Jahr 1998 und der längste senkrechte Schacht erst 2003 entdeckt.

Wenn jemand die Erforschung von Orten liebt, in die noch niemand einen Fuß gesetzt hat, er sich aber kein eigenes Raumschiff oder Tiefseetauchboot leisten kann, dann sollte er einfach nach Höhlen suchen. Einer der größten lebenden Forscher ist in der Tat ein Höhlenforscher. Andy Eavis aus Hull hat wohl mehr unbekannte Orte entdeckt als irgendjemand sonst – unter anderem die drei größten Höhlenräume der Welt. Im *Oxford Book of Exploration* erscheint sein Name neben denen von Astronauten wie Neil Armstrong.

Allerdings sind Höhlenforscher ein etwas merkwürdiges Volk. Tim und Pam Fogg aus Nordirland sind ein Beispiel dafür. Sie verbringen ihre freien Wochenenden damit, sich durch einen Hang zu graben und zu hoffen, einen neuen Höhlenabschnitt zu erreichen, der ihrer Überzeugung nach irgendwo dort sein muss. Während einer von ihnen flach im winzigen, feuchten Tunnel liegt und gräbt, zieht der andere mit einem Kasten an einem Seil den Schutt heraus. Es ist, als würde man einen Tunnel in ein Gefängnis hinein graben. Bis jetzt – nach etwa 18 Monaten – sind sie erst zehn Meter weit gekommen.

Bei der Erforschung neuer Höhlen müssen sich die Expeditionsteilnehmer ihren Weg oft durch lange Gänge bahnen, durch die sie gerade noch hindurchpassen, oder, was wesentlich schlimmer ist, durch Gänge ähnlicher Größe, die halb mit Wasser gefüllt sind. Dabei ist es zwar von Vorteil, klein zu sein, doch wenn man der kleinste im Team ist, heißt das unweigerlich auch, dass man als Erster durch lächerlich kleine Öffnungen geschoben wird. Enge Gänge werden passenderweise als Engpässe bezeichnet. Bei einem Neuling können sie entweder extreme Panik oder Hochstimmung (oder beides) auslösen, und das nicht unbedingt in dieser Reihenfolge. Wie nicht anders erwartet, kann man in solchen Engpässen leicht stecken bleiben, und das am ehesten mit den Schultern. Wenn das passiert und alles Drücken und Ziehen nicht hilft, bleibt nur noch eine Möglichkeit: dem Eingeklemmten das Schlüsselbein zu brechen.

Wenn man die schmale Stelle dagegen unbeschädigt bewältigt hat, ohne die Kontrolle über seine Körperfunktionen zu verlieren, folgt das Abseilen in die unbekannte Finsternis. Wenn man Glück hat, hängt das Seil an einer Wand des Höhlenraums herunter, doch genauso gut kann man auch weit entfernt von der relativ sicheren Kalksteinwand im Freien baumeln. Dazu gesellen sich Kälte und Feuchtigkeit, die man stundenlang ertragen muss, vor allem in Höhlen der kühleren Breiten. Wenn man dann irgendwann

OBEN, VON LINKS NACH RECHTS
Eine Auswahl spektakulärer und seltener Höhlengebilde aus aller Welt.

Die eigroßen Kalzitkugeln in Lechuguilla im US-Bundesstaat New Mexico entstanden, als die Spitzen der Sinterröhrchen in mineralhaltiges Wasser kamen. Zu sehen sind drei verschiedene Wasserstände.

Die einzigen grünen Stalaktiten der Welt an einem geheimen Ort in Frankreich. Ein Wassertropfen dient als Maßstab.

Eine Kristallblume aus Gips in der Lechuguilla-Höhle.

MITTE, VON LINKS NACH RECHTS
Einzigartiger hellblauer Strauß aus Aragonitnadeln mit einem Durchmesser von etwa 13 Zentimetern an einem geheimen Ort in Frankreich. Aragonit besteht aus Kalziumkarbonat, unterscheidet sich jedoch durch seine Kristallform von Kalzit und tritt meist dort auf, wo sich Magnesium durch Verdunstung im Sickerwasser sammelt.

Dreieckige, hohle, kristalline, etwa zehn Zentimeter hohe Höhlenkelche aus Kalkspat im Bellamar-Höhlensystem auf Kuba.

Ein Stalaktit mit einem igelförmigen Gebilde aus Kristallhelictiten in den Höhlen von Sonora in Texas, USA.

UNTEN, VON LINKS NACH RECHTS
Eine große Höhlenperle aus Südfrankreich mit einem Durchmesser von 3,5 Zentimetern. »Perlen« bilden sich meist gruppenweise in flachen Höhlenseen, wenn Kalkspat von tropfendem Wasser aufgelöst wird und sich dann beispielsweise an einem Sandkorn anlagert.

Eine filigrane, sich verzweigende Kalzitformation von sechs Zentimetern Höhe, die es nur in einer einzigen Höhle auf Kuba gibt.

Einzigartige Helictite mit blauen Spitzen auf einem eher gewöhnlichen Helictiten an einem geheimen Ort in Frankreich. Sie bestehen aus einzelnen Kristallen.

beginnt, das ganze Unterfangen zu bereuen, und nur noch den Himmel über dem Kopf haben möchte, kommt die Erkenntnis, dass man den ganzen Weg ja auch wieder zurückgehen muss – diesmal natürlich bergauf. Eine Höhlenexpedition stellt daher sowohl die mentale als auch die körperliche Belastbarkeit auf die Probe. Beim Drücken, Ziehen, Zerren, Klettern und Rutschen unter der Erde wird praktisch jeder Muskel im Körper beansprucht. Eine Höhlenexpedition ist das beste Konditionstraining. Doch nichts von alldem soll den Leser abschrecken: Der Autor dieses Kapitels wurde schon in Aufzügen nervös und verbrachte dann glückliche sechs Tage unter der Erde in einer der anspruchsvollsten Höhlen der Welt.

OBEN Ein Mitglied eines internationalen Höhlenteams quetscht sich auf der vierwöchigen Tour bis fast auf den Grund der Krubera-Höhle, der tiefsten Höhle der Welt, durch einen engen Gang namens The Way to the Dream (Der Weg zum Traum).

GEGENÜBER Der spektakuläre Chandelier Ballroom (Kronleuchter-Saal) in der Lechuguilla-Höhle. Die filigranen, oft über sechs Meter langen »Schneekristall«-Kronleuchter, die von der Decke und den Wänden herabhängen, bestehen aus Selenit (farblosem Gips) und entstanden, als Wasser mit aufgelöstem Gips durch das Gestein sickerte und verdunstete.

REISE INS ZENTRUM DER ERDE

Im Oktober 2004 wurde in der Höhlenforschung ein Meilenstein erreicht. Zum ersten Mal durchbrachen Höhlenforscher die 2000-Meter-Marke – oder, um es anders auszudrücken, sie erreichten einen Punkt zwei Kilometer tief unter der Erdoberfläche. Dies hat der Krubera-Höhle im Arabika-Massiv in Abchasien am Rande des Schwarzen Meeres die Auszeichnung eingebracht, die tiefste Höhle der Welt zu sein. Um sein Ziel zu erreichen, musste das Team senkrechte Schächte und eiskalte Höhlenflüsse überwinden, Gänge sprengen, die von herabgefallenen Felsbrocken blockiert waren, und die ganze Zeit über fünf Tonnen Ausrüstung schleppen. Die Höhlenforscher tauften den letzten Höhlenraum in etwa 2100 Meter Tiefe »Game Over« in der Annahme, dass sie an der tiefsten Stelle waren. Jetzt sind sie sich nicht mehr sicher und glauben, dass die Höhle noch tiefer reichen könnte.

Das ist das Schöne an der Höhlenforschung: Wir kennen die genauen Maße des höchsten Berges der Welt, die Länge des längsten Flusses und die Tiefe des tiefsten Meeres. Wahrscheinlich wird sich keiner dieser Rekorde im nächsten Jahrtausend ändern, doch wenn es um Höhlen geht, haben wir nur vorläufige Ergebnisse. Die Rekorde für die längsten und tiefsten Höhlen können sich jedes Jahr ändern, und dabei geht es nicht nur um die Erweiterung der Grenzen der bereits erforschten Höhlen. Schon im nächsten Jahr könnte ein ganz neues Höhlensystem entdeckt werden, das alle derzeitigen Rekorde bricht.

DIE SCHÖNSTE HÖHLE DER WELT

Im Jahr 1986 brachen Höhlenforscher in New Mexico, USA, durch mehrere Meter Schutt in ein großes Höhlensystem. Es war der Höhepunkt mehrjähriger Freizeitgrabungen einer kleinen Höhlenforschergruppe. Für ihren Wissenschaftszweig wurde es zu einer der Entdeckungen des 20. Jahrhunderts. Heute gilt die Lechuguilla-Höhle weithin als die schönste Höhle der Welt – abgesehen davon, dass sie auch eine der längsten ist – und als Heiliger Gral für jeden anspruchsvollen Höhlenforscher.

Zum Leidwesen der Höhlensportler ist die Lechuguilla-Höhle wegen ihrer zerbrechlichen Schönheit aber auch eine der Höhlen mit den meisten Beschränkungen. Sie ist nur für Wissenschaftler und Kartografen zugänglich, die ihre Länge von – derzeit – 193 Kilometern dokumentieren. Sogar ihr Eingang ist geheim. Alle, die die Höhle betreten, müssen eine Erklärung unterzeichnen, dass sie ihre genaue Lage nicht preisgeben – was auch ziemlich schwierig wäre, da sich der Zugang in einer 20 Meter tiefen Spalte einer einsamen Region in der Chihuahua-Wüste befindet. Wenn man allerdings das Glück hat, eine Eintrittsgenehmigung zu erhalten, wartet dort eine Erfahrung, die nicht von dieser Welt zu sein scheint.

Vor ihrer Entdeckung war die Lechuguilla-Höhle völlig von der Außenwelt abgeschnitten. Um diese Bedingungen tief im Inneren aufrechtzuerhalten, wurden am Höhleneingang zwei hermetisch abgedichtete

OBEN Die Hudson Bay Cavern (Hudson-Bay-Höhle) in der Lechuguilla-Höhle ist von reinem, weißem Kalkspat bedeckt. Die runden Formationen werden als »Brüste« bezeichnet. Im Vordergrund sieht man Aragonit-»Büsche«.

GEGENÜBER Der »Pearlsian Gulf« (»Perlsische Golf«) in der Lechuguilla-Höhle, nach den vielen flachen Seen und hunderten von Höhlenperlen darin benannt. Der kristallbedeckte Boden ist so empfindlich, dass die Höhlenforscher mit einer Erlaubnis zum Betreten der Höhle zum Schutz des Bodens neue »Tauchersocken« tragen müssen und das klare Wasser nicht berühren dürfen.

VORHERIGE DOPPELSEITE Die Hoodoo Hall (Hoodoo-Halle) in der Lechuguilla-Höhle mit den spektakulärsten Beispielen für »Schichtzapfen«. Diese entstanden, als die Höhle fast bis zur Erdoberfläche mit ganz ruhigem Wasser gefüllt war. An der Oberfläche bildeten sich dünne Kalkflocken. Hin und wieder fielen Wassertropfen darauf und bewirkten, dass die Flocken auf den Grund sanken. Über Hunderttausende von Jahren bauten sich diese Flocken zu den filigranen Riesenzapfen auf, die heute die Höhle füllen.

Türen installiert. Wenn man beide Türen gleichzeitig aufhielte, würde man von einem mehr als 100 Stundenkilometer schnellen Wind durchgewirbelt werden – eine Kraft, die die zerbrechlichen Gebilde im Inneren leicht beschädigen könnte. Hinter den Türen steigt man eine große Metallröhre hinab, und für die nächsten 30 Minuten der Reise ist alles etwas langweilig. Dann kommt man zu den Boulder Falls (Felsenfall), wo man sich mit hohem Adrenalinausstoß in eine zunächst scheinbar bodenlose Grube abseilt. Von dort an hält die Lechuguilla-Höhle eine Überraschung nach der anderen bereit.

Die erste ist die Glacier Bay Cavern (Gletscherbucht-Höhle) mit einem Boden, der aussieht, als bestünde er aus großen, abgekalbten Eisbrocken. Darauf folgen rasch andere Höhlenräume, deren Namen die Eindrücke ihrer Entdecker wunderbar zusammenfassen: Snow White's Passage (Schneewittchen-Gang), Tinseltown (Hollywood), Land of Awes (Land der Ehrfurcht) und Prickly Ice Cube Room (Raum der stacheligen Eiswürfel). Aus irgendeinem Grund wählten sie keine Namen wie Nikolausgrotte oder Winterliche Märchenlandschaft, obwohl sie genauso gut gepasst hätten. Viele Wände sind vollständig mit filigranen, raureifartigen Kristallen besetzt, und wenn man im Star-Trek-Stil dorthin gebeamt worden wäre und nicht wüsste, wo man sich befände, könnte man schwören, Schnee zu sehen. Die Hoodoo Hall (Hoodoo-Halle) sieht tatsächlich aus wie eine Star-Trek-Kulisse. Diese große Höhle ist voller seltsam aussehender, teilweise fünf Meter hoher Zapfen, die mit filigranen Aragonitkristallen überzogen sind. Es könnten genauso gut mit Raureif bedeckte Kiefern von einem anderen Planeten sein. Die Entstehung dieser Skulpturen ist erstaunlich: In einem früheren Zeitalter war der Höhlenraum halb mit Wasser gefüllt, auf dem hauchdünne Plättchen aus Kalzit (Kalkspat) trieben. Ab und zu landeten Tropfen von der Decke auf diesen Kalzit-Teilchen, sodass sie auf den Grund sanken. Dort sammelten sie sich an und bildeten die Zapfen. Dieser Prozess dauerte Tausende und Abertausende von Jahren.

Allein ein Dutzend ihrer Höhlenräume hätten Lechuguilla schon zu einer wichtigen Entdeckung gemacht, doch gibt eine Stelle, die so überwältigend ist, dass man sich kaum darauf vorbereiten kann. Nach etwa sechs Stunden und zwei Kilometern Entfernung vom Eingang erreicht man schließlich den Chandelier Ballroom (Kronleuchter-Saal). Hier hängen sechs Meter lange, handgroße Kristallansammlungen von der Decke. Der Anblick hat etwas so Übernatürliches, dass man ihn kaum beschreiben kann. Einige Besucher vergleichen ihn mit grotesken Hexenfingern. Für andere ist es, als würden sie in einem gigantischen, leeren Gefrierfach herumlaufen.

Viele der Kristalle in der Lechuguilla-Höhle bestehen aus Gips, einem Kalksteinmineral. So viele Gipsablagerungen bewegten Speläologen (Höhlenwissenschaftler) zu der Frage, wie die Höhle entstanden war. Sie fanden heraus, dass sie nicht wie die meisten anderen Kalksteinhöhlen durch Kohlensäure, sondern durch Schwefelsäure entstanden war. Die Entdeckung veränderte die Ansichten über die Entstehung von Höhlen. Die Schwefelsäure entstand durch Schwefelwasserstoff aus Ölquellen tief in der Erdkruste, die durch Risse im Gestein sprudelten und sich mit Sauerstoff im Grundwasserspiegel verbanden. Sie löst Kalkstein fünfmal schneller auf als Kohlensäure und bildet Gipsrückstände, die Grundlage für die herrlichen Gebilde der Lechuguilla-Höhle. Die Entdeckungen waren jedoch noch nicht zu Ende.

Ursprünglich galt Lechuguilla als tote Höhle, die sich nicht mehr ausdehnt, kein Anzeichen von Leben aufweist und fast keine Nährstoffe enthält. Vor einigen Jahren entdeckten Forscher jedoch ein einzigartiges Bakterium an den Höhlenwänden, das sich von Schwermetallen wie Eisen und Mangan ernährt. Seine Überlebensfähigkeit unter solch extremen Bedingungen macht es zu einem echten Extremophilen. Sein Vorkommen ist ein weiterer Grund dafür, warum der Zugang zur Lechuguilla-Höhle so stark beschränkt wird. Wenn man heute in die Höhle gehen möchte, muss man sich darauf einstellen, alles von Plastiktabletts zu essen, damit kein Krümel auf den Höhlenboden fällt, und alle Körperausscheidungen in Tüten zu verpacken (euphemistisch als Burritobeutel bezeichnet). In einer so nährstoffarmen Höhle wie Lechuguilla könnte selbst ein

halber Keks einen fruchtbaren Nährboden für die anderen Bakterien bilden, die von den Menschen zwangsläufig eingeschleppt werden, und damit das empfindliche Ökosystem stören.

HÖHLENMENSCHEN

Unsere Angst vor Höhlen erscheint etwas seltsam, wenn man bedenkt, dass sie für unsere Vorfahren die ersten Orte waren, die als »Zuhause« bezeichnet werden konnten. Ohne sie hätten die frühen Europäer, die Cromagnons und Neandertaler, kaum der Eiszeit trotzen können. Einige europäische Höhlen waren tatsächlich jahrtausendelang ständig von Menschen bewohnt. Doch die hatten ihre Unterkunft nicht für sich allein.

Höhlen waren auch wichtige Zufluchtsorte für Höhlenbären, die etwa so groß wie Grizzlybären und damit ein Furcht erregender Gegner waren. Man stelle sich vor, man würde eine stockdunkle Höhle betreten, um dann festzustellen, dass sie bereits von einer Höhlenbärenfamilie bewohnt wurde, deren Mitglieder bis zu 5 Meter groß waren und 400 Kilogramm wogen – und man selbst ist nur mit einem Speer bewaffnet. Es ist verlockend, sich vorzustellen, dass dies der Grund für unsere heutige Angst vor Höhlen ist. Für die Cromagnons waren Höhlen jedoch ein so wichtiger Zufluchtsort, dass sie mit den riesigen Bären kämpfen mussten, wann immer sie ihnen begegneten. Es gibt sogar zahlreiche Belege dafür, dass die Cromagnons für die Ausrottung der Höhlenbären am Ende der letzten Eiszeit verantwortlich waren – wahrscheinlich im Konkurrenzkampf um sichere, behagliche Höhlen.

Unsere Vorfahren hinterließen viele Beweise für ihr Leben unter der Erde, zum Beispiel Knochen, Feuerstellen und Waffen. In einigen Höhlen hinterließen sie jedoch etwas anderes, was genauso dauerhaft und noch faszinierender ist. 1994 durchbrach der französische Höhlenforscher Jean-Marie Chauvet zusammen mit Eliette Brunel und Christian Hillaire den lockeren Schutt am Fuß einer Klippe in Südfrankreich und machte eine der größten archäologischen Entdeckungen aller Zeiten.

In der Höhle, die jetzt Chauvets Namen trägt, befand sich die faszinierendste Galerie prähistorischer Kunst. Gut ein Dutzend Tierarten waren auf den Wänden dargestellt, unter anderem die einzigen bekannten Höhlenmalereien eines prähistorischen Panthers und einer Eule sowie Bilder von Hyänen, Bergziegen, Büffeln, Löwen, Mammuts, Hirschen, Bären und einem Wollnashorn. Das Ausmaß der Malereien stellte das der weltbekannten, mehr als 50 Jahre zuvor entdeckten Höhle von Lascaux in den Schatten. Mit Hilfe der Radiokarbonmethode wurde bestätigt, dass diese Gemälde rund 30 000 Jahre alt sind – 15 000 Jahre älter als die in Lascaux.

Die Entdeckungen in Chauvet zeigen, wie wichtig Höhlen als historische Orte sind. Abgeschnitten von der Außenwelt, bleiben die Bedingungen im Inneren von einem Jahrtausend zum nächsten fast unverändert und bilden somit einen völligen Gegensatz zum Leben über der Erde, das über denselben Zeitraum unzählige gravierende Veränderungen erfährt. Man kann sich kaum vorstellen, dass einst Löwen, Panther, Bären, Nashörner und Mammuts in Südfrankreich umherzogen, während unsere Vorfahren mehr schlecht als recht lebten, doch den unauslöschlichen Beweis dafür findet man an den Wänden von Chauvet.

UNTEN Der Höhlenbär-»Altar«. Der Schädel in der tiefen Kammer der Chauvet-Höhle wurde anscheinend sorgfältig auf den Fels gelegt. Der Boden ist mit zahlreichen weiteren Bärenschädeln übersät.

GEGENÜBER, IM UHRZEIGERSINN
Nashörner, Wildpferde und Löwen, die Auerochsen (heute ausgerottete Wildrinder) auf der Nahrungssuche – Meisterwerke der Steinzeitkunst aus der Chauvet-Höhle mit perspektivischen und Schattierungstechniken, die die Ursprünge der Kunst um 30 000 Jahre zurückverlegt haben. Es ist erwiesen, dass diese Höhlenmalereien viele Jahrtausende lang von Menschen besucht wurden.

8 Süßwasser

Alles Leben auf dem Land ist abhängig vom Süßwasser. Obwohl es nur in relativ geringen Mengen vorkommt, ist seine Bedeutung enorm. Es gestaltet nicht nur die Landschaft, sondern beherbergt dort, wo es sich sammelt, auch einzigartige und erstaunliche Lebensformen. Es ist schlicht und einfach die wertvollste Quelle auf der Erde.

Süßwasser ist Mangelware. Nur knapp drei Prozent des Wassers auf der Erde sind Süßwasser, der Rest ist Salzwasser. Von dieser winzigen Menge sind etwa 70 Prozent als Eis und Schnee gebunden, hauptsächlich an den Polen. In den gefrorenen Tiefen der riesigen, stellenweise bis zu vier Kilometer dicken Eisschichten der Antarktis ist kaum Leben möglich. Weitere 30 Prozent des Süßwassers sind im Gestein und Erdreich als Grundwasser gespeichert – nur 0,3 Prozent fließen an der Oberfläche in Form von Flüssen und Seen. Und dennoch gehören diese Gewässer zu den reichhaltigsten Lebensräumen der Erde. Wenn man sich unter die Wasseroberfläche wagt, entdeckt man eine Welt voller Leben in allen Formen und Größen. Im und auf dem Süßwasser leben 40 Prozent aller Fischarten, die meisten Amphibien sowie zahllose Insekten, Reptilien, Pflanzen, Vögel und Säugetiere. Die Wissenschaft enthüllt langsam die Geheimnisse dieser rätselhaften Welt und entdeckt neue Lebensformen. Allein im Amazonas – wo 3500 Fischarten und damit mehr als im Atlantik leben – werden noch hunderte der Wissenschaft unbekannte Lebensformen vermutet.

OBEN Das Plateau des Kukenon-Tepuis, der von einer anderen Welt zu sein scheint. Große Sandsteintürme erstrecken sich bis in die Wolken und bilden den Hintergrund für einen Sumpf mit insektenfressenden Pflanzen.

GEGENÜBER Der Gipfel des berühmten Auyan-Tepuis, auch Teufelsberg genannt. Von hier aus stürzt der Angel Fall, der höchste Wasserfall der Welt, in die Tiefe – von einem Berg, der doppelt so hoch ist wie das höchste Gebäude der Welt. Anschließend fließt das Wasser in den größten Strom Venezuelas, den Orinoco.

VORHERIGE DOPPELSEITE Der räuberische Dorado oder »Flusstiger« mit Piraputangas im Hochwasser des Pantanal.

FLIESSENDES WASSER

Die Reise beginnt hoch oben in den Bergen. Kleine Bäche fließen hinab, meist um in gewaltige Flüsse zu münden, die Hunderte von Kilometern bis zu ihrem Ziel fließen – ins Meer. Hier beginnt der Wasserkreislauf der Erde von neuem: Wasser verdunstet, bildet Niederschlag über dem Land und kehrt schließlich in den Flüssen zum Meer zurück.

Eines der abgelegensten und isoliertesten Gebirgsplateaus bietet einen Einblick in diesen permanenten Übergang. Ständig in Wolken gehüllt, erheben sich die prähistorischen Tafelberge oder Tepuis im Süden Venezuelas 1000 Meter über den Regenwald. Von dieser imposanten Landschaft ließ sich Arthur Conan Doyle zu »Die verlorene Welt« inspirieren – eine prähistorische Fantasielandschaft, die vom darunter liegenden Urwald abgeschnitten ist. Der erste Entdecker, der in den dreißiger Jahren über diese Plateaus flog, war Jimmie Angel, ein amerikanischer Pilot, der mit einer kleinen Maschine auf Goldsuche war. Einer dieser Flüge endete dramatisch: Angel stürzte auf den Gipfel eines berühmten Tafelbergs – des Auyan-Tepuis oder Teufelsberges. Der Amerikaner kam mit dem Leben davon, doch auch heute noch ist ein Flug über diesen Berg eine nervenaufreibende Erfahrung. Kräftige Winde rütteln den Hubschrauber durch, und dicke Wolkendecken rücken immer näher und behindern die Sicht. Obwohl Angels Flugzeugwrack schon vor langer Zeit in ein Museum gebracht wurde, sind die Trümmer

anderer Maschinen als abschreckendes Beispiel für die Gefahren eines Flugs über dieses Hochplateau auf dessen Felsen verstreut.

Die Erkundung dieser Gegend lohnt sich. Nach der Landung auf dem Gipfel des Kukenon-Tepuis betritt man eine fremde Welt. Durch den Nebel tauchen seltsame Gebilde auf – Sandsteintürme, die über die Jahrtausende von Wind und sintflutartigen Regenfällen so geformt wurden, dass sie wie unheimliche Gestalten aussehen. Im Morast unter den Füßen gedeiht eine riesige Ansammlung fleischfressender Pflanzen, von denen die meisten nur hier leben – Kannenpflanzen und Sonnentau ernähren sich von Insekten, die vom Urwald heraufgeweht werden. Sie gedeihen unter den feuchten Bedingungen, die von den fast täglichen tropischen Regengüssen geschaffen werden.

Die Quelle dieses Regens ist die Feuchtigkeit, die als Wasserdampf vom Meer aufsteigt, ins Landesinnere geweht und an den Bergen nach oben gedrückt wird. Wenn sie abkühlt, verdichtet sie sich zu Wolken und kommt schließlich als Regen herunter. Regenwasser strömt über die Felsen und fließt durch Schluchten in Bäche, die in kleine Flüsse münden. Vom Hubschrauber aus kann man den Verlauf der Bäche auf dem Gipfel des Teufelsberges bis zu der Stelle verfolgen, an der das Wasser plötzlich über einen Steilhang schießt – und dem Betrachter das Herz in die Hose rutscht. An einem klaren Tag kann man den längsten zusammenhängenden Wasserfall der Welt in seiner gesamten Höhe von 979 Metern sehen. Der Sturz ist so tief, dass das Wasser vom Wind zu feinem Dunst verweht wird, lange bevor es unten in der Teufelsschlucht ankommt. Dieser Wasserfall, der schließlich in den Orinoco, den zweitgrößten Fluss Südamerikas, mündet, heißt Angel Falls. Benannt ist er nach dem Buschpiloten, der ihn im Jahr 1933 entdeckt hat: Jimmie Angel.

OBEN Sturzbachenten leben nur oberhalb von 1500 Metern in den Anden. Die schlanken, stromlinienförmigen Vögel sind kraftvolle Schwimmer und können dank ihres Körperbaus in Stromschnellen schwimmen und tauchen.

GEGENÜBER OBEN Der Japanische Riesensalamander. Riesensalamander sind die größten Amphibien der Welt und können über anderthalb Meter lang und 50 Jahre alt werden.

GEGENÜBER UNTEN In der Dunkelheit verlassen die großen Nachträuber ihre Schlafhöhlen, um Fische zu jagen.

LEBEN IN DER STRÖMUNG

Wenn die Temperaturen im Frühjahr steigen, entsteht durch die Eis- und Schneeschmelze ein Süßwasserschwall. Diese Schmelzwasser-Sturzbäche sind voller Energie, wenn sie sich die Berge hinunter ergießen und stetig an Geschwindigkeit und Kraft zunehmen. Wie jeder Kanufahrer bestätigen wird, der in den Stromschnellen und Wasserfällen den ersehnten Adrenalinkick verspürt, ist der Oberlauf eines Flusses am aufregendsten.

Gebirgswasser ist zwar kalt und nährstoffarm, aber sauerstoffreich. Hier dominieren die wirbellosen Tiere, doch erfordert das Leben im Strom Anpassungen. Einige Mückenlarven haben abgeflachte Körper, um den Strömungswiderstand zu verringern, zudem eine Reihe von Enterhaken, damit sie nicht weggespült werden. Blattlauslarven halten sich mit Hilfe von Bauchhaken fest und setzen seidene Rettungsleinen ein, wenn sie den Halt verlieren. Die Larven der Köcherfliegen bauen einen Kasten aus Steinen, Sand und Stöcken, um sich vor Räubern zu schützen und um nicht gegen die Felsen geschleudert zu werden. Spezialisierte Fische wie die tibetische Bachschmerle – einer der in den höchsten Lagen lebenden Fische der Welt – ernähren sich von Algen, die sie von den Steinen kratzen, und halten sich mit ihren großen Saugmäulern fest.

Das Leben in der Strömung ist zwar hart, bietet aber durchaus auch Vorteile. Vor allem gibt es kaum Räuber. Doch natürlich gibt es auch am oberen Ende der Nahrungskette einige wenige Tiere, die sich auf das Leben in der Höhe spezialisiert haben: Die hoch oben in den südamerikanischen Anden lebenden Sturzbachenten sowie die Kragenenten, die von Alaska bis Sibirien zu finden sind, haben einen stromlinienförmigen Körper und kräftige Füße mit Schwimmhäuten, um beim Fressen wirbelloser Wassertiere gegen die Flussströmung anzukommen. Die einzigen großen Raubtiere der abgelegenen Gebirgsflüsse Chinas und Japans sind zugleich die größten Amphibien der Welt: die Riesensalamander. Diese riesigen

Tiere, die über anderthalb Meter lang und älter als 50 Jahre werden können, haben einen außergewöhnlich langsamen Stoffwechsel – ideal für einen kalten Lebensraum. Tagsüber ruhen sie sich gemeinsam in Unterwasserhöhlen aus und kommen nachts heraus, um Fische, zum Beispiel Forellen, zu jagen. Ein Riesensalamander sieht schlecht, verfügt jedoch über Sinnesrezeptoren am Körper, die schon die kleinste Veränderung des Wasserdrucks wahrnehmen. Er lauert im Hinterhalt, und wenn sich Beute nähert, schlägt er erstaunlich schnell zu. Da er keine Konkurrenz hat, speist er allein.

ANSTURM DER LACHSE

Neues Leben erreicht die hohen, kühlen Flüsse der nördlichen Hemisphäre in Form der größten Süßwasserfischwanderung der Welt. Jedes Frühjahr findet in hunderten Flussmündungen an den nordamerikanischen und europäischen Küsten eine Invasion von Millionen von Atlantiklachsen statt, die sich dann stromaufwärts zu ihren Laichplätzen kämpfen. Es ist eine strapaziöse, oft mehr als tausend Kilometer lange Reise. Sechs Pazifiklachsarten – Rotlachs, Buckellachs, Hundslachs, Silberlachs, Regenbogenforelle und Königslachs – drängen sich in die nördlichen Flüsse von Kalifornien bis Korea.

Ein Lachs kann mehrere Jahre im Meer verbringen, wo er frisst und wächst. Er benötigt seine ganze Kraft, um sich auf die letzte und anspruchsvollste Reise seines Lebens zu begeben – zu seinem Geburtsort flussaufwärts. Diese schnell schwimmenden und stromlinienförmigen Fische können bei ihrem gigantischen Unterfangen gegen starke Stromschnellen anschwimmen und sogar Wasserfälle hinaufspringen. An der kanadischen Westküste unterbrechen Rotlachse ihre Reise und machen Rast in Becken, wo sie ihre Kräfte schonen, bis die nächste Wasserflut kommt, die den Flusspegel anhebt und ihre Reise stromaufwärts erleichtert. Zwar lauern überall Gefahren, doch die größte Bedrohung auf dieser Etappe stellt der Grizzlybär dar. Für die Bären sind es üppige Zeiten. Sie sind gute Schwimmer, und einige von ihnen haben sogar gelernt, nach Lachsen zu tauchen und sie mit den Krallen ihrer großen Tatzen am Flussbett festzuhalten. Die Jungen beteiligen sich zwar ebenfalls am großen Lachsfischen, aber es ist gar nicht so einfach, Lachse im tiefen Wasser zu fangen, und so sind die Bärenjungen meist auf die Zuwendungen ihrer Mutter angewiesen.

Die überwiegende Mehrheit der Lachse entkommt jedoch und kann die letzte Etappe ihrer beschwerlichen Reise beenden. Ihr hervorragender Orientierungssinn führt die Fische zu den Bächen zurück, wo sie Jahre zuvor ihr Leben begannen. Die körperliche Verwandlung, die bei ihrem Eintritt ins Süßwasser anfing, ist nun vollendet. Sie sind leuchtend rot, und die Männchen sind gekrümmt und haben einen Haken entwickelt, einen nach oben gekrümmten Fortsatz des Unterkiefers, den sie einsetzen, um die Gunst eines Weibchens zu gewinnen. Die befruchteten Eier werden in Kiesmulden abgelegt, wo sie sich in sauerstoffreichen, vor Räubern relativ sicheren Gewässern entwickeln können.

Nach dem Laichen sterben die Pazifiklachse. Die Flussbetten werden zu riesigen Friedhöfen. Doch selbst wenn sie tot sind, spielen Lachse noch eine wichtige ökologische Rolle, da sich Dutzende verschiedene Lebewesen – von der Blattlauslarve bis zum Flusskrebs, vom Weißkopfseeadler bis zu den Wolfsjungen – von ihren Kadavern ernähren. Es ist eine gewaltige Energiespritze für die hoch gelegenen Flüsse, und sogar die angrenzenden Wälder profitieren und wachsen besser auf dem Boden, der durch die von den Raubtieren verstreuten Fischreste gedüngt wird.

Die Zukunft der Lachse sieht jedoch düster aus. Im Nordatlantik hat sich die Zahl der aus den Meeren zurückkehrenden Lachse halbiert, was möglicherweise an der steigenden Wassertemperatur und der Unterbrechung der Nahrungskette liegt. Die Lachse, die es bis zu den Flüssen schaffen, sind einer weiteren Bedrohung ausgesetzt – den aus der Lachszucht entkommenen Tieren. Jedes Jahr gelangen

UNTEN Wenn er ins Süßwasser kommt, wird der männliche Rotlachs leuchtend rot, krümmt sich und bildet einen hakenartigen, nach oben gebogenen Kiefer aus.

UNTEN Eier in einer Kiesmulde werden befruchtet. Sie entwickeln sich in den sauerstoffreichen Gewässern des Flussoberlaufs.

GEGENÜBER Braunbären – Grizzlys – beim Lachsfang in Alaska. Ein Bär kann in den sechs Wochen der Lachswanderung über eine Tonne Lachs fressen.

OBEN Ein Blick aus dem Weltraum auf die 1,6 Kilometer tiefe Canyonnarbe und das Geflecht, das vom Colorado River in Arizona, USA, ausgewaschen wurde.

zwischen 500 000 und zwei Millionen Zuchtlachse in den offenen Nordatlantik. Die Entflohenen verbreiten Krankheiten und befruchten den Laich der frei lebenden Fische. Wissenschaftler befürchten, dass die so entstandenen Kreuzungen die Vielfalt der Fische gefährden und zu einer genetischen Schwäche und einer geringeren Überlebensrate führen. Pläne, transgene oder genmanipulierte Lachse zu züchten, könnten in Zukunft zu weiteren Problemen führen.

SCHLUCHTEN UND CANYONS

Hoch gelegene, von Regen und Schmelzwasser gespeiste Flüsse werden größer, wenn sie zusammenfließen. Sie gestalten das Land, indem sie v-förmige Flusstäler, Schluchten und Canyons ins Gestein treiben. Die tiefsten Schluchten befinden sich im Himalaja, der höchsten Gebirgskette der Welt, die massiver Erosion durch Flüsse ausgesetzt ist. Große Canyons im Himalaja sind unter anderem der 4,3 Kilometer tiefe Kali-Gandaki-Canyon in Nepal und die 3,9 Kilometer tiefe Tiger Leaping Gorge in China. Die tiefsten Canyons auf dem amerikanischen Kontinent sind der Colca-Canyon in den peruanischen Anden mit 3,2 Kilometern, der Copper Canyon in Mexiko mit 1,7 Kilometern Tiefe und der vielleicht berühmteste von allen, der Grand Canyon in Arizona, USA. Der Grand Canyon ist allerdings nur ein Teil des längsten Canyonsystems der Welt: eine 1600 Kilometer lange, vom Weltraum aus gut sichtbare Narbe, die über Millionen Jahre hinweg durch die Auswaschung des Sandsteins durch den Colorado River in Arizona, Utah und Colorado entstand. Heute ist der Strom zwar durch den Hoover-Staudamm gebändigt, doch der Canyon, den er hinterlassen hat, bezeugt die gestalterischen Kräfte großer Flüsse. Der 355 Kilometer lange, über 1,6 Kilometer tiefe und an der breitesten Stelle 27 Kilometer breite Grand Canyon zieht riesige Menschenmengen an, die seine ungeheure Größe und Erhabenheit bestaunen.

FLUSSDRAMEN

Wenn sich die Flüsse von den Bergen herunterschlängeln, werden sie langsamer, erwärmen sich allmählich und werden dabei von immer mehr Lebensformen besiedelt. Der Cauvery in Südindien ist voller Nährstoffe, wenn er von den Western Ghats herunterkommt. Wenn seine Wassertemperatur steigt, wimmelt er von Fischen, beispielsweise dem unter Fischern hoch begehrten, bis zu 45 Kilogramm schweren Mahseer. Diese Brocken sind die Beute der Sumpfkrokodile, die beim Sonnenbaden auf den Sandbänken zu sehen sind. Bei Tagesanbruch weist das aufspritzende Wasser auf die Dramen hin, die sich unter Wasser abspielen, wenn die Mahseer versuchen, den Mäulern ihrer Räuber zu entkommen.

Krokodile sind wechselwarme Tiere, und alle 22 Arten leben gewöhnlich in niedriger gelegenen subtropischen und tropischen Flüssen. Große Ansammlungen riesiger Nilkrokodile leben in Flüssen, die sich durch die ostafrikanische Serengeti schlängeln. Diese Gewässer werden dadurch zu gefährlichen Hindernissen, bleiben aber zugleich lebenswichtige Wasserstellen für durstige Weidetierherden, die auf der Suche nach frischen, grünen Weiden das verdorrte Grasland überqueren. Einmal im Jahr spielt sich an den Flussrändern ein Drama ab, wenn anderthalb Millionen Gnus über die Ebene ziehen. Die Krokodile wissen, dass die Gnus kommen, und versammeln sich erwartungsvoll zu ihrem alljährlichen Festmahl. Wenn die durstigen Gnus vorsichtig nacheinander ans Ufer des Grumeti kommen, gleiten die Krokodile lautlos ins trübe Wasser. Sie sind es gewohnt, bei schlechter Sicht zu jagen, und verlassen sich

UNTEN Indische Fischotter – hier beim Spielen im Cauvery – sind besonders gesellige Vertreter ihrer Art.

GANZ UNTEN Ein Sumpfkrokodil wird über vier Meter lang und ernährt sich hauptsächlich von Fischen wie dem Mahseer, gelegentlich jedoch auch von Ottern oder anderen Säugetieren, die ihm zu nahe kommen.

auf eine List: Sie kriechen auf dem Flussbett und steuern auf die Erschütterungen zu, die von den trinkenden Gnus ausgehen. Dann machen sie sich ganz flach, um in dem nur wenige Zentimeter tiefen Wasser unsichtbar zu bleiben, und kommen immer näher, bis ihre Schnauzen beinahe die der Gnus über ihnen berühren.

Für ein Filmteam kann die Spannung unerträglich werden. Die nervösen Gnus schieben sich immer näher ans Wasser. Es kann Stunden dauern – ein Schritt vor, ein Schritt zurück. Dann wird die angespannte Stille plötzlich von einem Krokodil zerrissen, das aus dem Wasser schießt. Chaos bricht aus, als die Gnus zurückspringen und panisch übereinander stürzen. Zebras stoßen angsterfüllte Warnrufe aus. Nur mit einer Hightechkamera kann man so langsam filmen, dass der schmale Grat zwischen Leben und Tod sichtbar wird. Wenn ein Krokodil erst einmal zugepackt hat, lässt es auf keinen Fall wieder los. Manchmal entwickelt sich ein brutales Tauziehen zwischen einem Gnubullen und einem Krokodil. Dann kann der Kampf eine Stunde oder länger dauern, bevor es dem Krokodil gelingt, den Bullen so tief ins Wasser zu ziehen, dass er ertrinkt.

RIESIGE SEEN

UNTEN Das Nilkrokodil ist ein Meister des Hinterhalts und schlägt blitzartig zu. Obwohl seine Ernährung zum Großteil aus Fisch besteht, bekommt es jedes Jahr ein Festmahl in Form von wandernden Gnus und Zebras.

Die meisten Flüsse fließen ins Meer. Der Grumeti jedoch fließt von der afrikanischen Ostküste ins Landesinnere in den zweitgrößten Süßwassersee der Welt, den Viktoriasee. Vom Weltraum aus erscheinen Seen als riesige silberblaue Flecken – so groß, dass man sie oft für Meere halten könnte. Einige sind so breit

OBEN Eine Winteransicht des zugefrorenen Baikalsees in Ostsibirien. Der See fasst mehr Süßwasser als jeder andere – etwa ein Fünftel der gesamten Süßwassermenge in den Seen und Flüssen der Erde.

und tief, dass sie ein eigenes Wettersystem geschaffen haben. In anderen gibt es Robben-, Quallen- und Schwammkolonien wie im Meer. Viele dieser Seen enthalten eine Reihe von endemischen Arten, also Arten, die es sonst nirgendwo gibt.

Der größte Binnensee der Welt ist das Kaspische Meer, das östlich des Kaukasus in Südwestasien liegt. Es umfasst eine Fläche von 371 000 Quadratkilometern und ist damit größer als Deutschland. Sein Wasser ist salzhaltig, was ihm Meereseigenschaften verleiht. Der flächenmäßig größte Süßwassersee ist der Lake Superior, ein Teil der Großen Seen Nordamerikas, welche die weltweit größte Binnensüßwasserfläche der Erde bilden: Ihre Ausmaße übertreffen die von Großbritannien. Die Mutter aller Seen ist jedoch der Baikalsee in Ostsibirien, eine riesige Spalte von über 1,6 Kilometern Tiefe, die ein Fünftel des gesamten fließenden Süßwassers der Erde enthält.

Seit Jahrhunderten regen die tiefsten Seen die Fantasie der Menschen an und liefern die Vorlage für Geschichten über urzeitliche Lebewesen, die in den bodenlosen Unterwasserwelten leben. Nur wenige Seen sind jedoch tiefer als 500 Meter – Loch Ness in Schottland, berühmt für sein »Monster«, misst lediglich 230 Meter Tiefe –, und nur im Baikalsee gibt es unterhalb von 200 Metern noch Leben im Wasser. Noch ein See, der für seine Monster berüchtigt ist, verdient tatsächlich diesen Ruf: Der Nicaraguasee in Mittelamerika ist die Heimat des gefährlichen Bullenhais, der eine Länge von über drei Metern erreichen kann. Er war einst so zahlreich, dass noch bis in die 1970er-Jahre auf ihn kommerziell Jagd gemacht wurde. Bullenhaie schwimmen nun den Rio San Juan auf und ab, der in das Karibische Meer mündet. Sie gehören zu den wenigen Haiarten, denen die Veränderungen des Salzgehalts zwischen Salz- und Süßwasser nichts ausmachen.

OBEN Drei der größten Seen der Welt im Großen Grabenbruch Ostafrikas sehen vom Weltraum eher aus wie Binnenmeere. Es sind (von unten rechts nach oben) der Malawisee, der Tanganjikasee und der Viktoriasee.

UNTEN In der Regenzeit scheint bei Tagesanbruch eine Rauchfahne aus den Seen zu steigen. Es handelt sich jedoch um riesige Mückenschwärme.

KLEINE BUNTBARSCHE UND GROSSE SCHWÄRME

Der Große Afrikanische Grabenbruch in Ostafrika ist ein großer Spalt in der Erdkruste, der vom Roten Meer in südlicher Richtung nach Tansania verläuft. In diesem Graben befinden sich einige der größten und faszinierendsten Seen. Der Viktoriasee bedeckt eine Fläche von knapp 70 000 Quadratkilometern, ist jedoch relativ flach und sumpfig. Wissenschaftler haben über 350 Fischarten in dem See gefunden, von denen aber inzwischen ein Großteil durch ausgesetzte Nilbarsche ausgerottet worden ist. Die meisten dieser Fische gehören zur Familie der auffälligen Buntbarsche. Im Tanganjika- und Malawisee gibt es eine noch größere Fischvielfalt, obwohl die Seen kleiner sind als der Viktoriasee – 33 000 beziehungsweise 30 000 Quadratkilometer. Vor einer atemberaubenden Bergkulisse gelegen, bieten diese tropischen Gewässer mit ihren farbenprächtigen Buntbarschschulen in den kristallklaren felsigen Untiefen Süßwassertauchern eine Erfahrung, die mit einem Tauchgang an einem Korallenriff vergleichbar ist. Die meisten Fische – allein 850 Buntbarscharten – sind jedoch im Malawisee zu finden, dem kleinsten der drei Seen, der immer noch größer als Wales ist. Einige haben sich zu Algenfressern, andere zu Sedimentfressern und wieder andere zu Räubern, die sich von den Jungfischen anderer Fischarten ernähren, entwickelt. Fast alle Buntbarsche sind Maulbrüter und beschützen ihre Jungen auf diese Weise. Beim ersten Anzeichen eines Räubers signalisiert das Elterntier den Jungfischen, in sein höhlenartiges Maul zu schwimmen – und es beschützt seine Jungen so lange, bis sie zu groß für sein Maul sind. Nachts werden die Buntbarsche jedoch zur Beute des Elefantenfisches, eines Zitterfisches, der aus seinem Unterschlupf kommt, um die Felsen nach Fischen abzusuchen. Er bemerkt sie aufgrund von Verzerrungen im elektrischen Feld, das ihren Körper umgibt.

In einiger Entfernung zum Ufer stürzt der See in einen Abgrund ohne Licht, Wärme und Sauerstoff. Sowohl der Malawisee als auch der Tanganjikasee haben eine Thermokline, das heißt eine Trennschicht in rund 200 Metern Tiefe zwischen der oberen Warmwasserschicht und dem darunter liegenden Kaltwasser. Diese Thermokline verhindert, dass sich Nährstoffe und Sauerstoff vermischen, und schafft eine tote Zone auf dem Grund.

Neunzig Prozent des Wassers im Tanganjikasee – mit 1500 Metern der zweittiefste See der Welt – sind unbewohnt. Im Malawisee gibt es in der toten Zone, abgesehen von den Larven der Zuck- oder Büschelmücke, nur wenig Leben. Tagsüber verstecken sich die Larven in der sauerstoffarmen Tiefe vor den Raubfischen. Nachts lassen sie sich zur Oberfläche treiben, um Plankton zu fressen. Zu Beginn der Regenzeit schlüpfen die verpuppten Zuckmücken aus ihren Gehäusen. Bei Tagesanbruch erscheinen die ersten ausgewachsenen Mücken an der Oberfläche. Schon bald fliegen Millionen und Abermillionen frisch geschlüpfter Zuckmücken auf – spiralförmige, orangefarbene Tornados sich paarender Insekten steigen hoch in die Lüfte. Manchmal sollen die Schwärme angeblich so dicht sein, dass Fischer darin ersticken. Das unglaubliche Spektakel dauert nur ein paar Stunden. Nach der Paarung fallen die Mücken auf die Wasseroberfläche, legen ihre Eier ab und sterben. Am Nachmittag ist nur noch ein riesiger orangefarbener Teppich aus Millionen toter Insekten auf der Wasseroberfläche übrig – der schon bald von den Buntbarschen aufgefressen wird – und der Lebenszyklus der Zuckmücken beginnt aufs Neue.

UNTEN Mit einer Ausnahme sind alle Buntbarscharten des Malawisees Maulbrüter. Bei Gefahr schwimmen die Jungen in das höhlenartige Maul eines Elternfisches.

UNTEN Im Malawisee leben mehrere hundert Buntbarscharten, die alle von einem Vorfahren abstammen.

DER ÄLTESTE SEE DER WELT

Der Baikalsee (»heiliges Meer«) enthält ein Fünftel des gesamten Oberflächensüßwassers der Erde. Er ist 25 bis 30 Millionen Jahre alt und somit der älteste See der Erde. Wie der Tanganjikasee verdankt auch der Baikalsee seinen Ursprung der Verschiebung tektonischer Platten. Er befindet sich in einem Trog mit steilen Wänden, der 650 Kilometer lang und fast zwei Kilometer tief ist.

Das Leben in Ostsibirien ist hart. Die durchschnittliche Wintertemperatur beträgt -20 °C, und der See ist über fünf Monate lang von einer etwa ein Meter dicken Eisschicht bedeckt – die stark genug ist, um die Tonnen schweren Lastwagen zu tragen, die den See als Abkürzung und Autobahn benutzen. Wenn man jedoch durch das Eis schaut und in die Welt darunter eintaucht, befindet man sich in einer winterlichen Märchenlandschaft.

Unter dem Eis besteht die Welt aus seltsamen, durchsichtigen Eisskulpturen, und es gibt Leben in Hülle und Fülle. Aufgrund seiner isolierten Lage war dieser uralte See Schauplatz einer evolutionären Explosion und ist heute der Lebensraum von etwa 1200 Tier- und rund 1000 Pflanzenarten, von denen es 80 Prozent nur hier gibt.

Viele von ihnen ähneln den Lebewesen des Meeres, beispielsweise die Schwämme, die den Boden im seichten Wasser bedecken. Es gibt Dutzende Schnecken- und Flohkrebsarten – garnelenartige Krebstiere, die teilweise so groß sind wie Mäuse. Als Aasfresser spielen sie eine wichtige Rolle. Sie können in den dunklen, kalten Tiefen fressen, wo die Temperaturen selbst für Fäulnisbakterien nicht hoch genug sind.

Der Baikalsee ist die Heimat der einzigen Süßwasserrobbe, der Baikalrobbe. Man nimmt an, dass sie vor 22 Millionen Jahren vom Nördlichen Eismeer zum See wanderte – an Flüssen entlang, die schon lange nicht mehr existieren.

Etwa 50 000 Baikalrobben leben hier. Mit nur maximal 1,4 Metern Länge sind sie kleiner als die meisten anderen Robben. Die Weibchen gebären im Winter in Eishöhlen. Sie halten Atemlöcher im Eis frei, indem sie die Ränder mit ihren scharfen Krallen abschaben oder sie abnagen. Wenn im Laufe des Frühjahrs die Eisschmelze einsetzt, werden die Höhlen

sichtbar, und die Jungen sind umherziehenden Bären oder sogar Krähen ausgesetzt.

Als Erwachsene können Baikalrobben bis zu 180 Meter tief tauchen und 25 Minuten unter Wasser bleiben. Sie ernähren sich hauptsächlich von dem durchsichtigen Golomyanka, auch Großer Baikalölfisch genannt, den es ebenfalls nur im Baikalsee gibt. Baikalölfische enthalten etwa 30 Prozent Öl und sind die häufigsten Fische im See. Sie können dem unglaublich starken Wasserdruck in 1400 Metern Tiefe standhalten, doch wenn man sie aus dem See holt, schmelzen sie buchstäblich.

Tiefseetauchboote haben ungewöhnliche Entdeckungen gemacht: Das Wasser ist überall klar und enthält bis hinunter zum Grund in einer Tiefe von 1637 Metern überall genügend Sauerstoff, damit in jeder Tiefe Tiere leben können.

Rund 400 Meter unter der Wasseroberfläche haben Wissenschaftler zu ihrer Überraschung hydrothermale Quellen gefunden, die man vorher einzig und allein aus der Tiefsee kannte. Um diese hydrothermalen Quellen herum gedeihen einzigartige Schwämme, Bakterienmatten, Schnecken, Fische und durchsichtige Garnelen.

Im Abgrund der über 1000 Meter tiefen Ebene des Sees, die wiederum auf einer kilometerdicken Sedimentschicht liegt, haben die Forscher einen riesigen Tiefseeplattwurm gefunden, der bis zu 40 Zentimeter lang werden kann und Fische jagt. Er ist nur einer von 80 Plattwurmarten im Baikalsee.

VON LINKS NACH RECHTS

Schwammwälder säumen die flachen Zonen des Baikalsees. Diese langsam wachsenden Tiere filtern Plankton aus dem Wasser.

Ein Amphipode (Flohkrebs). Dieser uralte See enthält 40 Prozent aller Flohkrebse der Welt. Sie betätigen sich als Putzer und sind Aasfresser.

Die Baikalrobbe (russisch »Nerpa«) ist die einzige Süßwasserrobbe der Welt. Sie kann 180 Meter tief nach Fischen tauchen.

Diese Eisskulpturen können sich nur im Süßwasser bilden. Man kann sie nur selten bewundern, da man es gerade mal 45 Minuten in der Kälte aushält.

Fünf Monate lang ist der Baikalsee von einer über einen Meter dicken Eisschicht bedeckt.

GIGANTISCHE FLÜSSE

Die meisten großen Flüsse beenden ihre Reise nicht in einem See, sondern legen große Strecken bis zum Meer zurück. Vom Weltraum aus erscheinen sie als lange, silberfarbene Bänder, die sich über die Kontinente schlängeln. Die Top Ten – in der Reihenfolge ihrer Wassermenge – werden vom Amazonas angeführt. Er ist der bei weitem größte Fluss und führt viermal mehr Wasser als der zweitgrößte, der Kongo. Der drittgrößte ist der Orinoco, gefolgt von Yangtse, Parana, Brahmaputra, Gelbem Fluss, Jenissei, Ganges und Mississippi. Der Nil in Afrika ist der längste Fluss der Welt – einer seiner Hauptzuflüsse, der Blaue Nil, entspringt im äthiopischen Hochland, der andere, der Weiße Nil, im Viktoriasee – und mündet 6695 Kilometer stromabwärts ins Mittelmeer.

Viele andere große Flüsse entspringen im Himalaja, dem größten Gebirge der Welt. Ganges und Brahmaputra fließen nach Süden durch Indien, vereinen sich zum Padma und bilden im Golf von Bengalen das weltweit größte Flussdelta. Der Gelbe Fluss entspringt dagegen in Tibet und fließt durch den Norden Chinas. Er ist hinsichtlich der Ablagerungen, die er mit sich führt, der zweitgrößte Fluss nach dem Padma. Weiter südlich in China fließt der Jangtse, mit 6300 Kilometer Länge der längste Fluss Asiens und wahrscheinlich der tiefste der Welt, wenn er durch den Drei-Schluchten-Stausee fließt.

DIE KÖNIGIN DER FLÜSSE – DER AMAZONAS

Auf dem amerikanischen Kontinent entwässern der Mississippi und seine Zuflüsse fast die gesamten USA. Doch die Königin aller Flüsse ist und bleibt der Amazonas. Er führt etwa ein Fünftel des fließenden Süßwassers der Welt. Außerdem bringt er rund eine Milliarde Tonnen Ablagerungen pro Jahr mit, die vom Weltraum aus als brauner Fleck noch Hunderte von Kilometern draußen auf dem Meer zu erkennen sind.

Der Amazonas entspringt in den Anden von Peru, und sein Hauptarm fließt nach Osten durch Brasilien. Stellenweise ist der monströse Fluss bei Hochwasser 40 Kilometer breit. Noch 3700 Kilometer vom Meer entfernt ist er von hochseetauglichen Schiffen befahrbar. Etwa 6500 Kilometer von seiner Quelle entfernt mündet der zweitlängste Fluss der Welt schließlich in den Atlantik.

Die Gewässer des Amazonas sind ausgesprochen reichhaltig. Bis heute wurden über 3000 verschiedene Fischarten identifiziert – mehr als im gesamten Atlantischen Ozean – und wissenschaftlichen Schätzungen zufolge könnte sich die tatsächliche Zahl auf über 5000 belaufen. In den Tiefen lauern Lebewesen, die sich mit Hilfe von Elektrizität verständigen. Durch eine Veränderung des elektrischen Felds, das ihren Körper umgibt, können sie im trüben Wasser miteinander »reden«. So kann der Zitteraal bis zu 600 Volt erzeugen – genug, um einen Menschen bewusstlos zu machen.

Der Boto oder Amazonasdelfin kann bis zu 100 Kilogramm schwer und 2,5 Meter lang werden. In der Paarungszeit gibt es harte Konkurrenzkämpfe, und die Männchen fügen sich schwere Bisswunden zu. Sie balzen jedoch auch vor den Weibchen, indem sie mit einem Stein im Maul aus dem Wasser schnellen, vielleicht um zu beweisen, wie stark und geschickt sie sind.

Der Amazonas liefert den Amazonasdelfinen Nahrung in Hülle und Fülle. Fische, unter anderem Raubwelsschwärme, schwimmen auf ihren Wanderungen durch ihre Reviere. Diese Fische unternehmen eine der längsten Wanderungen aller Süßwasserfische – vom Amazonasdelta bis zum Vorgebirge der Anden, wahrscheinlich, um dort zu laichen – alles in allem eine Reise von über 4800 Kilometern. Während der Laichzeit brodelt das Wasser buchstäblich von Fischen, die so dicht gedrängt sind, dass einzelne Tiere an Sauerstoffmangel sterben können. Die Amazonasdelfine folgen den Schwärmen und treiben sie in flacheres Wasser, um sie leichter fangen zu können.

OBEN Botos, auch Amazonasdelfine genannt. Sie sind sehr gesellig und verständigen sich im trüben Amazonas mit Hilfe eines umfangreichen Vokabulars aus Pfeif- und Klicklauten. Außerdem können sie sich mit Echoortung orientieren und jagen.

OBEN Ein männlicher Amazonasdelfin zeigt einen Schlammklumpen – man nimmt an, dass dieses Verhalten zum Balzritual gehört.

GEGENÜBER Der gigantischste Fluss der Erde, der Amazonas. Seine Gewässer wimmeln von Fischen und anderen Tieren und bilden ein einzigartiges Ökosystem aus Überschwemmungswäldern. Nur ein Drittel der 177 großen Flüsse der Welt fließt frei und wird nicht von Dämmen oder anderen Hindernissen aufgehalten, und der Amazonas gehört zu den 21 Flüssen, die ungehindert von der Quelle bis zum Meer fließen.

Der Amazonas ist außerdem die Heimat des Amazonas-Sotalia beziehungsweise Tucuxi – eines Tümmlers, der von den Einheimischen als »Flussdelfin« bezeichnet wird. Tucuxis und Botos sind die einzigen Süßwasserdelfine, die nicht ernsthaft bedroht sind. Die anderen vier Arten, die alle in den größten Flüssen der Welt zu finden sind, leben oft in trübem Wasser, sind daher praktisch blind und verlassen sich auf ihr hoch entwickeltes Sonar, um Fische zu fangen. Die beiden Arten auf dem indischen Subkontinent sind der Ganges-Delfin, dessen Lebensraum sich vom Vorgebirge des Himalaja bis zum Ganges-Brahmaputra-Delta erstreckt, sowie der Indus-Delfin in Pakistan und Indien. Der Chinesische Flussdelfin oder Baiji ist am meisten bedroht. Der Bau des Drei-Schluchten-Staudamms sowie die zunehmende Umweltverschmutzung, Fangnetze und Flussschifffahrt haben ihn fast ausgerottet; nur eine Handvoll Tiere ist noch übrig.

Auf dem letzten Stück zum Meer kann ein Fluss immer noch auf Hindernisse stoßen. In den Unterläufen des Rio Iguaçu an der Grenze zwischen Brasilien und Argentinien, wo das Wasser das harte Gestein verlässt und über eine weichere Schicht fließt, hat es eine mehr als 2,5 Kilometer breite Stufe ins Gestein gewaschen. Man kann das Tosen der gewaltigen Iguaçu-Wasserfälle (Iguaçu bedeutet »großes Wasser«) noch in mehr als zehn Kilometern Entfernung hören. Die Fallhöhe der Wasserfälle erkennt man am besten vom Hubschrauber aus.

Von dort aus sieht man, wie der Fluss über sein hufeisenförmiges Becken in den nebelverhüllten Abgrund namens Teufelsrachen stürzt. Die Gischt und der tückische Aufwind machen den Flug zu einer furchterregenden Erfahrung.

GEGENÜBER Die Dardanelos-Wasserfälle im brasilianischen Fluss Aripuana. Rußsegler nutzen die riesigen Wasserfälle, indem sie hinter die Wasserwand fliegen und dort – vor Räubern geschützt – auf den Felsen nisten.

DIE GRÖSSTEN VON ALLEN

Seit Jahrhunderten wird darum gestritten, welcher Süßwasserfisch diesen heiß begehrten Titel verdient. Eines der vielen Probleme ist, dass die Behauptung, ein riesiges Lebewesen gesichtet zu haben, wie so manche Anglergeschichte meist nicht belegbar ist.

Das dokumentierte Höchstgewicht des nordamerikanischen Weißen Störs beträgt 816 Kilogramm. Doch sein europäischer Verwandter, der Belugastör, bringt bis zu 1,5 Tonnen auf die Waage. In Russland gibt es Gerüchte über einen 4,5 Meter langen europäischen Wels. Zu den asiatischen Kandidaten zählt der Schwertstör aus dem Jangtse. Dieser Fisch, der Nahrung aus dem Wasser filtert, hat einen langen Stirnfortsatz und kann angeblich eine Länge von sieben Metern erreichen – obgleich es keine bestätigten Aufzeichnungen gibt. Große Süßwasserrochen im Mekong sind ebenfalls Titelanwärter, da sie angeblich mehr als 500 Kilogramm wiegen und bis zu 4,2 Meter lang werden. Die Auszeichnung als längster jemals verzeichneter Süßwasserfisch geht jedoch an den vom Aussterben bedrohten Riesenwels. Das hier abgebildete Exemplar war 2,7 Meter lang und wog 293 Kilogramm.

SUMPF UND SCHLAMM

Auf ihrer letzten Etappe verbreitern sich die Flüsse und überschwemmen tief gelegene Ebenen. Wo sie über die Ufer treten, entstehen Sumpfgebiete. Diese bedecken sechs Prozent der Erdoberfläche und bestehen aus Mooren, Marschen und Sümpfen. Bedeutende Feuchtgebiete sind die Everglades in Florida, das Okawangobecken in Botswana, der Kakadu-Nationalpark in Nordaustralien und das Amazonasbecken in Brasilien. Feuchtgebiete sind wichtiger Zufluchtsort für die Tierwelt und fungieren außerdem als Nieren des Landes, indem sie Schadstoffe herausfiltern und das System zu neuem Leben erwecken. Durch Landwirtschaft und Städtebau werden die verbleibenden Gebiete jedoch immer weiter ausgetrocknet.

In der Regenzeit in Südwestbrasilien verändert sich der Rio Paraguay drastisch. Von weit entferntem Regen gespeist, schwillt der Fluss an, tritt über seine Ufer und überschwemmt ein Gebiet, das mit 130 000

Quadratkilometern etwa so groß ist wie England. Dadurch entsteht eines der größten Feuchtgebiete der Welt, das nach dem portugiesischen Wort für Sumpf Pantanal genannt wird. In den folgenden sechs Monaten verwandeln sich sowohl die riesigen trockenen Weideflächen als auch der Wald vorübergehend in eine Wasserwelt aus Sümpfen, Tümpeln und Wasserarmen.

Das Pantanal versorgt diverse Tier- und Pflanzenarten. Seine langsam fließenden Gewässer, die durch das nährstoffreiche Flusswasser gedüngt werden, tragen zur Entstehung von Unterwasserwäldern aus Wasserpflanzen wie der Wasserhyazinthe und der Riesenseerose Victoria bei. Diese Umgebung ist ideal für Fische. In den klaren, flachen Gewässern zu schnorcheln ist, als ob man sich in einem riesigen tropischen Aquarium befände. Von der sanften Strömung getragen, gleitet man über Wasserpflanzen und exotisch aussehende Fischschwärme. Feigenbäume hängen über den Wasserrand und liefern hungrigen Fischen willkommene Nahrung. Die Konkurrenz um herunterfallende Früchte ist hart, und Pacu- und

OBEN Wenn der Parana über die Ufer tritt, überschwemmt er eine Fläche, die so groß ist wie England. Zusammen mit dem Rio Paraguay bildet er damit das größte Feuchtgebiet der Welt, das Pantanal in Südbrasilien.

GEGENÜBER Rotbäuchige Piranhas patrouillieren in den Flussarmen. Diese Raubfische greifen große Beutetiere in Schwärmen an.

UNTEN Eine Goldmakrele, der größte Raubfisch der Region, und darüber Piraputangas. Das Pantanal gleicht mit seinen hunderten Fischarten einem großen tropischen Aquarium.

Piraputangaschwärme schwimmen auf der Suche nach ihnen stundenlang die Flussarme hinauf und hinunter. Sie sind so darauf versessen, dass sie anscheinend gelernt haben, braune Kapuzineraffen zu beobachten und darauf zu warten, dass sie Früchte pflücken. Die heranschnellenden Pacus und Piraputangas verursachen einen Aufruhr, der wiederum Dorados anlockt, die größten Raubfische im Pantanal. Wegen ihrer scharfen Zähne und kräftigen Kiefern werden sie von den Einheimischen auch als »Flusstiger« bezeichnet. Die rotbäuchigen Piranhas, die aus der dichten Wasservegetation herausströmen und einen Fisch innerhalb von Minuten bis auf die Gräten auseinander nehmen können, sind bereit, die Reste zu fressen.

OBEN RECHTS Ein Brillenkaiman in seinem Element. In der Trockenzeit müssen die Kaimane auf der Suche nach übrig gebliebenen Wassertümpeln jedoch große Entfernungen an Land zurücklegen.

GEGENÜBER Die Gelbe Anakonda – eines der größten Raubtiere im Pantanal. Sie frisst sogar Kaimane.

Im April endet die Regenzeit, und das Pantanal beginnt auszutrocknen. Die Fische sammeln sich nun in einer Reihe von Tümpeln. Diese »Fischspeisekammern« versorgen die zahlreichen Wasservögel, die zu dieser Zeit brüten. Die vielen heranwachsenden Jungvögel werden ständig von Räubern aus der Luft, zum Beispiel von Caracaras und Truthahngeiern angegriffen, und jeder flugunfähige Jungvogel, der aus dem Nest fällt, landet höchstwahrscheinlich in den Fängen der Brillenkaimane, die sich solche Gelegenheiten natürlich nicht entgehen lassen.

Mit der zunehmenden Hitze der Trockenzeit unternehmen die Fische verzweifelte Versuche, aus den austrocknenden Tümpeln in die tieferen Flussarme zu entkommen, und auch die Kaimane sind gezwungen, sich auf die Suche nach Süßwasser zu begeben und davonzuziehen. Dann kommt der Regen wieder, Fische schlüpfen aus den Fischeiern, die wie Samen im Boden lagern, und das fruchtbarste Feuchtgebiet der Welt erwacht zu neuem Leben.

DIE LETZTE ETAPPE

Unten in den Küstenebenen ist das Gefälle und damit die Fließgeschwindigkeit so gering, dass die Flüsse ihr Sediment absetzen. Die immer höher werdenden schlammigen Ufer teilen die Flüsse in zahlreiche Arme, und dort, wo sich die Ablagerungen bis ins Meer erstrecken, entstehen Deltas. Die größten Deltas entstehen natürlich durch die größten Flüsse der Welt. Sie können verschiedene Formen annehmen, wie beispielsweise das Vogelfußdelta des Mississippi oder das Fächerdelta des Nils. Obwohl der Amazonas eher die Form eines Ästuars hat, steht sein riesiges Delta unter Wasser und trägt das Süßwasser weit ins Meer hinaus – so viel, dass man es auch noch mehr als hundert Kilometer weit draußen auf dem offenen Meer trinken könnte.

Das größte Delta der Welt befindet sich dort, wo der Brahmaputra und der Ganges in den Golf von Bengalen fließen. An seinen Küstenrändern haben sich Mangroven an den Flussarmen und Schlammbänken angesiedelt und bilden den größten Mangrovenwald der Welt, die Sundarbans, die vom Weltraum aus zu sehen sind.

Im westlichen Indopazifik gibt es zwar die größten Mangrovenwälder, doch wachsen Mangroven auch an geschützten Küsten des Tropengürtels überall dort, wo sich Flussschlamm ansammeln kann. Es gibt ca. 70 Arten, von Pflanzen in Buschgröße bis zu 25 Meter hohen Bäumen. Obwohl sie gezeitenbedingte Überschwemmungen vertragen, brauchen sie auch Süßwasser. Für den Gasaustausch verfügen viele Mangroven über Luftwurzeln, die aus dem überschwemmten Schlamm wachsen. Bei Flut bietet das Unterwasserlabyrinth aus Mangrovenwurzeln Fischen Schutzraum und Brutstatt. Wenn sich die Flut zurückzieht, tauchen andere Lebewesen aus dem frei liegenden Schlamm auf. Zu ihnen zählen Schlammspringer, Winkerkrabben und Makaken, die sich von Krabben ernähren.

Nicht alle Flüsse bilden Deltas. Ein halb eingeschlossenes, trichterförmiges Tal, das vom steigenden Meerwasser überschwemmt wurde, wird als Ästuar bezeichnet. Das endlose Watt der Flussmündungen sieht zwar wie eine Einöde aus, gehört jedoch zu den fruchtbarsten Lebensräumen der Erde. Der von den Flüssen abgesetzte Schlamm ist eine nährstoffreiche Suppe, in der Millionen winziger Lebewesen von Bakterien und Protozoen bis zu Fadenwürmern organisches Material aufspalten. Größere Tiere wie Borstenwürmer, Venusmuscheln und Schwertmuscheln leben in Bauen oder Röhren. Sie ernähren wiederum eine Vielzahl von Raubtieren. Flussmündungen sind auch wichtige Brutplätze für Fische wie Sardellen und Meeräschen. Bei Ebbe kommen Stelzvögel in großen Scharen zum Fressen, von Austernfischern, Uferschnepfen und Bachstelzen bis zu Knutt- und anderen Strandläufern – sie alle besitzen Schnäbel, mit denen sie Schalentiere und andere schmackhafte Schlammbewohner knacken können.

In den gemäßigten und subarktischen Flussmündungen gibt es anstelle von Mangroven Salzsumpfgräser im Schlamm. An der amerikanischen Atlantikküste waren Salzsümpfe einst sehr verbreitet. Jetzt sind sie nur noch vereinzelt vorhanden. Obwohl sie von einem Ballungsgebiet umgeben sind, das sich von Washington bis nach New York erstreckt, liefern die Salzsümpfe um die Chesapeake Bay und die Delawaremündung herum noch immer gute Nahrungsgründe – lebenswichtige Zwischenstationen für die etwa 400 000 Großen Schneegänse, die jedes Jahr im Herbst hierher kommen, um sich für ihre lange Reise nach Süden auszuruhen.

Hier endet die Reise der Flüsse. Zusammen haben sie Berge abgetragen und Teile davon zum Meer gebracht. Und auf dem ganzen Weg hat ihr Süßwasser eine Fülle von Leben hervorgebracht. Alle großen Flüsse liefern außerdem Trinkwasser, Nahrung, Bewässerungs- und Transportmöglichkeiten und für den Großteil der Weltbevölkerung auch Strom – wenn auch auf Kosten der Tier- und Pflanzenwelt. Es gibt Befürchtungen, dass nicht das Öl, sondern das Süßwasser als wohl wertvollste Ressource in Zukunft schuld an vielen Konflikten sein wird.

OBEN Ein Javaneraffe sucht im trüben Mangrovenwasser nach Nahrung. Wie der Rest der Gruppe hat er gelernt, auf der Suche nach versunkenem Futter unter Wasser zu schwimmen.

GEGENÜBER Ein Schwarm aus etwa 10 000 Großen Schneegänsen. Sie machen im Gezeitenbereich der Salzsümpfe (unten) der USA Halt, um sich für ihre lange Reise über die Atlantik-Zugroute in ihr Winterquartier auszuruhen.

NÄCHSTE DOPPELSEITE Ein Satellitenbild des größten Flussdeltas der Welt, des Ganges-Bramaputra-Deltas, das sich über Ostbengalen und Bangladesh erstreckt. Jedes Jahr werden fast zwei Milliarden Tonnen Sediment aus dem Himalaja zum Meer transportiert.

9

Regenwald

Zwölf Stunden Sonnenschein und tägliche Regengüsse machen die tropischen Regionen unseres Planeten zum idealen Treibhaus. Das Ergebnis ist ein fruchtbarer Regenwald mit so vielen verschiedenen und komplexen Lebensformen, wie sie kein anderes Ökosystem auf der Erde bietet.

Nichts außer der Wirklichkeit kann eine Vorstellung davon vermitteln, wie wundervoll, wie großartig die Aussicht ist«, schrieb Charles Darwin in sein Tagebuch, als er zum ersten Mal einen tropischen Regenwald erblickte. Es war 1832, und Darwin war gerade mit der HMS Beagle in Brasilien angekommen. Etwa 25 Jahre später erforschte Alfred Russel Wallace als erster Europäer einen südostasiatischen Regenwald. Wie Darwin war auch er von der Komplexität und Vielfalt der Lebensformen, die er hier vorfand, überwältigt. Der Kampf ums Überleben, den beide Männer um sich herum beobachteten, diente als wichtiger Beleg für die Evolutionstheorie, die sie unabhängig voneinander entwickelten.

Für jemanden, der zum ersten Mal im Regenwald ist und dem das erfahrene Auge eines Naturforschers fehlt, kann die Erfahrung weniger überwältigend sein. Man ist zwar von der Pflanzenfülle beeindruckt, sieht aber zunächst kaum Tiere. Hoch oben im dichten Blätterdach hört man vielleicht das Geschrei eines aufgeregten Affen oder die lauten, langsamen Flügelschläge eines vorbeifliegenden Hornvogels. Wenn man viel Glück hat, erhascht man einen Blick auf das diamantartige Aufleuchten eines Kolibris. Tag und Nacht ist man von dem unaufhörlichen Gezirpe der Zikaden umgeben, doch man sieht sie nicht. Die bloße Tatsache, dass Regenwälder ihre Geheimnisse nicht gerne preisgeben, macht sie umso interessanter. Je länger man dort ist, desto faszinierender werden sie.

Tropische Regenwälder beherbergen die größte Lebensvielfalt aller Lebensräume der Erde. Schon die Zahl der Arten ist überwältigend. Im Regenwald von Malaysia wurden in einem Gebiet von einem Hektar Größe über 180 verschiedene Bäume gefunden; in einem Hektar Laubwald der gemäßigten Zone findet man mit viel Glück zehn. Bis heute wurden in dem winzigen mittelamerikanischen Land Panama über 1500 Schmetterlingsarten registriert; in den gesamten USA gibt es nur wenig mehr als die Hälfte davon, während in Großbritannien gerade mal 56 Schmetterlingsarten heimisch sind. Im Amazonas gibt es über 3000 Fischarten – mehr als im gesamten Nordatlantik. Obwohl die tropischen Regenwälder nur drei Prozent der Erdoberfläche bedecken, enthalten sie vermutlich 50 Prozent aller beschriebenen beziehungsweise noch nicht beschriebenen Tiere und Pflanzen.

DAS PERFEKTE TREIBHAUS

Wenn man zum ersten Mal einen tropischen Regenwald betritt, kann es sein, dass man zunächst einen körperlichen Schock bekommt. Es ist fast so, als würde einem durch die Feuchtigkeit zuerst ein Schlag in die Magengrube verpasst. Aus allen Poren rinnt Schweiß, man fühlt sich von der schweren Luft völlig erschlagen. Manchmal ist der Boden so dicht bedeckt, dass man bei jedem Schritt vorwärts das Gefühl

OBEN Ein Glasflügelfalter in Costa Rica, der sich mit seinen durchsichtigen Flügeln tarnt, während er sich ausruht.

GEGENÜBER Im Tiefland-*Dipterocarpaceen*-Mischwald im Danum Valley in Borneo hebt sich der Nebel am frühen Morgen von den Bäumen. Die Klänge, die das Schauspiel begleiten, sind das Kreischen der Gibbons und das Flügelzischen der Nashornvögel, die sich auf ihre morgendliche Nahrungssuche in den Baumwipfeln begeben.

VORHERIGE DOPPELSEITE Ein mittelamerikanischer Fischertukan, der seinen monotonen, metallisch-krächzenden Ruf aussendet.

OBEN Der nachmittägliche Regenguss. Die regelmäßige Versorgung mit Wasser, Wärme und Sonne lässt den Regenwald gedeihen.

GEGENÜBER Tieflandregenwald auf der Insel Barro Colorado in Panama mit den gelben und roten Tupfen aus Bäumen mit neuem Laub und blühenden Jakarandabäumen.

hat, die Pflanzen würden nach den Knöcheln greifen. Wer es wagt, sich auf den Waldboden zu setzen, fragt sich schon bald, ob ihm die Pilze die durchweichten Kleidungsstücke vom Körper gefressen haben werden, bis er wieder aufsteht. Es überrascht daher kaum, dass der Regenwald einer der anspruchsvollsten Lebensräume ist, um dort zu arbeiten. Doch für die Pflanzen, die diese schwüle Welt beherrschen, sind die Bedingungen ideal. Die hohe Energiezufuhr der Sonne und der kontinuierliche Niederschlag sind die Hauptgründe für den enormen Pflanzenreichtum der tropischen Regenwälder in den Äquatorialregionen. In diesem feuchtheißen Treibhausklima wachsen Pflanzen schneller als irgendwo sonst auf unserem Planeten.

Die große Regenmenge trägt ebenfalls zur Gestaltung der Wälder bei. Niemand, der schon einmal von einem tropischen Regenguss im Urwald durchweicht wurde, wäre von dessen Kraft nicht beeindruckt gewesen. Es beginnt leise, wenn die ersten schweren Tropfen auf die Blätter hoch oben trommeln. Schon bald baut sich der Trommelwirbel zu einem Donnern auf, und das Wasser strömt vom Blätterdach herunter. Dieser regelmäßige Sturzbach schwemmt Nährstoffe und Mineralien aus dem Boden und hinterlässt relativ unfruchtbare Regenwaldböden. Doch genau diese Knappheit an Nährstoffen im Boden sowie ihre ungleichmäßige Verteilung sorgt für Konkurrenz und fördert die Vielfalt der Pflanzen.

Ein weiterer Schlüssel zur Vielfalt ist die dreischichtige Konstruktion des Regenwaldes. Unter den Kronen der Baumriesen bieten deren Äste sowie die Äste und Zweige jüngerer, kleinerer Bäume unter anderem Lianen und Orchideen einen Lebensraum. Das dichte Gerüst, das auf diese Weise entsteht, bietet viele Verstecke und Futterplätze für Tiere.

Regelmäßiger Sonnenschein ist ebenfalls von entscheidender Bedeutung für die Vielfalt. Obwohl die Sonne am Äquator auf das Jahr verteilt nicht öfter scheint als an den Polen, wird die Sonnenstrahlung hier das ganze Jahr über in Dosen von zwölf Stunden pro Tag geliefert. Die Sonne geht immer gegen sechs Uhr morgens auf und gegen sechs Uhr abends unter. Gerade spaziert man noch im hellen, warmen Sonnenlicht, das durch das Blätterdach scheint, und im nächsten Moment hat man das Gefühl, als hätte jemand das Licht ausgeschaltet. Die vertrauten Geräusche des Tages werden sofort durch eine neue, nächtliche Kakophonie von Zikaden und werbenden Fröschen ersetzt, und plötzlich wird der Regenwald zu einem etwas unheimlicheren Ort.

Für die Pflanzen und Tiere ist das Leben in den Tropen relativ leicht. Es gibt keine extremen Klimaverhältnisse wie beispielsweise an den Polen, und da es keinen Jahreszeitenwechsel gibt, der ihren Lebenszyklus stören würde, gedeihen vor allem Insekten prächtig. Dies führt wiederum zu einer größeren Vielfalt an Pflanzen, von denen sich viele der Insekten ernähren. Da Pflanzen zahlreiche Verteidigungsmechanismen entwickelt haben, haben die Insekten ihre Angriffsstrategien geändert, und das daraus resultierende Wettrüsten hat den Artenreichtum weiter angekurbelt. Ein ähnliches Wettrüsten zwischen Raubtieren und ihrer Beute hat zu einer starken Vermehrung der Tiere geführt. Da stets genügend geeignete Nahrung vorhanden ist, können sich die meisten Arten weiterentwickeln und immer weiter spezialisieren.

Doch auch die Zusammenarbeit trägt zur Artenvielfalt bei. Das Blätterdach des Waldes ist so dicht, dass es kaum Wind gibt, der die Blüten bestäuben oder Samen verteilen könnte. Daher gehen Pflanzen enge Beziehungen mit Tieren ein, bestechen sie mit Nektar, um die Pollen von Blüte zu Blüte zu tragen, und Früchten, um die Samen zu verteilen. Derartige Beziehungen zum gegenseitigen Nutzen sind im Regenwald besonders häufig und komplex.

Der letzte Aspekt für das blühende Leben im Treibhaus ist, dass das tropische Klima über Jahrtausende hinweg größtenteils unverändert blieb und den einzelnen Biotopen des Regenwaldes Zeit gab, eine Artenvielfalt hervorzubringen, wie sie sonst nirgends existiert.

DER REGENWALDGÜRTEL

Tropischen Regenwald findet man zwischen dem nördlichen und südlichen Wendekreis überall dort, wo die jährliche Niederschlagsmenge mehr als 2500 Millimeter beträgt – ein Äquatorialgürtel, der sich im Osten vom australischen Queensland bis zu den riesigen Regenwäldern Südamerikas im Westen erstreckt. Bis zu 40 Regenwaldtypen wurden bisher beschrieben, die sich in fünf Kategorien unterteilen lassen.

TROPISCHER TIEFLANDREGENWALD

Die größte Ausdehnung hat der immergrüne tropische Tieflandregenwald, der bis zu einer Höhe von 1000 Meter wächst und eine unübertroffene Fülle und Vielfalt an Bäumen aufweist, darunter die von Holzfällern so hoch geschätzten Baumriesen. Das Kronendach befindet sich oft mehr als 45 Meter über dem Waldboden. Einige Bäume ragen sogar über 60 Meter in die Höhe. In diesem klassischen Urwald des Tarzanmythos regt die feuchte Luft kontinuierlich das Wachstum von Kriechpflanzen und Lianen sowie den Bewuchs des Blätterdachs mit Epiphyten an. Er bedeckt zwei Drittel der Gesamtfläche des tropischen Regenwaldes und umfasst das riesige Amazonas- und Kongobecken. Tropischen Tieflandregenwald findet man außerdem in Mittelamerika, Westafrika und in verschiedenen Teilen Südostasiens, obgleich er hier wegen der umfangreiche Rodung nur noch aus Bruchstücken besteht.

TEMPERIERTER REGENWALD

Ein paar Grad weiter nördlich oder südlich des Äquators ist das Klima stärker von Jahreszeiten geprägt. In Zeiten heftiger Regenfälle gibt es Monate mit trockenerem Wetter. Bis zu einem Drittel der Bäume werfen jedes Jahr ihr Laub ab, und in den »Monsunregenwäldern« Asiens bekommen die Bäume erst zu Beginn der Monsunzeit neue Blätter. Es gibt nur wenig Kletterpflanzen und Epiphyten, da sie permanent Feuchtigkeit benötigen und die Trockenperioden nicht überleben würden. Während Indonesien noch immer große Flächen temperierten Regenwaldes besitzt, wurde er in anderen Teilen Asiens sowie in Afrika und Südamerika weitgehend abgeholzt oder für die Landwirtschaft gerodet.

ÜBERSCHWEMMUNGSWALD

Viele große tropische Flüsse steigen und fallen das ganze Jahr hindurch und überschwemmen riesige Tieflandwälder, die dann als Sumpf- oder Überschwemmungswälder bezeichnet werden. Durch den Druck der Überflutung sind die Bäume kleiner als die des trockenen Tieflandwaldes, und die Artenvielfalt ist ebenfalls geringer. Mit Ausnahme einiger Landstriche am Fly River und Sepik auf Papua-Neuguinea wurde der Sumpfwald Südostasiens weitgehend abgeholzt. In Südamerika gibt es jedoch noch große Überschwemmungswälder. Es gibt zwei verschiedene Arten. Várzea (Überschwemmungswald) findet man in den Überschwemmungsgebieten von Weißwasserflüssen wie dem Amazonas, die große Sedimentmengen aus den Anden mit sich führen. Die Stelz- oder Stützwurzeln der Bäume graben sich ins Sediment, das dadurch zu fruchtbarem Boden wird. In den Überschwemmungsgebieten der Schwarzwasserflüsse wie dem Rio Negro befindet sich Ipagó-Wald (Sumpfwald). Diese Flüsse transportieren keine Ablagerungen, sodass kein Boden entsteht. Wenn jedoch der Wasserspiegel in der Trockenzeit sinkt, werden Sandbänke freigelegt, aus denen Bäume wachsen – hauptsächlich Palmen, aber auch Baumriesen wie Kapokbäume mit ihren spektakulären Stützwurzeln.

OBEN Várzea (Überschwemmungswald) in Brasilien, überflutet vom Wasser aus den Anden.

GANZ OBEN Im atlantischen Regenwald von Brasilien präsentiert die Orchidee *Cattleya intermedia* ihre Blüten den Insekten, die hoch oben im Blätterdach leben. Der Ast dient als Halt, und die Orchidee erhält bei jedem Regen Feuchtigkeit.

GEGENÜBER Trockener Laubwald in Mittelamerika. Der Cuipo-Baum hat in der Trockenzeit sein Laub abgeworfen und bekommt jetzt neue Blätter. Diese bleiben so lange rot, bis sie kräftig genug sind, um Pflanzenfresser abzuhalten, und dann unbedenklich mit grünen Chloroplasten gefüllt werden können, die der Baum zur Nahrungsherstellung benötigt.

OBEN Dichter Nebelwald bedeckt den 3475 Meter hohen Gipfel des Vulkans Baru in Panama.

GEGENÜBER, OBEN Mangrovenwald säumt die Küste und Küstenflüsse. Die Bäume sind an ein Leben in feuchtem und oft salzigem Schlamm angepasst. Spezielle Atemwurzeln sind ihr Überlebensrezept. Der von ihnen geschaffene Lebensraum stabilisiert viele tief liegende Küstengebiete und schützt sie vor dem Meer.

VORHERIGE DOPPELSEITE Nur vom Weltraum aus kann man das Ausmaß des Amazonas wirklich würdigen. Er entwässert ein Drittel Südamerikas und enthält genauso viel Wasser wie die zehn nächstgrößeren Flüsse der Welt zusammen.

TROPISCHER GEBIRGSREGENWALD

Steigt man von der stickigen Schwüle des Tieflandregenwaldes aus nach oben, betritt man eine ganz andere Welt. Alle hundert Meter fällt die Temperatur um bis zu ein Grad. Schon bald lässt man die Baumriesen des Tieflandregenwaldes hinter sich, und die Höhe der Baumkronen sinkt auf 15 bis 30 Meter. Nicht nur die Bäume sind kleiner, sondern auch ihre Blätter. Verdrehte, knorrige Bäume mit mehreren Stämmen ersetzen die geraden, einstämmigen Bäume des Tieflandwaldes.

Oberhalb von 2000 Meter sind die Bäume kaum größer als ein Mensch. Die Vegetation erinnert eher an die in gemäßigten Zonen. Im Himalaja gibt es zum Beispiel die wunderschönen Rhododendren, die wir in unsere kälteren Gefilde verpflanzt haben. Niedrige Temperaturen bringen den Nebel mit sich, der den Wald in Nebelschwaden hüllt. Es wird dunkler, und auf den Blättern bildet sich ständig Kondenswasser. Viele Äste sind mit tropfenden Flechten bedeckt, der Waldboden ist ein feuchter, weicher Moosteppich, und die Baumkronen sind voll von Epiphyten – Orchideen und Bromelien –, die in der permanenten Luftfeuchtigkeit gut gedeihen. Man befindet sich im kühlen, feuchten Nebelwald – ein Segen nach der erdrückenden Sauna des Tieflandregenwaldes. In Südostasien schwingen sich flinke Gibbons durch das Geäst des Nebelwaldes, und große Hornvögel fliegen lautstark über die tiefen Täler. In Mittelamerika ist dies die Welt der winzigen Kolibris und farbenprächtigen Quetzale.

MANGROVENWALD

An den geschützten tropischen Küsten wächst ein hochspezialisierter Regenwaldtypus. Obwohl es bis zum 32. Grad nördlicher Breite und in südlicher Richtung sogar noch weiter Mangrovenwälder gibt, findet man die größten und ausgedehntesten auf dem Regenwaldgürtel am Äquator. Mangroven sind an das Leben in salzhaltigen Gebieten im Gezeitenbereich angepasst. Sie haben Atemwurzeln, die aus dem feuchten Schlick heraus in die Luft ragen, um mehr Sauerstoff zu bekommen. Von allen Regenwäldern ist dieser sicherlich der am wenigsten einladende. Bei Flut lässt sich die dichte, struppige Vegetation selbst mit einem Kanu nur schwer durchdringen. Bei Ebbe watet man durch klebrigen Schlamm. Doch gerade wegen ihrer Unzugänglichkeit sind Mangroven so wertvoll für die Natur. Der letzte große Mangrovenwald in der östlichen Hemisphäre liegt in den Sundarbans des Gangesdeltas, wo sich noch eine intakte Tigerpopulation versteckt. Auf dem westlichen Globus gibt es Mangroven noch in Teilen Westafrikas, an der mittelamerikanischen Küste und auf den karibischen Inseln – so bieten Mangroven in Trinidad Hunderten leuchtend roter Scharlachsichler nachts einen sicheren Schlafplatz. In den meisten Teilen Südostasiens wurde der Mangrovenwald hingegen beseitigt, um Teiche für Krabben- und Fischzuchtanlagen anzulegen.

DIE RIESEN

Der Regenwald ist im Wesentlichen eine Art Empore, die von Bäumen gestützt wird. Jeder Baum ist ein Gerüst für andere Pflanzen und Tiere, die auf und in ihm leben. Die Baumriesen – Bäume, die aus dem Blätterdach herausragen – können mehr als 60 Meter hoch werden und einen Umfang von 17 Metern haben. Die meisten werden jedoch nur zwischen 30 und 50 Meter hoch.

Regenwaldbäume sind meist immergrün und haben denselben einfachen Aufbau: hohe, schlanke Stämme und einfache, verzweigte, schirmartige Kronen. Ihr Wurzelsystem ist meist flach, was zur Folge hat, dass der Stamm eine zusätzliche Stütze in Form von Stelzwurzeln benötigt. Sie wachsen über dem Boden und erstrecken sich wie dünne Rohre vom Stamm aus nach oben und außen. Anders als Bäume in den gemäßigten Zonen können Regenwaldbäume das ganze Jahr über wachsen und haben daher keine Jahresringe. Obwohl sie 1400 Jahre alt werden können, kann es 60 Jahre dauern, bis sie ausgewachsen sind. Selbst dann trägt ein Baum nicht jedes Jahr Blüten oder Früchte, sondern beschränkt sich auf einen drei- bis zehnjährigen Rhythmus: Er kann nur im Wechsel mit anderen Bäumen die Dienste der tierischen Bestäuber und Verteiler in Anspruch nehmen.

HINAUF UND HINAB

UNTEN LINKS Männliche Blaue Falter setzen das schillernde Blitzen ihrer oberen Flügel ein, um Rivalen einzuschüchtern und im düsteren Wald Revieransprüche zu stellen, doch können die Farbtöne auch mit einem Flügelschlag verschwinden, indem die Falter den Reflexionswinkel so verändern, dass sich das Blau in Braun verwandelt.

UNTEN RECHTS Nashornvögel in den Regenwäldern Südostasiens fressen Feigen in großen Mengen und spielen bei der Verteilung der Samen eine große Rolle. Hier schluckt ein Nashornvogel eine ganze Feige hinunter.

GEGENÜBER Ein Gewirr aus schattentoleranten Pflanzen und jungen Bäumen windet sich vom Waldboden aus nach oben zum Licht. Die Bäume dienen als Klettergerüst für Lianen und bieten anderen Pflanzen Halt zum Wachsen. Das höchste Stockwerk ist die Kuppel des Blätterdachs.

Für Wissenschaftler und Filmteams waren das schiere Ausmaß und die Unzugänglichkeit des Regenwaldes schon immer ein Problem. Auf dem Waldboden verschwinden die Tiere, mit denen man zu arbeiten hofft, ins dunkle Dickicht, während die Baumkronen und ihre Bewohner immer auf frustrierende Weise außer Reichweite zu sein scheinen und nichts als einen steifen Hals und gelegentlich einen frustrierenden Blick auf einen Affenschwanz hinterlassen. Das alles hat sich jedoch durch die moderne Technologie geändert. Heute kann man sich mit verschiedenen speziell dafür konstruierten Heißluftballons ins und über das Blätterdach des Waldes tragen lassen. Man kann nur ein paar Meter über den Baumkronen schweben und mit den Füßen buchstäblich das endlose Pflanzenmeer berühren, aus dem das Dach des Waldes besteht. Auf dieser Höhe ist das Laub der Bäume sehr dicht und wimmelt von Leben. Die Bäume bieten Raum für Epiphyten (siehe Seite 240) und Kletterpflanzen, die sich durch die zahllosen Blätterdächer winden, um im grellen Sonnenlicht zu baden. Dies ist der Motor des Waldes. Hier gibt es am meisten Licht und Wärme – die Temperaturen können 32 °C erreichen –, daher findet größtenteils hier die Photosynthese statt. Es gibt Blüten und Früchte in Hülle und Fülle, die Baumkronen sind vom Summen der Insekten erfüllt, und das Netz aus Ästen bietet Affen und Eichhörnchen luftige Wege. Auf ihrem Weg zum Licht bilden die Pflanzen oft Laubschichten. Jedes Stockwerk bekommt noch mehr Licht als das darunter gelegene, bildet eine Abschirmung gegen die Sonnenwärme und fängt die Feuchtigkeit auf. Im temperierten Regenwald gilt zwar dasselbe Prinzip, doch unterscheiden sich tropische Wälder von ihnen durch die Vielzahl der Schichten, die hohe Anzahl von Pflanzen innerhalb jeder Schicht sowie die großen Unterschiede des Lichteinfalls. Der tropische Regenwald ist wie eine riesige Kathedrale, die aus verschiedenen Welten mit jeweils einem eigenen Mikroklima besteht. Um nach oben zu kommen, braucht man Seile. Das kann zwar ziemlich beängstigend sein, doch mit der modernen Klettertechnologie gelangt man ganz einfach nach oben und unten. Der schlimmste Moment ist der, wenn man den ersten Schritt von der Plattform oder von dem Ast hoch oben im Kronendach macht und auf ein dünnes Seil und ein paar

GEGENÜBER OBEN LINKS Eine junge Liane – ein Klettergehölz – beginnt die lange Reise auf ihrer jungen Baumstütze nach oben. Sie windet sich beim Klettern um den Stamm. Andere Pflanzen benutzen Ranken als Stützen oder haften sich sogar an. Oft dient mindestens die Hälfte der Bäume im Regenwald als Gerüst für verschiedene Lianen. Die Bäume bekommen nichts dafür, außer dass sie langsamer wachsen und manchmal erwürgt werden.

GEGENÜBER OBEN RECHTS Die Blüte einer Pfeifenwinde in Panama ahmt den Geruch von Aas nach, um Mistkäfer und Fliegen anzulocken, die sie bestäuben.

GEGENÜBER UNTEN Lianen bilden die Brücken und Leitern für die Tiere des Regenwaldes – in diesem Fall für einen Ozelot. Er trägt einen Sender um den Hals, damit seine Bewegungen in den verschiedenen Regenwaldschichten verfolgt werden können.

Metallteile vertrauen muss. Doch sobald man weiß, was man da macht, beginnt man das Erlebnis zu genießen und nimmt die verschiedenen Schichten wahr, an denen man langsam vorbeigezogen wird. Direkt unter dem Blätterdach befindet sich ein Stockwerk aus kleineren bzw. jüngeren Bäumen in verschiedenen Wachstumsstadien, durch die sich Lianen und Epiphyten auf dem Weg nach oben winden. Für einige von ihnen ist die Reise auf halbem Weg zu Ende, während andere bis ganz nach oben klettern müssen. Die kleineren Bäume können hier jahrelang in den Startlöchern sitzen und auf Licht und Platz warten. In dieser Phase ihres Lebens haben sie eine hohe Schattentoleranz und wachsen oft nur sehr langsam. Wenn jedoch ein umgestürzter Baum die Gelegenheit bietet, zum Sonnenlicht zu gelangen, schießen sie in die Höhe, bis sie ausgewachsen sind.

Wenn man mit beiden Füße wieder fest auf dem Boden steht, ist das Leben ganz anders. Nur 2 Prozent Sonnenlicht gelangen auf den Boden, die Temperatur erreicht nur 28 °C, und die Luftfeuchtigkeit schnellt auf 90 Prozent. Im Dämmerlicht können nur Pflanzen mit hoher Schattentoleranz überleben. In einigen Wäldern ist es am Boden so dunkel, dass es nur wenig Leben gibt. In anderen gibt es mehr Platz und Lichtschächte im Laub, sodass am Boden ein Gewirr aus jungen Bäumen, Büschen und Lianen herrscht. Dies ist vor allem für den Monsun-Regenwald in Asien typisch, der in der Trockenzeit sein Laub verliert und den Pflanzen am Boden eine kurze Wachstumschance bietet, bevor es wieder düster wird.

DER WETTLAUF ZUM LICHT

In einem heftigen Tropengewitter stürzt ein Baum zu Boden und tausend Jahre unabhängiges Pflanzen- und Tierleben sind zu Ende. Wenn der Baum fällt, kann es sein, dass er andere Bäume mitreißt. So entsteht eine kleine Schneise, die plötzlich Licht hereinlässt. Fast über Nacht sinkt die Luftfeuchtigkeit, die Temperaturen steigen und sogar die Nährstoffe im Erdreich verändern sich. Doch obwohl das stabile Milieu des Waldbodens zerstört wurde, ist eine solche Verwandlung lebenswichtig für die Erneuerung und Vielfalt des Waldes.

Überall auf dem Waldboden haben Samen auf einen solchen Moment gewartet, einige seit vielen Jahren. Große Samen, typisch für die Bäume des Primärregenwaldes am Amazonas, können von ihren Reserven leben, während sie im Schatten ruhen, und wachsen dann ganz plötzlich und sehr schnell, sobald Licht einfällt. In dieser neuen, dynamischen Umgebung ist die Konkurrenz unter den Pflanzen immens. Innerhalb von Tagen bringen Tiere noch mehr Samen mit auf die Lichtung. Der Wettkampf besteht darin, Fuß zu fassen, bevor sich die dichte Pflanzendecke wieder schließt. Junge Bäume reagieren auf mehr Licht, indem sie einen Wachstumsschub in Richtung Kronendach machen. Der junge Urwald wächst schnell. In weniger als zehn Jahren ist er zwar noch nicht genauso hoch wie der ursprüngliche Wald, hat aber schon dieselbe Laubdichte.

DIE KLETTERPFLANZEN

In einer Welt, die von hohen Bäumen beherrscht wird, scheint es für alle anderen Pflanzen unmöglich zu sein, in diese verschworene Gemeinschaft einzudringen. Trotzdem gibt es einige, die so geschickt sind, dass sie es bis zum Kronendach schaffen. Es gibt verschiedene Möglichkeiten, sich bis ganz nach oben zu ranken und zu hangeln. Einige Kletterpflanzen wie die Rattanpalme benutzen Dornen und rohe Gewalt, um in der Höhe anzukommen. Sie haken sich an den umgebenden Pflanzen fest und werden bis zu 200 Meter lang. Kannenpflanzen klettern auf dieselbe Weise. Ihre Blätter verfügen über spezielle peitschenartige Fortsätze, die in die Pflanzen eindringen. Dieselben Blätter können die Form von Kannen

UNTEN Eine Eiche auf 2000 Metern Höhe in La Amistad (einem grenzübergreifenden Nationalpark in Panama und Costa Rica) mit zahlreichen Epiphyten, von Orchideen und Bromelien bis zu Moosen und Flechten. Kolibris und eine Vielzahl von Insekten ernähren sich von den Blüten, und andere kleine Tiere hausen im Gewirr aus Blättern und Stämmen.

annehmen – Fallen, die Nahrung wie Insekten und sogar Reptilien und kleine Säugetiere fangen und in einem Verdauungssaft ertränken.

Andere Pflanzen wie Lianen erlangen Halt, indem sie Ranken an ihren Blättern oder Stämmen ausbilden, die als Halteseile fungieren. Die Ranken haben sich so entwickelt, dass sie sich weg vom Licht richten. Sie schwingen im Dämmerlicht auf der Suche nach etwas Greifbarem. Wenn sie eine andere Pflanze streifen, werden sie angeregt, sich blitzschnell zu krümmen und zuzupacken. Die Ranken einer tropischen amerikanischen Kürbisart krümmen sich z. B. innerhalb von 20 Sekunden nach dem Kontakt und können sich innerhalb von vier Minuten um ihre Stütze winden.

Einige Kletterpflanzen benutzen Haftwurzeln, um sich beim Klettern festzuhalten. An diesen speziellen, seitlich wachsenden Wurzeln bilden sich Haare, die sich bei Kontakt an die Oberfläche heften. (Efeu klettert auf diese Weise, und jeder, der es schon einmal von einer Wand entfernen musste, weiß, wie stark der Halt dieser Wurzeln ist.) Pflanzen mit Haftwurzeln können ihre Bodenwurzeln verlieren und hoch oben ins Blätterdach gelangen, wobei sie durch ihre Seitenwurzeln am Leben gehalten werden.

GÄRTEN IN DER LUFT

Zum Licht zu gelangen, ohne selbst in lange Stämme oder Wurzeln zu investieren, ist eine beliebte Strategie, daher sind Regenwaldbäume häufig mit exotischen Gärten aus Orchideen, Kakteen, Aronstabgewächsen und Bromelien geschmückt. Diese Pflanzen sind Epiphyten und leben, indem sie sich hoch oben auf der Rinde von Ästen niederlassen.

Viele Flechten, Moose und Farne haben sich zu Epiphyten entwickelt. Sie sind keine Parasiten, da ihre Wurzeln nicht in die Rinde eindringen, um Nahrung zu erhalten. Stattdessen nehmen sie Feuchtigkeit aus der Luft und ihrer Umgebung auf. Epiphythen gedeihen in der Feuchtigkeit des Nebelwaldes besonders gut. Dort bilden sie auf den hohen Ästen der Baumkronen dicke Matten. In den Bromelien bilden sich kleine Pfützen und bieten Fröschen einen Lebensraum in luftiger Höhe. Tatsächlich können ganze Verbände aus kleinen Tieren ständig in diesen hoch gelegenen Gärten leben. Viele Epiphyten gehen eine Verbindung mit Ameisen ein: Die indonesische *Myrmecodia echinata* bildet dicke, knollenartige Unterteile aus, die von Ameisen bewohnt werden. Durch deren Aktivitäten werden Nährstoffe freigesetzt, die sowohl von der Pflanze als auch von den Ameisen verwertet werden. Die Lebensweise der Epiphyten ist extrem erfolgreich, und ein beträchtlicher Teil aller Pflanzenarten im Tieflandregenwald sind Epiphythen. Sie sind so zahlreich, dass sie mancherorts mehr Blätter haben als der Baum, auf dem sie wachsen. In nur einer Baumkrone können sie ein Gewicht von mehreren Tonnen erreichen.

DSCHUNGELKRIEG

Pflanzen bilden nicht nur eine dichte, hoch aufragende Regenwaldkonstruktion, sondern auch enorme Mengen essbarer Nahrung – Blätter. Ein Quadratmeter Tieflandregenwald kann elf Quadratmeter Blätter produzieren. Regenwaldbäume haben raffinierte Verteidigungsstrategien entwickelt, um nicht kahl gefressen zu werden. Andererseits sind Blätter eine zu wertvolle Nahrungsquelle für Tiere, um nicht darum zu kämpfen. In einem Kampf, der seit Jahrmillionen währt, haben beide Seiten Boden gewonnen und verloren und dabei außergewöhnliche Strategien entwickelt.

VERDAUUNGSPROBLEME

Pflanzen haben einen großen Vorteil: Ihre Blätter bestehen aus Zellulose, die schwer verdaulich ist. Einige Tiere, beispielsweise Raupen, haben dieses Problem gelöst, indem sie die harten Zellwände durch unermüdliches Kauen aufbrechen. Für große Laubfresser wäre der Kauaufwand jedoch zu groß, um genügend Energie aus der Nahrung zu ziehen. Stattdessen haben sie ihre Darmflora mit Bakterien angereichert, die Zellulose aufspalten und somit diese Aufgabe für sie übernehmen. Bakterien sind jedoch nicht besonders schnell. Die auf diese Weise verdauten Blätter wandern nur langsam durch den Darm, was zur Folge hat, dass viele große Laubfresser wie die südamerikanischen Brüllaffen schwer und langsam sind. Andere, zum Beispiel die Nasenaffen aus den Überschwemmungs- und Mangrovenwäldern Borneos, haben einen großen Blähbauch, in dem die harten Blätter und Samen gären.

Es gibt kaum Vögel, die sich von Blättern ernähren, da sie durch den Gärungsprozess zu schwer und zu langsam wären, um zu fliegen. Einige wenige haben jedoch ein System der Zelluloseverdauung entwickelt. Der bekannteste von ihnen ist der Hoatzin aus Südamerika. Dieser Vogel verfügt über eine große

OBEN Der südamerikanische Hoatzin ist einer der wenigen Vögel, die sich von Blättern ernähren. Wie der Brüllaffe setzt er Bakterien ein und benutzt seinen Kropf als Gärungskammer. Ein Kropf voller Blätter erschwert jedoch das Fliegen, und so verbringt der Hoatzin viel Zeit mit der Verdauung, wobei er seinen aufgeblähten Kropf an einen Ast lehnt und ihn mit einer speziellen Hornschwiele am Brustbein abstützt.

OBEN LINKS Fast die Hälfte der Nahrung eines Brüll- oder Neuweltaffen besteht aus Blättern, vor allem saftigen jungen Blättern. Sein Darm ist zwar voller Bakterien, die zur Aufspaltung der Zellwände beitragen, doch nimmt er trotzdem ab, wenn es eine Zeitlang trocken ist: Dann ist er gezwungen, reife Blätter zu fressen, die schwerer zu verdauen sind.

Zellulose aufspaltende Bakterienkultur in seiner verdickten Speiseröhre und im Kropf – so ähnlich wie das Verdauungssystem in einem Kuhmagen. Da die Blätter, die der Vogel frisst, fast zwei Tage brauchen, bis sie den Körper durchlaufen haben, produziert der Hoatzin einen charakteristischen Dunggeruch, der ihm den Spitznamen Stinkvogel eingetragen hat.

Die Blattschneiderameisen Mittel- und Südamerikas wurden in ihrem Kampf mit den Pflanzen zu Pilzzüchtern. In ihren Erdnestern zerkauen sie ihre Blätterbeute zu Brei, reichern ihn mit Pilzsporen an und ernten die daraus entstehenden Pilze.

SCHMERZHAFTE UND KLEBRIGE ENDEN

Ihr Aufbau aus unverdaulicher Zellulose dient den Pflanzen bereits als gutes Abschreckungsmittel, doch sie haben noch weitere Waffen entwickelt. Viele sind mit heimtückischen Stacheln und Dornen ausgestattet, um sich Räuber vom Leib zu halten, während andere chemische Waffen gegen die gnadenlosen Kauwerkzeuge einsetzen. Die vielen Gifte und Abschreckungsmittel, die Regenwaldpflanzen entwickelt haben, beweisen einmal mehr ihren Einfallsreichtum. Einige benutzen Stoffe, die Laubfresser festkleben lassen oder außer Gefecht setzen. Sobald der brasilianische Gummibaum am Stamm oder an einem Blatt durchbohrt wird, produziert er eine klebrige Flüssigkeit, die als Kautschukmilch bekannt ist – das Rohmaterial für Gummi. Sie ist nicht nur giftig, sondern oxidiert außerdem an der Luft und verwandelt sich in einen zähen Klebstoff, der die Mundpartie von Insekten verklebt. Einige Insekten durchbrechen diesen Verteidigungsmechanismus jedoch, indem sie den Baum entwaffnen: Sie bohren kleine Löcher in das Blatt um die Stelle herum, von der sie fressen, oder sie durchtrennen die wichtigste Kautschukader.

CHEMISCHE MANIPULATION

Viele Regenwaldpflanzen setzen chemische Substanzen auf noch raffiniertere Weise ein. Einige imitieren beispielsweise die jugendlichen Hormone ihrer Angreifer und halten deren Entwicklung auf, sodass sie gezwungen sind, ihr Dasein als nicht fortpflanzungsfähige Larve zu fristen. Andere stören die verschiedenen Entwicklungsstadien, sodass sich die Insekten in verunstaltete Erwachsene verwandeln. Pflanzen können sogar die Fruchtbarkeit von Weidetieren beeinflussen, indem sie ihr Östrogen nachahmen. In einigen Fällen handelt es sich bei den verwendeten chemischen Substanzen um starke Gifte, die einen Menschen töten können: Strychnin und Cyanid kommen bei Regenwaldpflanzen häufig vor.

Der Einfallsreichtum der Insekten, selbst solche starken Abwehrmechanismen auszutricksen, ist jedoch genauso bemerkenswert. Im chemischen Wettrüsten haben Insekten eine ganze Batterie von Enzymen entwickelt, die Gifte aufspalten können, und für jedes Blattgift gibt es mindestens einen Laubfresser, der dessen Wirkung aufheben kann. Einige Insekten können Pflanzengifte sogar gegen ihre eigenen Feinde einsetzen. Raupen der großen Vogelflügler, Schmetterlinge aus Neuguinea, ernähren sich von giftigen Lianen und speichern das Gift. Als erwachsene Tiere benutzen sie es dann, um ein leuchtend buntes Warnmuster zu bilden und Räubern damit zu signalisieren, dass sie giftig sind.

Noch seltsamer sind Blattläuse, die sich von Pflanzen aus der Familie der Schwalbenwurzgewächse ernähren und mit dem Gift der Pflanzen Spinnen unter Drogen setzen, die sich von ihnen ernähren. Die Eigenschaften des Gifts bewirken, dass die Spinnen unkoordinierte, unzusammenhängende Netze spinnen. Andere Insekten ziehen einen eher persönlichen Nutzen aus den Giften: Männliche Monarchfalter sammeln das Gift von den Pflanzen, die sie fressen, und verändern es so, dass sie es als Aphrodisiakum verwenden können.

OBEN Samen, die in der Nähe ihres Mutterbaums landen, haben keinen Platz zum Wachsen und werden wahrscheinlich von den krankheitserregenden Mikroben und Schädlingen ihrer Mutter zerstört. Daher statten die meisten Bäume ihre Samen mit einer Fluchtvorrichtung aus. In diesem Fall wird der Großteil (in einem kleinen Regenwaldgebiet in Panama gesammelt) für die Verbreitung durch Tiere verpackt, und nur ein paar werden dem Wind überlassen.

GEGENÜBER Nur ein paar Stunden nachdem die Kundschafter der Atta-Blattschneiderameisen die Arbeiterinnen auf diesen jungen Balsabaum aufmerksam gemacht haben, sind die Blätter abgeschnitten und zur Pilzzucht im Basislager zurückgebracht worden. Die Pilze sind wählerisch, und die Ameisen wissen genau, welche Blätter sie am liebsten verdauen.

OBEN Eine große Balsabaumblüte wird von stachellosen Bienen aufgesucht. Affen und Vögel trinken tagsüber daraus, und Fledermäuse und andere Säugetiere kommen nachts zu Besuch.

GANZ OBEN Eine Prachtbiene mit Pollenkörbchen (Pollinien) auf dem Rücken. Die Pollen stammen von der Orchidee, die sie vorher aufgesucht hat. Überall in den Tropen nutzen Orchideen diese Bienen zur Bestäubung.

OBEN RECHTS Ein großer Rhinozerosvogel schnappt sich im Flug auf Höhe des Kronendachs eine Feige und erschreckt dabei einen Maronenlangur beim Fressen. Die Feigensamen werden mit dem Dung des Nashornvogels, der in seinem riesigen Revier in Kalimantan auf Borneo von Baum zu Baum fliegt, über den Regenwald verteilt.

So schnell Pflanzen auch neue Verteidigungsmechanismen entwickeln mögen – mit ihrer bemerkenswerten Anpassungsfähigkeit schaffen es die Laubfresser irgendwann, sie trotzdem zu überwinden. Erfolgreiche Schadensbegrenzung ist das Beste, was Pflanzen in dem sich ständig ausweitenden Wettrüsten erreichen können.

DSCHUNGELPARTNERSCHAFTEN

Es gibt Zeiten, in denen Pflanzen sich alle Mühe geben, Tiere zu veranlassen, von ihnen zu fressen. Um eine möglichst große genetische Vielfalt unter den Nachkommen zu produzieren, bedienen sie sich der geschlechtlichen Fortpflanzung – durch Fremdbestäubung – und benötigen dafür Lieferanten, um zu gewährleisten, dass ihre Pollen eine andere Blüte derselben Pflanzenart erreichen. Im windstillen Regenwald verlassen sich die meisten Pflanzen auf Tiere als Kuriere, indem sie oft spezielle Blüten mit Nahrung oder anderen Lockmitteln ausbilden, um bestimmte Helfer anzuziehen. Obwohl viele Bäume im Regenwald 30 bis 40 Jahre brauchen, bis sie ausgewachsen sind, und nur selten jedes Jahr blühen, strengen sie sich bei dieser Prozedur enorm an. Ihre Blüten und Früchte sind oft spektakulär und enthalten unglaublich viele Samen – auf einem Hektar Tieflandregenwald werden so viele Früchte und Samen produziert wie auf zwölf Hektar Eichenwald der gemäßigten Zone. Pflanzen können sich einen Vorteil über ihre Rivalen verschaffen, indem sie die Samen so weit wie möglich streuen. Süße Früchte sollen daher Affen, Fledermäuse und Vögel anlocken, was zu einem weiteren komplexen Beziehungsgeflecht führt.

PARFÜMHÄNDLER

Blüten im Regenwald sind meist groß, farbenprächtig und stark duftend. Die Blüten des Balsabaums sind z. B. 12 Zentimeter lang und haben eine 8 Zentimeter breite Öffnung. Viele Blüten haben leuchtende Farben, um ihre Bestäuber, vor allem Vögel, anzulocken. Die Sarawak-Mistel lockt Blütenpicker zum Beispiel mit leuchtend roten Blüten an, deren Blätter sich bei der Berührung durch Vögel öffnen und als Belohnung Nektar bereithalten. In der windstillen, feuchten Waldluft hält sich der Duft über weite Entfernungen, und Regenwaldblüten setzen ihn ein, um Bestäuber anzulocken. Die Bandbreite und Vielfalt dieser Düfte ist bemerkenswert. Vor allem Orchideen haben komplexe Blüten, die über ein Repertoire differenzierter Düfte verfügen. Der Stern von Madagaskar lockt Motten mit einem starken Duft an, der an parfümierte Seife erinnert.

Andere locken Bestäuber wie Fliegen oder Aaskäfer an, indem sie strenge Fäulnisgerüche imitieren. Ziemlich viele Pflanzen, die sich in dieser Richtung betätigen, verstärken die Täuschung noch mit Farben, die an verwesendes Fleisch erinnern. Die Vielfalt übler Gerüche, die von diesen Pflanzen ausgehen, ist überwältigend. Das Klettergehölz *Aristolochia* entwickelt raffinierte Fliegenfallen, die wie verwesender Fisch riechen. Die Blüten des Kalebassenbaums öffnen sich nachts, um einen Geruch nach altem Käse abzusondern, der für Fledermäuse unwiderstehlich ist. Die Weltmeister unter den Widerlingen sind wohl die riesigen Rafflesien, die in den Regenwäldern Südostasiens wachsen. Die *Rafflesia arnoldii* hat mit

DIE ALLGEMEINE LIEBLINGSFRUCHT

Feigen gehören zu den häufigsten Regenwaldpflanzen, und viele Tiere haben Geschmack an ihren Früchten gefunden. Auf allen drei tropischen Kontinenten sind Feigen die wichtigste Nahrungsquelle für Fruchtfresser im Regenwald. In Mittelamerika gibt es 26 Vogelarten, die sich nur von dieser Fruchtart ernähren. In Malaysia wurden in nur drei Stunden 47 Vogelarten beobachtet, die von nur einem Feigenbaum fraßen. Dies hat zur Folge, dass Feigensamen anscheinend überallhin gelangen. Auf einer beliebigen Fläche eines Regenwaldes können bis zu 20 Feigenarten wachsen, von kleinen Büschen bis zu den Würgern mit ihren seltsamen Stämmen und Luftwurzeln. Wenn ein Samenkorn einer Würgefeige im Ast eines anderen Baums stecken bleibt, wächst es, indem es lange Wurzeln zum Boden aussendet, anschließend Luftwurzeln bildet und den Wirt irgendwann erstickt. Jede Würgefeigenart hat eine eigene Wespenart zum Bestäuben, und alle Arten tragen massenweise Früchte – einige über 100 000 an einem einzigen Baum. Da sie ganzjährig tragen, sind Feigen in Zeiten, in denen andere Früchte rar sind, eine wichtige Nahrungsquelle.

OBEN Raggi-Paradiesvögel balzen vor einem Weibchen, das von oben zuschaut, um die Wette.

GEGENÜBER Paradiesvögel setzen verblüffende Farb- und Federtricks ein, um Weibchen zu ihren Balzplätzen zu locken. Sie können es sich leisten, alle Kraft in ein schönes Gefieder zu stecken, da immer genug Nahrung vorhanden ist.

IM UHRZEIGERSINN, VON LINKS OBEN
Ein Paradiesvogel posiert in einer Pause zwischen den Auftritten auf seinem Tanzast.

Ein kopfüber hängender Blauer Paradiesvogel stellt seine prächtigen Schwanzfedern zur Schau und gibt einen ungewöhnlichen, gar nicht vogelartigen Laut von sich.

Der Blaunackenparadiesvogel zeigt seine drahtigen Kopffedern und seinen schillernden Federumhang.

Ein wunderschöner Paradiesvogel stellt seinen faszinierenden, schillernden Federumhang auf.

einem Durchmesser von 90 Zentimetern die größten Blüten der Welt und sondert einen der widerlichsten Gerüche im Pflanzenreich ab. Da sie nur ein paar Tage Zeit hat, um zu gewährleisten, dass ihre Pollen gesammelt und verteilt werden, gibt sie sich alle Mühe, Fliegen anzulocken: Sie bildet auf dem Waldboden eine riesige rote, kadaverähnliche Blüte aus, die nach verfaulendem Fleisch stinkt.

LANGSTRECKENTRANSPORT

Die besten Bestäuber für die Verbreitung über große Entfernungen sind Tiere, die gut fliegen können: Vögel, Fledermäuse, Schwärmer und Insekten, die auf der Nahrungssuche lange Strecken zurücklegen. Die geläufigsten davon sind die Bienen, die in den meisten Regenwäldern tagsüber die Bestäubungspflichten übernehmen. Prachtbienen legen jeden Tag auf Nahrungssuche dieselbe kilometerlange Strecke zurück und tanken auf dem Weg immer an denselben Pflanzen auf. Manchmal haben sie auch komplexe Beziehungen zu ihren Lieferanten. Der Paranussbaum trägt große, gelbe Blüten, die von einer gewellten Kappe geschützt werden. Weibliche Prachtbienen sind groß genug, um die Kappe anzuheben und den Nektar darin zu sammeln. Dabei bestäuben sie die Blüte. Die farbenprächtigen Männchen dieser Bienenart suchen jedoch bestimmte Orchideen auf, die auf den Ästen des Paranussbaums wachsen. Sie nehmen Duftstoffe aus den Orchideen auf und bestäuben sie bei ihrem Flug von Blüte zu Blüte. Wenn sie genug haben, formieren sie sich zu einem Schwarm und fliegen summend als duftende Masse umher, um die Aufmerksamkeit der Weibchen auf den Blüten des Paranussbaums zu erlangen. Es ist ein raffiniertes System gegenseitiger Abhängigkeit zwischen Baum, Orchideen und Bienen. Zwar tragen Insekten tagsüber die Hauptverantwortung für die Bestäubung, doch sind in vielen Regenwäldern auch Vögel aktiv. In Süd- und Mittelamerika haben unter den Vögeln Kolibris das Monopol, während die Aufgabe in

den afrikanischen und asiatischen Wäldern von Nektarvögeln erledigt wird. Nachts übernehmen die Fledermäuse die Arbeit. Blüten, die sich speziell an die Bedürfnisse von Fledermäusen angepasst haben, sind leicht zu erkennen, da sie meist hell beziehungsweise farblos sind, denn Fledermäuse orten ihre Blüten von weitem mit ihrem Sonar, nicht mit den Augen. Die Blüten der Mimosengewächse hängen wie Bommeln an langen Stielen vom Kronendach herab. Jede Bommel hat eine Reihe von Staubgefäßen mit Pollen, die auf die Fledermaus niederrieseln, wenn sie kurz landet, um den Nektar zu trinken.

INTENSIVE VERBREITUNG

Da es im Wald so wenig Wind gibt, müssen die meisten Pflanzen auch Tiere zur Verbreitung ihrer Samen und Früchte einsetzen, obgleich diese Transaktion etwas komplizierter ist. Die Pflanzen möchten zwar, dass Tiere ihre Früchte fressen und folglich ihre Samen verbreiten, wollen die Samen aber gleichzeitig davor schützen, beim Fressen beschädigt zu werden. Zumindest müssen sie gewährleisten, dass einige überleben, um noch keimen zu können. Die Strategie der Feigenbäume besteht darin, Hunderte von winzigen, grobkörnigen Samen in kleinen, schmackhaften und leicht verdaulichen Früchten zu erzeugen, die vielen verschiedenen Tieren schmecken. Ein Feigenbaum, der Früchte trägt, ist immer ein großes Ereignis im Wald und zieht Tiere aus der ganzen Umgebung an. So ist es in Zentralafrika gut möglich, Flachlandgorillas, Schimpansen, drei oder vier Affen, Eichhörnchen und viele verschiedene Vogelarten zu beobachten, die alle vom selben Baum fressen. Indem er Millionen von Samen in Tonnen von Früchten auf den »Markt« wirft, erhöht der Feigenbaum seine Chance, zumindest einige Nachkommen zu verteilen. Dieses Verfahren hat jedoch sein Risiko: Winzige Samen haben sehr begrenzte Reserven und müssen schnell keimen, wenn sie überleben wollen.

OBEN Ein Moschus-Flughund schlemmt auf den Philippinen Feigen. Flughunde finden im Regenwald das ganze Jahr über Nahrung. Die Belohnung für die Bäume ist die Verteilung ihrer Samen.

GEGENÜBER Das größte Landraubtier Südamerikas, der Jaguar.

Die meisten anderen Pflanzen im Wald produzieren größere, nahrhaftere Samen, die von bestimmten Kurieren verteilt werden – spezialisierten Vögeln und Fledermäusen, die außer Früchten fast nichts anderes fressen. Der Tukan in Süd- und Mittelamerika, große Fledermäuse in Südostasien, die sich von Früchten ernähren, sowie der Palmgeier in Westafrika sind alle spezialisierte Fruchtfresser, die prächtig gedeihen, nur weil die Samen im Regenwald verteilt werden müssen. Früchte, die Vögel anlocken sollen, sind oft farbenprächtig und auffällig, während Früchte in dunkleren Farben und mit durchdringendem Geruch, zum Beispiel wilde Bananen, für die geruchsempfänglicheren Fledermäuse bestimmt sind. Im Regenwald gibt es ein so reichhaltiges Angebot leicht zu erreichender Früchte, dass viele Tiere, die sich von Früchten ernähren, Zeit und Energie auf andere Dinge verwenden können. In den üppigen Wäldern Neuguineas können beispielsweise Paradiesvögel Energie in ein spektakuläres und extravagantes Federkleid investieren und haben Zeit für ein aufwändiges Balzverhalten.

In einigen Fällen ist die Beziehung zwischen einer Pflanze und ihrem Samenverteiler so eng, dass sie zu einer gegenseitigen Abhängigkeit wird. Obwohl sich mehr als 20 Vogelarten von den Früchten des Baums *Casearia corymbosa* auf Costa Rica ernähren, verhält sich nur eine von ihnen so, dass sie zum perfekten Samenverteiler wird. Tityras sind kleine, silbergraue Vögel mit einer schwarzen Gesichtsmaske und sind für einen Habicht gut sichtbar. Um nicht gefangen zu werden, holen sich Tityras Früchte vom Baum und verstecken sich anschließend schnell, um sie zu fressen. Auf diese Weise befördern sie die Samen an Orte, wo sie bessere Wachstumschancen haben. Durch ihre Bemühungen, Räubern aus dem Weg zu gehen, sind Tityras die einzigen Vögel, die die *Casearia*-Samen erfolgreich verteilen können, und nun sind Baum und Vögel völlig abhängig voneinander.

Der Paranussbaum ist von der Zerstreutheit eines bestimmten Tieres abhängig, das seine Nüsse verteilt, dem Aguti. Das Aguti ist das einzige Tier, das die harte Außenschale der Paranusskapsel knacken kann. Es frisst und zerstört zwar einen Großteil der darin befindlichen Samen, vergräbt jedoch andere und vergisst oft, wo sie sind – Zerstreutheit, die den Nüssen die Chance zum Keimen gibt. Einige der größten Bäume produzieren riesige Samen bzw. Nüsse, die für die meisten Tiere außer den größten Säugetieren viel zu groß sind, als dass sie sie verteilen könnten. Ihre Früchte fallen zu Boden und liegen dort als Festmahl direkt unter dem Baum. In afrikanischen Regenwäldern kommen Elefanten zu solch einer Goldgrube, stopfen sich voll und verteilen anschließend die Samen kilometerweit entfernt mit ihrem Dung.

OBEN Spinnen sind bedeutende Regenwaldräuber. Hier, im brasilianischen Küstenwald, pumpt die größte der Welt – die Riesenvogelspinne – Verdauungssäfte in eine Schlange, die sie in ihren Schlupfwinkel unter der Erde gezogen hat. Die Spinne hat eine potenzielle Beinspannweite von mehr als 25 Zentimetern und greift alles an, was sie halten und mit ihren giftigen, nach unten gerichteten Fangzähnen aufspießen kann.

RÄUBERISCHE ABSICHTEN

Von allen Tieren im Regenwald sind die großen fleischfressenden Raubtiere am schwersten fassbar. Man kann Jahre in den Urwäldern Südamerikas arbeiten, ohne jemals einen Jaguar zu Gesicht zu bekommen, und die Leoparden, die in den Wäldern Westafrikas umherstreifen, sind noch seltener zu sehen als ihre scheuen Verwandten in den trockeneren Teilen Afrikas. Im Vergleich zur Zahl der Regenwaldpflanzen und Pflanzenfresser gibt es relativ wenig Raubtiere. Trotzdem gibt es hier immer noch mehr als in anderen Wäldern, hauptsächlich deshalb, weil es so viele Insekten gibt. Die meisten Raubtiere des Regenwaldes sind daher Insektenfresser, und viele Räuber sind selbst wirbellose Tiere.

KLEINE FISCHE

Bei einem so reichhaltigen Insektenangebot ist es nicht weiter erstaunlich, dass es unter allen Tiergattungen im Regenwald Insektenfresser gibt. Viele kleine Säugetierräuber haben sich auf Insekten spezialisiert. Hoch oben im Kronendach des Amazonas-Regenwaldes greifen Tamanduas, kleine Ameisenbären, die Nester von Ameisen und Termiten an. Diese Staaten bildenden Insekten haben im Kollektiv zwar eine starke Beißkraft, doch ist der Ameisenbär durch sein dickes Fell geschützt, und die Schuppentiere in Afrika und Asien, die ebenfalls Ameisen fressen, verfügen über eine zusätzliche Verteidigung aus Hornschuppen. Obwohl viele Primaten auf Blätter und Früchte angewiesen sind, haben sich einige von ihnen zu Insektenspezialisten entwickelt. Die scheuen Loris und Pottos in Afrika benutzen beispielsweise ihre geschickten Finger, um mit den raffinierten Verteidigungsmechanismen umzugehen, die viele Insekten entwickelt haben. Der intelligente Schimpanse – vielleicht der perfekte Urwaldallesfresser – kann praktisch jede Nahrungsquelle nutzen. Bekanntlich haben Schimpansen gelernt, spezielle Werkzeuge herzustellen, die sie in die Termitenhügel tauchen, um deren saftige Bewohner herauszuholen.

Für einen Ornithologen sind insektenfressende Vögel wahrscheinlich am leichtesten zu entdecken. Einer der auffälligsten Vögel im Regenwald Mittelamerikas ist der farbenprächtige Glanzvogel, der kerzengerade auf einem Ast sitzt, bevor er losstürzt und einen vorbeifliegenden Schmetterling fängt. Im afrikanischen Regenwald verhalten sich Bienenfresser sehr ähnlich und haben eine raffinierte Methode entwickelt, um den Stachel blitzschnell aus der gefangenen Biene zu entfernen. Spechte sind sehr erfolgreiche Insektenfresser und kommen in vielen Regenwäldern vor. Einige fallen auf der Nahrungssuche nicht nur in Termitennester ein, sondern bauen innerhalb dieser Erdkonstruktionen auch eigene Nester. Selbst Kolibris und Nektarvögel, die sich normalerweise von Blütennektar ernähren, erkennen den hohen Nährwert von Insekten und fangen sie für ihre heranwachsenden Jungen.

EINE WIE DIE ANDERE, OB GROSS ODER KLEIN

Bei so vielen wirbellosen Beutetieren ist es nicht weiter erstaunlich, dass es auch eine ungeheure Vielzahl verschiedener wirbelloser Raubtiere im Regenwald gibt. Zweifellos sind jedoch die südamerikanischen Wanderameisen und die afrikanischen Treiberameisen die eindrucksvollsten. Beide setzen dieselbe Furcht einflößende Strategie ein, bei der eine ganze Kolonie aus vielen tausenden Ameisen als schwarzer Strom hungriger Mäuler ständig auf Wanderschaft über den Waldboden zieht. Durch ihre Stärke in der Gruppe können die Ameisen Insekten, Eidechsen, kleine Vögel – also fast alles, was ihren Weg kreuzt – bezwingen.

Ein weiterer riesiger Räuber ist die Tarantel in Südamerika, die eine Beinspannweite von über 25 Zentimeter erreichen kann und mit Leichtigkeit Laubfrösche oder kleine Vögel fängt.

Gottesanbeterinnen erreichen ebenfalls Rekordgröße. In den Regenwäldern Malaysias gibt es eine große und wunderschöne Blütenmantis, die eine perfekte Nachahmung der Orchidee ist, auf der sie wartet. Insekten, die sich von diesen »Blüten« wegen ihres Nektars angelockt fühlen, finden sich selbst auf der Speisekarte wieder, wenn die Mantis zuschlägt.

DIE FLEISCHFRESSER

Echte Fleischfresser haben im Regenwald ein Problem: Für sie ist er ein dichter und undurchdringlicher Urwald – kein Ort für schnelle Geparden oder herabstoßende Falken. Die meisten Tiere sind klein und wendig wie der Ozelot oder die Langschwanzkatze in Südamerika oder aber schlank wie die Zibet- und Ginsterkatze in Afrika und Asien. Es gibt nur eine Ausnahme auf jedem Kontinent – den Jaguar in Südamerika, den Waldtiger in Asien und den Leoparden in Afrika. Es gibt auch nicht viele Raubvögel; meist sind sie klein, haben abgerundete Flügel und können schnelle Ausweichmanöver zwischen den Ästen fliegen. In jedem großen Regenwald gibt es jedoch mindestens einen großen Adler an der Spitze der Raubtiere. Die Harpyie in Südamerika, der Philippinenadler auf den Philippinen und der Kronenadler in Afrika haben sich alle auf die Affenjagd spezialisiert.

UNTEN Ameisen sind die zahlreichsten Regenwaldräuber. Wanderameisen sind auf Angriffe im Schwarm spezialisiert. Hunderttausende von ihnen marschieren über den Waldboden und überwältigen Lebewesen von der Größe eines Skorpions.

10

Flachmeere

Obwohl die flache See nur acht Prozent der Meeresoberfläche ausmacht, ist sie die bei weitem fruchtbarste Zone des Ozeans. Hier findet man die Korallenriffe, die Seegrasteppiche, die Algenwälder – und hier füllen die Fischer der Welt ihre Netze.

OBEN Üppige Korallen mit Orient-Süßlippen und Bullaugenbarschen vor Ari auf den Malediven, einer Kette aus vulkanischen Atollen im Indischen Ozean. Im klaren Wasser, in dem die Korallen wachsen, können Fische prächtige Farben zu Kommunikationszwecken einsetzen.

GEGENÜBER Eine Buckelwalmutter und ihr Junges im tropischen Pazifik vor Tonga. Das Gewässer ist die perfekte Kinderstube: ruhig und warm, mit einem Sandboden – doch wie die meisten tropischen Meere leblos.

VORHERIGE DOPPELSEITE OBEN Ein schneller Schwarm Südlicher Glattdelfine auf der Jagd vor Neuseeland.
UNTEN Farbenprächtige Weichkorallen im Roten Meer und ein Schwarm Glasbarsche.

Eine Buckelwalmutter säugt in den klaren, tropischen Gewässern vor der Pazifikinsel Tonga ihr neugeborenes Kalb – ein herrlich friedliches Bild. Wenn das Junge die Brustwarze loslässt, trübt eine Wolke fettreicher Milch das Wasser. Das eine Tonne schwere Kalb trinkt etwa 450 Liter Milch pro Tag und ist in den nächsten zwölf Monaten völlig abhängig von seiner Mutter. Diese flachen, ruhigen, tropischen Gewässer sind zwar die perfekte Kinderstube, jedoch auch relativ unbelebt. Es gibt keine Nahrung für das erwachsene Tier, das den größten Teil des Jahres von seinen Fettreserven leben muss. Sobald das Junge kräftig genug ist, um der Mutter zu folgen, verlassen sie die Tropen. Nun begeben sie sich auf die längste Wanderung aller Meeressäuger zu den fruchtbaren Nahrungsgründen der gemäßigten Meere und Polarmeere. In diesem Kapitel werden auch wir kreuz und quer durch die Flachmeere unserer Erde reisen.

DIE LAGE DER FLACHMEERE

Die Flachmeere der Welt liegen über den Kontinentalschelfen, den unter dem Meeresspiegel liegenden Randbereichen der Kontinente. Im Durchschnitt erstreckt sich ein Schelf von der Küste aus rund 80 Kilometer ins offene Meer. Vor der Pazifikküste Südamerikas ist es allerdings weniger als ein Kilometer, vor der arktischen Küste Sibiriens sind es hingegen 750 Kilometer. In diesen Zonen ist das Wasser kaum tiefer als 200 Meter. Welche Tiere auf dem Grund der Flachmeere, den fruchtbarsten Regionen des Meeres, leben, hängt hauptsächlich von dem Material ab, aus dem der Boden besteht. Die meisten Kontinentalschelfe tragen große, ebene Sandflächen und schlammige Sedimente. Die Tiere, die hier leben, graben sich entweder in den Schlamm ein wie die Venusmuscheln oder leben dicht am Boden wie Schlangensterne oder Plattfische. Sessile Tiere und Pflanzen wie die Seeanemone oder die Alge sind – mit Ausnahme des Seegrases – in den Tropen selten, da sie sich nirgendwo auf dem Grund verankern können. Wo der Nährboden dagegen hart oder steinig ist und Tieren und Pflanzen festen Halt bietet, entwickeln sich völlig andere Gemeinschaften. In kälteren gemäßigten Gewässern findet man in den fruchtbaren Kelpwäldern dicht zusammenlebende Gemeinschaften farbenprächtiger wirbelloser Tiere an den felsigen Wänden. In den Tropen bietet ein steiniger Nährboden Korallenlarven eine Fläche, die sie besiedeln können und ohne die die meisten Riffe nicht wachsen könnten. Die Menge und Vielfalt der Lebensformen in den Gewässern über den Kontinentalschelfen ist jedoch sehr unterschiedlich und hängt hauptsächlich von der Menge des Sonnenlichts und der verfügbaren Nährstoffe ab.

DIE WARMEN FLACHMEERE

Die warmen tropischen Gewässer, die eine so angenehme Kinderstube für neugeborene Buckelwale sind, gehören zu den unproduktivsten aller Flachmeere. Sie sind blau und kristallklar, da sie kaum Phytoplankton enthalten, das fruchtbareren, produktiveren Gewässern die typische grüne Farbe und Trübung verleiht. Das Phytoplankton ist für 90 Prozent der Primärproduktion in den Meeren verantwortlich und bildet die Grundlage aller marinen Nahrungsketten. Die tropischen Meere, das heißt der äquatoriale Gürtel aus über 20 °C warmen Gewässern zwischen dem nördlichen und südlichen Wendekreis, sind größtenteils Meereswüsten, da hier so wenig Phytoplankton gedeiht.

Wie alle Pflanzen benötigt auch Phytoplankton zwei Hauptzutaten für die Photosynthese: Sonnenlicht und Nährstoffe. In den Tropen am Äquator herrscht kein Mangel an Sonne; das ganze Jahr über scheint sie zwölf Stunden pro Tag. Stattdessen geht das geringe Planktonwachstum auf den Mangel an Nährstoffen zurück – vor allem an Stickstoff und Phosphor –, die für die Steuerung der Primärproduktion eine bedeutende Rolle spielen. Ohne diese wichtigen Nährstoffe kann das Phytoplankton keine Photosynthese betreiben.

Das Problem ist, dass diese Nährstoffe im Meer meist in tieferen Gewässern zu finden sind, das Wasser in den Tropen aber meist so ruhig ist, dass sich Oberflächen- und tiefere Schichten kaum miteinander mischen. Seeleuten sind die Gebiete um den Äquator wegen des Windmangels als »Kalmenzone« bekannt. Die Windstille in diesen Regionen sorgt nicht nur für die ruhigen Bedingungen, die der neugeborene Buckelwal genießt, sondern auch dafür, dass kaum Nährstoffe zur Oberfläche vordringen. Die beiden einzigen Bereiche der tropischen Flachmeere, die keine Wasserwüsten sind, sind die Korallenriffe und Seegrasteppiche.

FASZINIERENDE RIFFE

Es gibt nur wenige Freuden in der Natur, die mit dem Schnorcheln über einem Korallenriff vergleichbar sind. In puncto Vielfalt und Farben können es nur wenige Riffe mit dem Naturschauspiel an den Küsten des Roten Meeres aufnehmen. Das Umland besteht aus öder Wüste, das Leben scheint hier mehr als unwirtlich zu sein. Umso größer ist die Überraschung, wenn der Taucher den Kopf unter Wasser hält: Hier tut sich eine Welt aus so vielen wundervollen Formen und Farben auf, dass man sich automatisch fragt, ob man unter dem Einfluss einer halluzinogenen Droge steht. Durch das kristallklare, badewannenwarme Wasser kann man stundenlang gleiten und sich von einem sich ständig verändernden Kaleidoskop aus Fischen, Korallen und anderen wirbellosen Tieren verzaubern lassen.

Die Riffe des Roten Meeres sind aus zwei Gründen so farbenprächtig. Erstens gibt es hier extrem viele Weichkorallen, die in außergewöhnlich vielen leuchtenden Farben vorkommen, von zarten Rosa- bis zu dunklen Violetttönen. Zweitens gibt es am Riff endlos scheinende Schwärme goldfischartiger Fahnenbarsche, die sich im Schutz des Riffs in hellen, orangefarbenen Wolken vor- und zurückwiegen. Diese kleinen Fische sind so zahlreich, dass einige Leute glauben, sie hätten dem Roten Meer seinen Namen verliehen.

Die vielen verschiedenen Lebewesen, die sich in jede Nische und Spalte des dreidimensionalen Korallenriffs zwängen, machen es zum produktivsten Lebensraum der Meere. Schaut man sich die Produktivität in Bezug auf den Kohlenstoff an, der jährlich pro Quadratmeter Riff gebunden wird, so bewegen sich die Zahlen von einem Minimum von 1500 Gramm bis zu einem Maximum von 3700 Gramm. Vergleicht man dies mit den tropischen Regenwäldern, die eine jährliche Produktivität von 1000–3500 Gramm

OBEN Eine Nacktschnecke *(Chromodoris kuniei)* auf Korallen in indonesischen Gewässern. Ihre Verteidigung besteht aus chemischen Substanzen aus den Schwämmen, von denen sie sich ernährt. Ihr spektakuläres Farbmuster verleitet Räuber zu der Annahme, sie sei giftig.

GANZ OBEN Ein Großer Fetzenfisch (ein Verwandter der Seepferdchen), der Eier trägt. Er ist für das Leben zwischen den Algen auf den felsigen Riffen an der Südküste Australiens getarnt.

GEGENÜBER Eine Glasbarsch-Schule wirbelt über einen Korallenriffgarten im Roten Meer im kristallklaren, nährstoffarmen Wasser. Im dunkleren, sicheren unteren Stockwerk dieses Waldes aus Stein- und Weichkorallen wächst eine Vielzahl von Schwämmen, die genauso fruchtbar sind wie die Korallen selbst. Nährstoffe aus diesen Plankton fressenden Schwammkolonien liefern wiederum anderen Tieren Nahrung.

OBEN Feuerfische zwischen Seefächern in einem Korallengarten vor den Solomon Islands. Diese nachtaktiven Raubfische stehen in der Korallennahrungskette ganz oben und haben wegen ihrer Rüstung aus Giftstacheln nur wenige Feinde.

GEGENÜBER Massenlaichen der Korallen auf den Malediven kurz nach dem Vollmond im März, bei dem Wolken aus Millionen von Eiern das Meer rot färben – ein Festmahl für zahlreiche Korallenfische.

Kohlenstoff pro Quadratmeter aufweisen, wird deutlich, dass Korallenriffe ausgesprochen fruchtbar sind. Dies ist umso beachtlicher, wenn man bedenkt, dass die Mehrzahl der riffbildenden Korallen in den Tropen vorkommt, wo die Flachmeere insgesamt am unproduktivsten sind. Korallenriffe gedeihen trotz des Nährstoffmangels in diesen Gewässern aufgrund ihrer engen symbiotischen Beziehung mit Zooxanthellen, d. h. Photosynthese betreibenden Algen, die innerhalb der Korallenpolypen leben.

Alle Korallenriffe der Welt bestehen unabhängig von ihrer Größe aus Milliarden von Polypen, die aussehen wie winzige Seeanemonen und nur ein paar Millimeter lang sind. Jeder Polyp lebt in einem kleinen, kelchförmigen Skelett aus Kalk, den er absondert. Indem sich immer neue Polypen auf den Kalkresten ihrer abgestorbenen Vorgänger ansiedelten, bauten sich im Verlauf der Jahrtausende diese Kalkschichten zu Korallenriffen auf, die stellenweise Hunderte von Kilometern lang sind. Fast alle riffbildenden Korallen gewinnen den Großteil ihrer Energie aus den Photosynthese betreibenden Zooxanthellen, die in ihrem Gewebe leben. Im Gegenzug versorgen die Polypen ihre Partner ständig mit allen lebenswichtigen Nährstoffen wie Phosphor und Stickstoff. Trotz des geringen Vorkommens dieser Nährstoffe in ruhigen tropischen Gewässern, gedeihen Korallenriffe hier, da sie hervorragende Wiederverwerter sind. Anstatt ihre Abfallprodukte ins Meer zu entlassen, geben die Polypen sie an die Zooxanthellen weiter, die die Nährstoffe darin als Teil des Photosyntheseprozesses wiederverwerten. In der Tat sind alle Korallentiere hervorragende Wiederverwerter von Nährstoffen. Außerdem gehören Korallenriffe bekanntermaßen zu den besten Stickstoffverwertern auf unserem Planeten. Die Kombination aus all diesen Faktoren bewirkt, dass die produktivste Lebensgemeinschaft in der Natur in den wüstenhaften Bedingungen der Flachmeere gedeihen kann.

BESCHRÄNKTES KORALLENWACHSTUM

Korallenriffe sind größtenteils auf die flachen, warmen Gewässer der Tropen beschränkt, da sich riffbildende Korallen in Gewässern, die kälter als 20°C sind, nicht fortpflanzen können. sodass die meisten Riffe in wesentlich wärmeren Regionen vorkommen Auf der Ostseite der Kontinente transportieren die Oberflächenströmungen meist warmes Wasser weg vom Äquator und dehnen somit die warmen, für das Korallenwachstum geeigneten Zonen weiter nach Norden und Süden aus. Auf der Westseite der Kontinente transportieren die Strömungen dagegen kaltes Wasser aus den Polarregionen, sodass Korallen hier schlechter gedeihen. Das erklärt, warum es an den Galapagos-Inseln trotz ihrer Lage in Äquatornähe fast keine Korallenriffe gibt: An der Westküste Südamerikas bringt der Humboldtstrom kaltes Wasser aus der Antarktis, sodass das Wasser an den Inseln zu kalt für Korallen ist.

Ein weiterer wichtiger Faktor für das Korallenwachstum ist klares, tiefes Wasser. Riffe können nur dort wachsen, wo das Sonnenlicht die Wasseroberfläche durchdringt und ihre Zooxanthellen Photosynthese betreiben können. Unterschiedliche Korallen haben zwar unterschiedliche Tiefengrenzen, doch gedeihen Riffe nur selten in mehr als 50 Meter tiefem Wasser. Die Klarheit des Wassers hängt auch von der Sedimentmenge ab, die es trägt. Ablagerungen schränken nicht nur den Lichteinfall ein, sondern können auch die Korallenpolypen ersticken. Vor der brasilianischen Küste schränken Ablagerungen aus dem Amazonas und den anderen großen südamerikanischen Flüssen das Korallenwachstum ein. Sedimente verhindern auch, dass sich an der Küste Chinas und anderer südasiatischer Länder Korallen bilden, da es dort zu viele große Flüsse gibt, die Ablagerungen ins Meer transportieren. Die Riffe im Roten Meer hingegen gedeihen so gut, weil das Land um sie herum trocken ist und es keine Flüsse gibt.

OBEN Geweihkorallen entlassen während des Massenlaichens im März am Ningaloo-Riff in Westaustralien Eier- und Spermawolken

GEGENÜBER Land, Sand, Riff und Meer vor einer Koralleninsel der Seychellen im Indischen Ozean. Hier haben Vulkane eine feste Grundlage geschaffen, auf der die Korallen wachsen können.

Die Korallenriffe der tropischen Flachmeere haben verschiedene Formen und Größen, je nach Wassertemperatur, Wellentätigkeit und geologischer Beschaffenheit des Meeresbodens, auf dem sie wachsen. Darwin entwickelte als Erster eine Einteilung, die auch heute noch häufig verwendet wird. Er unterschied drei Typen: Saumriffe, Barriereriffe und Atolle.

DAS LÄNGSTE RIFF

Das spektakulärste Beispiel für den ersten Typus ist zweifellos das 4000 Kilometer lange Riff entlang der Küste des Roten Meeres, das längste Einzelriff der Welt. Saumriffe verlaufen, wie der Name andeutet, als schmales Band in Küstennähe. Meist beginnen sie mit einer Innenriffplatte direkt am Strand. Dieses seichte Gebiet kann bei Ebbe freiliegen und leidet unter dem Süßwasser- und Sedimentfluss, sodass hier nur wenige lebende Korallen anzutreffen sind. Sein Boden aus Sand oder Korallenschutt ist oft von Weichkorallen oder Seegras bedeckt und bietet farbenprächtigen Pflanzenfressern wie dem Doktor- und dem Papageifisch ein reichhaltiges Nahrungsangebot.

Der wahre Reichtum befindet sich allerdings an der Riffkante, wo die Riffplatte in die Tiefe abfällt und es wenige Probleme mit abfließendem Wasser gibt. Durch die Wellentätigkeit zirkuliert das Wasser und liefert den Korallen Nährstoffe und Zooplankton als Nahrung. Wenn man über diese spektakulären Abhänge schnorchelt, kann einem der Atem stocken: Gerade noch ist man im warmen, sonnigen Wasser langsam über die Riffplatte gedümpelt, und plötzlich hängt man über einem Abgrund und blickt nach unten über das Korallenriff hinweg auf die Silhouetten von Haien in der tiefblauen Ferne.

DAS GRÖSSTE RIFF

Das größte, aber nicht längste Riff, das sich an der Nordwestküste Australiens über mehr als 2000 Kilometer erstreckt, ist aus dem Weltraum deutlich zu sehen. Das Great Barrier Reef ist ein System aus mehr als 2000 einzelnen Riffen, Sandbänken und Inseln, die eine Fläche von über 345 000 Quadratkilometern bedecken. Das nächstgrößere ist das Barriereriff an der Küste von Belize in der Karibik. Barriereriffe folgen zwar der Küste, befinden sich jedoch weiter draußen im Meer als Saumriffe, manchmal mehr als 100 Kilometer von der Küste entfernt. Die Riffe bieten den Lagunen Schutz, in denen man häufig Seegrasteppiche oder wunderschöne vereinzelte Korallenspitzen findet.

Die Kraft der Wellen, die gegen seinen Außenrand schlagen, bestimmt die Form eines Riffsystems. Die Korallen am Außenrand eines Barriereriffs bilden wie die Vegetation in einem Regenwald verschiedene Schichten. An der Außenkante sind die Korallen oft groß, kräftig und kompakt, um der Kraft der sich brechenden Wellen standzuhalten. Direkt darunter wachsen die Korallen am üppigsten und in vielen verschiedenen Formen, die – wahrscheinlich im Wettlauf um Platz und Licht – größtenteils senkrecht nach oben streben, während die Korallen in dem Dämmerlicht am Fuß des Hangs in flachen Schichten wachsen, um so viel Licht wie möglich aufzunehmen.

EINSAME ATOLLE

Darwins dritter Rifftyp, Atolle, erwiesen sich zunächst als echtes Rätsel. Im Gegensatz zu Saum- oder Barriereriffen befinden sich die Korallenringe mit der Lagune in der Mitte nicht immer in der Nähe eines Kontinentalschelfs. Viele Atolle liegen stattdessen weit draußen im Meer, wo sie direkt vom Grund der Tiefsee aufragen. Ihr Durchmesser beträgt zwischen einem und 30 Kilometern, wobei sich die über-

UNTEN Ein Teil des Great Barrier Reef vor Queensland, Australien. Das größte Barrierriff der Welt besteht aus 2500 Einzelriffen (hier das Hardy Reef) und 400 Korallenarten.

GEGENÜBER Goldene Riffbarsche am Rand eines Korallenriffs vor Papua-Neuguinea mit pflanzenartigen Seelilien bzw. Seefächern (oben), Tieren mit einem Kalkskelett.

VORHERIGE DOPPELSEITE Ein Schwarm Gelbsattel-Meerbarben auf der Jagd an einem Korallenkopf vor einer kleinen Insel in der Bandasee in Indonesien. Bei ihnen sind opportunistische Blauflossen-Makrelen, die sich entkommene Fische schnappen. Seeschlangen treiben Fische aus dem Inneren von Korallen heraus. Sie jagen im Verband.

wiegende Mehrzahl im Indischen Ozean und im Westpazifik befindet. Wegen ihrer Lage weit draußen im offenen Meer sind sie von klarem Wasser umgeben, das für fast perfekte Tauchbedingungen sorgt. In ihrer Abgeschiedenheit fungieren die Inseln für pelagische (im offenen Meer lebende) Räuber wie Hammer- und Weißspitzenhaie als Wegweiser.

Das Rätsel bestand in der Entstehung der Korallenringe. Korallen können sich nur in flachen, sonnigen Gewässern bilden, und so konnten die Korallen nicht vom dunklen Tiefseeboden aus hochgewachsen sein. Charles Darwin stellte die Theorie auf, dass der Korallenring des Atolls ursprünglich ein Saumriff um einen Tiefseevulkan war, der sich vom Meeresboden erhob und zu einer Insel wurde. Über Jahrmillionen hinweg versank die Vulkaninsel langsam. Während dieser Zeit bildeten die Korallen ein Kalkriff, das den Ring aus lebenden Korallen an der Oberfläche hielt. Lange Zeit waren die Wissenschaftler nicht sicher, ob Darwin Recht hatte, doch dann fanden Geologen bei Bohrungen im Eniwetok-Atoll der Marshallinseln schließlich den unwiderlegbaren Beweis seiner These. Fast 1,5 Kilometer unterhalb einer Kalkkappe entdeckten sie den Vulkanfelsen, auf dem das heutige Atoll sein Wachstum begonnen hatte.

DER FRUCHTBARSTE ORT DER MEERE

Korallenriffe sind die fruchtbarsten und komplexesten Ökosysteme im Meer. Der dreidimensionale Aufbau eines Riffs bietet verschiedenen Tierarten zahlreiche verschiedene Möglichkeiten und Nischen. Der harte Konkurrenzkampf dieser Tiere um Platz und Nahrung hat im Lauf der Evolution zu einer deutlichen Ausdifferenzierung der Arten geführt. Heute gelten die Gewässer des indonesischen

Archipels allgemein als »Epizentrum« mariner Artenvielfalt. Im Dreieck zwischen Indonesien, den Philippinen und Neuguinea haben Wissenschaftler mehr Fischarten gefunden als irgendwo anders auf unserem Planeten – bisher über 2800, obwohl die Gewässer noch immer relativ unerforscht sind. Entfernt man sich weiter von diesem Epizentrum, nimmt die Vielfalt allmählich ab. In den Gewässern rund um Hawaii gibt es z. B. nur 500 identifizierte Fischarten. Und weiter östlich auf den Osterinseln sinkt die Zahl auf nur 100.

Warum also haben sich die indopazifischen Gewässer zu einem solchen Zentrum für marine Artenvielfalt entwickelt? Es gibt mehrere Gründe. Erstens weist diese Region seit langem eine evolutionäre Stabilität auf. Während der letzten Eiszeiten, als der Rückgang der Oberflächentemperaturen an vielen Orten der Welt zu einem Absterben der Korallen führte, waren die indonesischen Gewässer weniger stark betroffen. Als die letzte Eiszeit vorüber war, verbreiteten sich die Korallen erneut vom indonesischen Epizentrum aus. Damals bildete sich eine schmale Landbrücke zwischen Nord- und Südamerika, die eine natürliche Barriere für die aus den indonesischen Gewässern vordringenden Korallenarten bildete. Aus diesem Grund gibt es heute nur 65 Korallenarten in der Karibik im Vergleich zu 450 im Indopazifik.

Ein weiterer Grund für die große Artenvielfalt in den indonesischen Gewässern ist die immense Vielfalt der Lebensräume in diesem großen Archipel. Kürzlich wurde Raja Ampat, eine Inselgruppe vor Papua-Neuguinea, erforscht, und die Meeresbiologen glauben, dass dies das absolute Zentrum für die Artenvielfalt in dieser ausgesprochen fruchtbaren Region sei. Bei einem einzigen Tauchgang zählten sie 400 Korallen- und 248 Fischarten. Sie schätzen, dass es in dieser kleinen Inselgruppe 3000 Fisch- und 465 Korallenarten gibt.

SEESCHLANGEN

Seeschlangen gehören zu den interessantesten Räubern der Korallenriffe. Sie sind Fleischfresser und werden den giftigsten Schlangen der Erde zugerechnet. Es gibt etwa 60 Arten, die nur in den tropischen Gewässern des Indischen und Pazifischen Ozeans vorkommen. Sie sind hervorragend an das Unterwasserleben angepasst: Ihre Nasenventile verhindern das Eindringen von Meerwasser, und mit ihrem abgeflachten Körper und paddelförmigen Schwanz können sie hervorragend schwimmen. Ihre Lunge, die fast über die gesamte Körperlänge von über einem Meter verläuft, ist wesentlich größer als die ihrer Verwandten an Land und ermöglicht der Seeschlange einen Unterwasseraufenthalt von bis zu zwei Stunden.

Obwohl einige Seeschlangen – in diesem Fall ein Gelber Bungar – ihre Eier an Land ablegen, leben die meisten Arten ständig im Wasser und gebären teilweise lebende Junge im Meer. Diese raffinierten Räuber können sich mit ihrem kleinen Kopf den Weg in die engsten Winkel bahnen und suchen daher in Spalten im Riff nach ihrer Beute aus kleinen Fischen, Fischeiern und Aalen. Manchmal jagen Schlangen in Verbänden und durchkämmen zusammen das Riff. Kürzlich wurde beobachtet, dass sie auch in enger Zusammenarbeit mit anderen Raubfischen jagen. Möglicherweise profitieren sowohl die Fische als auch die Schlangen von der Unruhe, die durch so viele hungrige Räuber am Riff ausgelöst wird.

DIE GEMÄSSIGTEN MEERE

GEGENÜBER OBEN Schwarzdelfine treiben gemeinsam Sardellen zusammen, um sie zu fressen.

GEGENÜBER UNTEN In den gemäßigten Zonen wirbeln Winterstürme das Wasser auf, sodass Nährstoffe an die Oberfläche gelangen. Zu Beginn des Frühjahrs vermehrt sich das Plankton in den nährstoffreichen Gewässern, was wiederum gewaltige Mengen wandernder Fische wie Sardinen, Heringe und (hier) Sardellen anzieht.

Nach viermonatiger Aufzucht ihrer Kälber in den warmen tropischen Gewässern müssen sich die Buckelwalmütter auf ihre lange Wanderung in höhere Breiten begeben, um Nahrung zu finden. Einige Populationen der südlichen Hemisphäre, zum Beispiel die Wale von Tonga, ziehen nach Süden in die Antarktis. Die Populationen der nördlichen Hemisphäre, beispielsweise die Wale, die sich vor Hawaii paaren, ziehen nach Norden in die Arktis. Während der Aufzucht ihrer Jungen und auf ihren langen Wanderungen fressen die Wale überhaupt nicht. Sie wählen den Zeitpunkt so, dass sie die höheren Breiten im Hochsommer erreichen, wenn das Nahrungsangebot dort am größten ist. Die Sommersonne verleiht dem marinen Ökosystem neue Energie, und an den langen Tagen können die Wale rund um die Uhr fressen. Die Wale kommen hierher, weil diese gemäßigten Meere, die ein Band zwischen den tropischen und polaren Extremen bilden, die produktivsten aller Flachmeere sind. Jedes Jahr gibt es explosionsartige Planktonblüten, von denen sich eine gewaltige Anzahl von Fischen, Seevögeln und eben Walen ernährt.

Die Meere sind jedoch auch stark von den Jahreszeiten geprägt. Wenn die Sonne im Herbst verschwindet und die Planktonblüte vorbei ist, nimmt das Festmahl für die Wale ein Ende. Die meisten ziehen wieder in die Regionen am Äquator, um ihre Jungen zu gebären.

ERGIEBIGE FISCHGRÜNDE

Die gemäßigten Meere, die die Buckelwale anziehen, sind den meisten Menschen der gemäßigten Zonen vertraut. Nach vielen Urlauben mit Schaufel und Eimer wissen sie, dass diese Gewässer im Winter kalt und rau und selbst im Sommer kaum warm genug zum Schwimmen sind. Wer mutig genug ist, den Kopf unter Wasser zu halten, weiß, dass die Sicht ausgesprochen schlecht ist. Doch gerade diese Bedingungen machen die gemäßigten Meere so fruchtbar. Sie sind so trüb, da sie wesentlich mehr Phytoplankton enthalten als die kristallklaren tropischen Gewässer.

Obwohl die Menge des Sonnenlichts, das auf die gemäßigten Meere fällt, zwischen der Dunkelheit des Winters und den langen Sommertagen schwankt, entspricht die jährliche Gesamtmenge der in den Tropen. Der große Unterschied liegt in der Nährstoffmenge in den Oberflächenschichten des Meeres, wo die Photosynthese stattfindet. Während die tropischen Meere die meiste Zeit des Jahres ruhig sind, werden die Gewässer der höheren Breiten durch kräftige Winterstürme aufgewühlt, wodurch Nährstoffe aus tieferen Schichten nach oben gelangen. Dieser Vorgang ist in den Flachmeeren besonders effektiv, da ein zu tiefes Absinken der Nährstoffe durch die Nähe des Meeresbodens von vornherein verhindert wird. Die landnahen Gewässer profitieren außerdem von der Tatsache, dass sie ständig mit Nährstoffen aus den Flüssen versorgt werden. Starke Strömungen, die durch die Gezeiten entstehen, können ebenfalls zur Wiederverwertung von Nährstoffen beitragen. Es verwundert daher kaum, dass die gemäßigten Flachmeere die Fischereigründe der Welt sind.

Die gemäßigten Meere sind sehr stark von den Jahreszeiten geprägt. In den Wintermonaten, wenn sich der Einfluss der Sonne auf die gegenüberliegende Hemisphäre beschränkt, gibt es nur wenige Stunden Tageslicht pro Tag. Im Sommer, wenn die Sonne zurückkehrt, ist das Gegenteil der Fall, und die gemäßigten Meere erhalten täglich bis zu 20 Sonnenstunden. Dadurch schwankt nicht nur die Energiemenge für die Photosynthese beträchtlich, sondern auch die Wassertemperatur. Im Sommer erwärmt die

Sonne das Meer zwar, doch da Wasser kein guter Wärmeleiter ist, profitieren nur die oberen Schichten davon. Zwischen den warmen Oberflächenschichten und dem kälteren Wasser darunter entsteht eine Grenze, die als Thermokline bezeichnet wird. Diese übt einen großen Einfluss auf das Leben in den gemäßigten Meeren aus, da ihre Bildung die Bewegung lebenswichtiger Nährstoffe aus den tieferen Schichten einschränkt und kleinen Tieren auf Nahrungssuche die Reise nach unten erschwert.

FRÜHLINGSBLÜTE

Im Frühjahr enthalten die Oberflächenschichten der gemäßigten Meere ausgesprochen viele Nährstoffe, die von den Winterstürmen aufgewühlt wurden, und die zunehmende Länge der Tage verleiht dem Meer eine Energiespritze. Die Folge ist eine Phytoplanktonblüte, von der sich wiederum riesige Zooplanktonschwärme ernähren. Ruderfußkrebse, kleine Krustentiere, die den Großteil des Zooplanktons ausmachen, treten in riesigen Mengen auf. Von ihnen ernähren sich viele verschiedene Tiere, darunter auch großes Zooplankton wie die Quallen. Vor der schottischen Küste gibt es so dichte Ohrenquallenschwärme, dass man minutenlang durch eine Wand aus pulsierender Gallertmasse schwimmt. Diese Quallenplagen hängen stark von der Menge ihrer Beute aus Ruderfußkrebsen ab. Wenn die Planktonblüte am Ende des Frühjahrs vorbei ist, verschwindet auch die Qualleninvasion rasch wieder.

In der südlichen Hemisphäre gibt es im Frühjahr an den Poor Knight Islands vor Neuseeland ein ähnliches Spektakel. Hier sind es jedoch *Ctenophoren,* d. h. Rippenquallen, die das Wasser mit Leben füllen. Diese gierigen Räuber bewegen sich mit Hilfe von Wimpern an beiden Seiten des Körpers durchs Wasser. Viele haben tödliche klebrige Tentakel, die sie in der Wassersäule ausbreiten, um ihre Beute zu fangen. Zur Frühjahrsinvasion der Rippenquallen gehören auch die wunderschönen Papierboote und Riesensalpen, die bis zu 10 Meter lang sind und wie große, rosafarbene Kondome aussehen. Die Salpen fangen Plankton, indem sie Wasser durch eine siebartige Kammer oder ein feines Schleimnetz pressen und so ihre Beute herausfiltern.

Die Planktonblüte im Frühjahr zieht außerdem riesige Schwärme planktonfressender Fische wie Heringe, Sardinen und Sardellen an, die meist die Grundlage des kommerziellen Fischfangs in gemäßigten Gewässern bilden. Diese Fische wandern: Sie verbringen die Wintermonate in tieferen, geschützteren Gewässern und kehren jedes Frühjahr in großer Zahl in die Flachmeere zurück.

Ein gutes Beispiel ist die alljährliche Versammlung der Sardellen auf dem Patagonischen Schelf vor Argentinien. Die rauen Wintergewässer wühlen Nährstoffe auf, die von der Falkland-Strömung, die kaltes, nährstoffreiches Wasser aus der Antarktis bringt, ergänzt werden. Die Rückkehr der Sonne auf die Südhalbkugel bewirkt eine Planktonblüte im September, die wiederum die Sardellen anlockt. Eine ganze Reihe von Räubern, wie beispielsweise Schwarzdelfine, Seebären, Seelöwen, Haie und die größte Magellanpinguinkolonie der Welt, sind auf dieses Frühlingsfestmahl angewiesen und greifen die Sardellen oft in Gemeinschaftsarbeit an. Die Delfine machen die Fische ausfindig, schwimmen im Zickzack vorwärts und rückwärts und springen aus dem Wasser, um nach eintauchenden Vögeln Ausschau zu halten. Wenn sie einen großen Schwarm gefunden haben, treiben einige der Delfine die Fische an der Oberfläche zusammen, während andere hoch aus dem Wasser springen – möglicherweise, um andere Delfine um Hilfe bei der Arbeit mit den wogenden Fischen zu rufen. Die Sardellen versammeln sich zu riesigen, dichten Schwärmen mit einem Durchmesser von mehreren hundert Metern. Diese drehen sich völlig synchron umeinander und verdunkeln, von unten betrachtet, die spiegelnde Meeresoberfläche. Nach einer Weile umkreisen Hunderte von Delfinen die riesige Fischansammlung. Jetzt können sie in Ruhe fressen.

GEGENÜBER Blauhaie schlucken Sardellen aus einem »Baitball« (einem Fischschwarm, der von Räubern umzingelt ist), in riesigen Bissen. Vor der kalifornischen Küste gibt es dort, wo kalte Upwellings Nährstoffe liefern, große Sardellenschwärme

UNTEN Ohrenquallen, die von der Planktonblüte im Frühjahr in gemäßigte Gewässer gelockt wurden.

OBEN Balzende Papageientaucher. Im Frühjahr liefern die Küstengewässer Nahrung für Millionen von Seevögeln, die auf den Klippen nisten.

GEGENÜBER Ein spähender Buckelwal mit zahlreichen Seepocken am Hals. Nachdem er den Sommer mit der Nahrungsaufnahme in planktonreichen Gewässern Alaskas verbracht hat, ist er zu den warmen, aber planktonarmen Paarungsgründen vor Hawaii zurückgekehrt.

SOMMERFESTMAHL

Im Sommer sind die Tage in den Flachmeeren am längsten und die Gewässer am ruhigsten. Man könnte annehmen, dass dies eine Zeit größter Produktivität sei, doch nach der immensen Planktonblüte des Frühjahrs laufen nun alle Prozesse etwas langsamer ab. Die Sonne auf den Oberflächenschichten des Meeres erzeugt eine Thermokline zwischen den wärmeren Oberflächenschichten und dem kälteren Wasser darunter. Diese Temperaturbarriere verlangsamt den Aufwärtstrieb der Nährstoffe aus der Tiefe, und wenn die winterlichen Nährstoffe aufgebraucht sind, stirbt das Phytoplankton. Trotz der Verlangsamung gibt es immer noch große Fischmengen in den flachen Gewässern, die dem blühenden Plankton folgen. Vor Schottland sind die Ohrenquallenschwärme zwar verschwunden, doch bleiben andere, einzelgängerische Quallen zurück. Die Gelbe Haarqualle kann bis zu einer Tonne schwer werden und fängt mit ihren 50 Meter langen Tentakeln Fische und andere Quallen.

Der Sommer ist außerdem eine sehr aktive Zeit für Seevögel mit hungrigen Jungen. Sie verbringen den Winter weit draußen auf dem Meer und kehren im Frühjahr zu ihren traditionellen Nistplätzen in den Küstengewässern zurück. Die Verteilung der Brutkolonien steht in engem Zusammenhang mit dem Nahrungsangebot in der Nähe. Jedes Jahr sind die Aleuten vor der Südwestspitze Alaskas der Schauplatz für die größte Ansammlung brütender Seevögel der Welt – mehr als 10 Millionen. Auf einer Insel, Kiska, gibt es eine geschätzte Population aus 2,5 Millionen Zwerg- und Schopfalken. Bei der allabendlichen Rückkehr der Vögel von der Nahrungsaufnahme im Meer sind die Schwärme so dicht, dass sie wie wogende Rauchschwaden aussehen.

Allein das Ausmaß dieser Kolonien ist der eindrucksvolle Beleg für die Fruchtbarkeit der umliegenden Meere. Etwa zwei Milliarden Kilogramm Pollacks werden jedes Jahr aus den Gewässern der Aleuten gefischt, und die Phytoplanktonblüte lockt auch zahllose Lachse, Atka-Makrelen und Heringe an. Diese Fische sind wiederum die Nahrungsquelle für Buckelwale aus Hawaii, die jedes Jahr zu ihrem Festmahl nach Alaska zurückkehren.

Eines der eindrucksvollsten Spektakel vor den Aleuten sind die Wale, die mit ihren riesigen Barten durch die dichten Schwärme kleiner Krebstiere und Fische fahren und ihre Beute mit gewaltigen Bissen verschlingen.

Die Wale werden von hunderttausenden Dunkler Sturmtaucher begleitet, die die Wasseroberfläche bedecken, so weit man blicken kann. Sturmtaucher können nur wenige Meter unter die Oberfläche hinabstoßen und profitieren deswegen von den Fangmethoden der Wale, die ihre Beute aus den tieferen Wasserschichten in Richtung Meeresoberfläche treiben. Wenn der Sommer in Alaska vorbei ist, folgen die Sturmtaucher der Sonne bis in die südliche Hemisphäre, um dort von der nächsten Planktonblüte zu profitieren.

WINTERLICHE TIEFEN

Im Herbst werden die Tage in den gemäßigten Meeren zwar immer kürzer, doch kann es immer noch eine kurze Phytoplanktonblüte geben. Der erste Herbststurm kann die sommerliche Thermokline aufbrechen, und einen frischen Nährstoffschwall aus der Tiefe an die Oberfläche befördern und dem marinen Ökosystem einen letzten Wachstumsschub geben. Schließlich werden die Tage jedoch so kurz, dass das System nicht mehr genug Energie hat und die Primärproduktion eingestellt wird. Nach der Aufzucht ihrer Jungen ziehen die Seevögel und Robben nun ins offene Meer, wo sie den Winter verbringen und fressen, was zur Verfügung steht. Durch ihre Verteilung erhöhen sie ihre Chancen, Nahrung zu finden.

Wenn der Herbst in den Winter übergeht, werden die Stürme heftiger, und das Leben in den Flachmeeren wird immer schwieriger. Viele Fische und sogar einige wirbellose Tiere müssen während dieser Zeit in tiefere Gewässer wandern, wo sie Schutz vor den Turbulenzen finden. Amerikanische Hummer verbringen beispielsweise den Sommer in flachen Gewässern, damit ihre Eier von der Wärme profitieren

OBEN Im Spätherbst kühlen Stürme in Bimini auf den Bahamas das Wasser ab und wühlen Ablagerungen vom flachen Meeresboden auf – ein Mosaik aus Korallenköpfen, Seegrasflecken und Felsboden – was Zehntausende von Langusten zu ihrer Wanderung veranlasst. Indem sie das Magnetfeld der Erde als Kompass benutzen, wandern die Langusten mehrere Tage lang in tiefere Schichten der Flachmeere. Sie laufen hintereinander, wobei jedes Tier mit dem Tier vor ihm Körperkontakt hält.

können. Im Winter müssen sie jedoch zum Teil über Dutzende Kilometer weit in den Schutz der tieferen See zurückwandern. Riesenhaie, die im Sommer langsam durch die Küstengewässer gezogen sind und das Wasser mit weit offenen Mäulern nach Ruderfußkrebsen durchkämmt haben, flüchten ebenfalls in tiefere Gewässer. Im Winter müssen sie die Nahrungsaufnahme völlig einstellen, da ihnen als Vorbereitung auf die sommerliche Planktonfiltrierung neue Kiemenspalten wachsen.

Wer sich nicht in tiefere Gewässer zurückzieht, sucht zumindest an einer windabgewandten Küste Schutz, die nicht von der vollen Kraft der Stürme getroffen wird. So versammeln sich jeden Winter mehrere Milliarden Heringe in den Fjorden Norwegens, in denen die steilen, hoch aufragenden Felswände für ruhiges Wasser sorgen. Dort harren sie geduldig bis zum Ende des Winters aus und werden höchstens von den Schwertwalen gestört, die ihnen in die Fjorde gefolgt sind, um sie zu jagen.

Die Heringsschwärme sind jedoch so dicht, dass die Orkas eine spezielle Jagdtechnik entwickeln mussten. Anstatt direkt in die wogende Masse hineinzuschwimmen, schlagen sie mit ihrem kräftigen Schwanz auf den Rand des Schwarms. Das scheint die Heringe zu betäuben, sodass sie hilflos im Wasser treiben – eine leichte Beute für die hungrigen Wale. Für alle Tiere, die in den gemäßigten Gewässern bleiben, ist der Winter eine Zeit, um die Luken dicht zu machen und auf die neuen Gelegenheiten zu warten, die der Frühling bringt. Das Meer selbst lädt seine Batterien auf, wenn die Winterstürme die Nährstoffe für das folgende Jahr an die Oberfläche wirbeln.

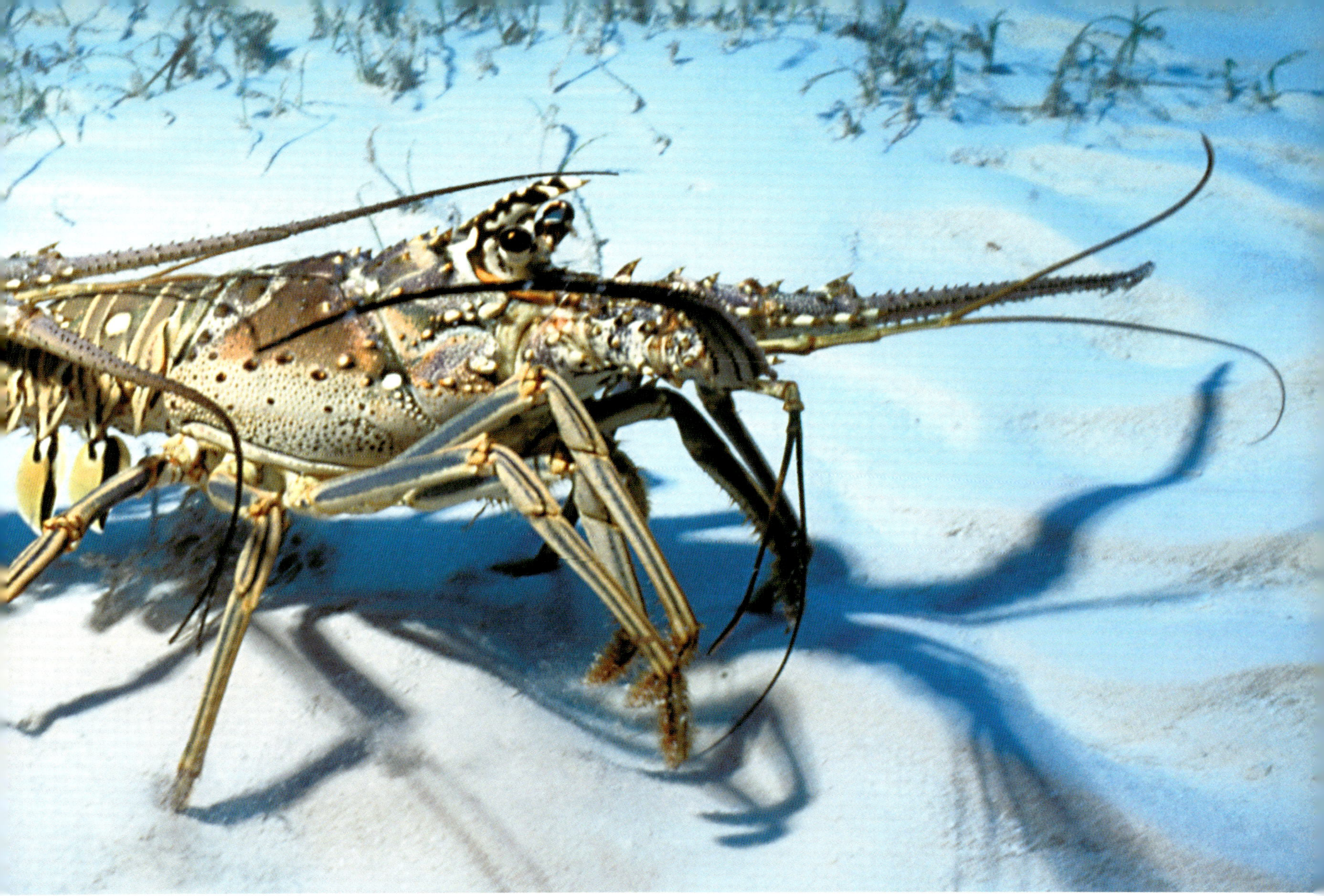

»UPWELLINGS«

Upwellings sind Strömungen, die Nährstoffe aus der Tiefe an die Oberfläche bringen. Sie sind damit der Schlüssel zur Produktivität der Flachmeere. Die wichtigsten Upwellings findet man an den Westküsten der Kontinente, die an den Indischen, Pazifischen und Atlantischen Ozean grenzen. Hier wehen hauptsächlich ablandige Winde, die das Oberflächenwasser hinaus ins Meer treiben. Das Oberflächenwasser wird durch Upwellings aus kaltem, tieferem Wasser ersetzt, das viele Nährstoffe enthält, dass der Fischfang weltweit fast zur Hälfte an den Stellen betrieben wird, an denen die Westküsten-Upwellings auftreten.

Die wahrscheinlich bekannteste aller Auftriebsströmungen befindet sich an der Westküste Südamerikas, wo im großen Stil kommerzieller Sardellenfang betrieben wird. Diese Fische dienen auch als Nahrungsquelle für eine gewaltige Anzahl Robben und Seevögel. Auf den Inseln vor Peru gibt es so viele brütende Tölpel und Kormorane, dass ihr Guano industriell zu Dünger verarbeitet wird. In El-Niño-Jahren (im Durchschnitt alle vier Jahre), wenn die ablandigen Winde ausbleiben und die Upwellings kein kaltes, nährstoffreiches Wasser zur Oberfläche transportieren, bricht der Fischfang völlig zusammen, und Tausende von Vögeln verhungern.

Weitere bedeutende Upwellings gibt es an der kalifornischen Küste, vor Namibia und Senegal an der Westküste Afrikas sowie an der Nordwestküste Australiens.

LEBEN AUF DEM KONTINENTALSCHELF

Verglichen mit der Weite des relativ leblosen Tiefseebodens ist der schmale Streifen des Flachmeerbodens an den Kontinentalschelfen ausgesprochen fruchtbar. Der Hauptgrund dafür ist, dass die Flachmeere wesentlich zuverlässiger mit Nährstoffen beliefert werden. Das Meer über einem Kontinentalschelf ist nur selten tiefer als ein paar hundert Meter, und durch die Wellentätigkeit gelangt Wasser aus bis zu 200 Metern Tiefe nach oben. In Küstennähe wird die Durchmischung durch die Gezeitenströme verstärkt, und aus den Flüssen kommen ständig frische Nährstofflieferungen hinzu.

In den tieferen Gewässern ist die Temperatur immer relativ stabil. Nähert man sich jedoch vom Äquator aus den Polen, fallen die Wassertemperaturen in den Flachmeeren meist, was große Auswirkungen auf die Anzahl und Vielfalt der Lebewesen hat. Interessanterweise bedeutet dies, dass die Anzahl und Vielfalt der Meeresbodenbewohner in den Tropen höher ist als in den kälteren Gewässern in höheren Breiten. Ein weiterer wichtiger Faktor, der das Leben auf dem Flachmeeresboden beeinflusst, ist jedoch das Substrat, das Bodenmaterial, das entweder aus Steinen, Sand oder Schlamm bestehen kann.

RECHTS Zerbrechliche Schlangensterne haben röhrenförmige Füßchen an ihren Armen, die sie eher zum Fressen als zum Laufen benutzen. Hier vertilgt eine dichte Ansammlung vor der schottischen Küste organisches Material in großen Mengen, das im Wasser schwebt.

GEGENÜBER OBEN Ein Feld von Seefedern – Korallen, die sich mit ihrem knollenartigen Fuß auf das Leben auf weichen Böden spezialisiert haben – filtert Plankton aus dem Wasser. Der Seestern ernährt sich von ihnen.

GEGENÜBER UNTEN Sanddollars (Verwandte der Schlangensterne und Seeigel) bedecken einen sandigen Meeresboden vor der Ostküste der USA. Sie benutzen ihre röhrenförmigen Füße, um organisches Material zu fressen und sich in den Sand zu graben. Von ihnen ernähren sich andere Meeresbodenbewohner wie Plattfische und Pfeilschwanzkrebse.

WEICHE BÖDEN

Die überwiegende Mehrzahl der Meeresböden auf dem Kontinentalschelf ist von Ablagerungen aus Sand und Schlamm bedeckt. Die Tiere hier ähneln denen an einem Sandstrand oder in einem Watt, doch außerhalb der Reichweite der Gezeiten sind sie nicht dem täglichen Risiko der Austrocknung oder den gezeitenbedingten Veränderungen des Salzgehalts ausgesetzt. Daher ist das Leben leichter und reichhaltiger. Mit Ausnahme der tropischen Seegrasteppiche sind sessile, also sesshafte Tiere und Pflanzen auf den eintönigen Sand- oder Schlammflächen jedoch selten, da sie keinen Halt haben. Ohne Pflanzen wiederum gibt es kaum Primärproduktion. Die Tiere ernähren sich deswegen meist von herunterrieselnden biologischen Abfällen, die sich auf dem Meeresboden absetzen, viele graben sich sogar in den Sand ein. Vielborster wie

SEEGRASTEPPICHE

Der produktivste Weichboden ist der Seegrasteppich. Er gilt zugleich als einer der produktivsten Lebensräume im Meer und kommt meist in den Tropen und Subtropen vor. In den Ökosystemen der karibischen und indopazifischen Gewässer, wo die Gräser große Flächen mit ihren dicken, fruchtbaren grünen Matten bedecken, spielen sie eine ganz besonders wichtige Rolle.

Seegräser sind die einzigen blühenden Pflanzen im Meer und die einzigen Meerespflanzen mit Wurzeln, mit denen sie sich in den weichen, sandigen, geschützten Buchten und Lagunen, in denen sie gedeihen, eine feste Position sichern. Die Wurzeln stabilisieren nicht nur den Sand, sondern ziehen auch Nährstoffe für das Seegras aus dem Substrat (Algen haben keine Wurzeln und können somit nicht vom Nährboden profitieren). Viele Detritus- und Pflanzenfresser sind auf das Seegras als Nahrungsquelle angewiesen: Seeigel, Wasserschildkröten und sogar einige Papageifische fressen Seegras, und viele winzige Tiere leben auf und an seinen Blättern. Die eindrucksvollsten Bewohner sind jedoch sicherlich die Seekühe aus der Karibik und Westafrika sowie die Dugongs (oben) aus dem Indopazifik. Diese sanften Riesen sind die einzigen echten Pflanzenfresser unter den Meeressäugern und können bis zu 40 Kilogramm Seegras pro Tag fressen.

Watt- und Köcherwürmer strecken ihre Tentakel aus dem Bau und sammeln die Abfälle. Andere, darunter die Schwert- oder Herzmuscheln, sind Planktonfiltrierer. Sie saugen Wasser durch ihre Siphons in ihren Bau und filtern heraus, was sie brauchen. Zahlreiche Garnelen dagegen steigen auf und fressen an der Oberfläche Aas. Seeigel wie der Sanddollar sind an das Leben auf dem Meeresboden angepasst, da sie flache, stachelige Körper haben. In nährstoffreicheren Gewässern ist der Boden manchmal komplett mit Schlangensternen bedeckt, die wiederum größere räuberische Stachelhäuter wie Seesterne anlocken.

Das Leben auf dem Meeresboden erscheint in Normalgeschwindigkeit zwar ruhig und friedlich, doch zeigen Zeitrafferaufnahmen die wirbellosen Räuber in Aktion. Besonders eindrucksvoll sind in den gemäßigten Gewässern die Sonnensterne mit einem Durchmesser von 50 Zentimetern. Sie bewegen sich auf ihren röhrenförmigen Armen über den Meeresboden und verjagen Schlangensterne in alle Richtungen. Plattfische wie Scholle, Flunder und Seezunge haben sich perfekt an das Leben auf dem Meeresboden angepasst. Sie sind ganz flach und haben beide Augen auf der Körperoberseite, sodass sie sich direkt am Meeresboden verstecken, mit beiden Augen aus Sand und Schlick hinausschauen und derartig getarnt vorbeiziehende Beute fangen können. Auch Kabeljaue jagen hier unten. Sie ertasten ihre Beute auf dem Meeresboden mit einem Bartfaden am Kinn. Wie nährstoffhaltig der kontinentale Meeresboden ist, zeigt die Tatsache, dass Kabeljaue einst bis zu 100 Kilogramm schwer wurden und in großer Zahl auftraten, bevor sie durch den kommerziellen Fischfang dezimiert wurden.

GEGENÜBER Kalifornische Seelöwen spielen im nährstoffreichen flachen Wasser eines Kelpwaldes vor den kalifornischen Channel Islands. Sie jagen zwischen den riesigen Braunalgen, die im felsigen Boden verankert sind, Fische und andere Meerestiere.

OBEN Ein Ebbetümpel in Kanada mit vielen Tieren, die auf dem felsigen Boden leben, von Grünen Riesenanemonen und violetten Seeigeln bis zu ockerfarbenen Seesternen.

GEGENÜBER Ein artenreicher Kelpwald vor dem Kap der Guten Hoffnung in Südafrika mit vielen verschiedenen Tieren, die an den Felsen Halt finden: Schutz suchenden Fischschwärmen und größeren Räubern. Die Kelpwedel sind von winzigen Tieren bedeckt.

FELSIGER BODEN

Felsiger Nährboden tritt meist nur als Verlängerung einer Felsküste auf. Die Lebewesen hier sind jedoch immer fruchtbar und produktiv, da Pflanzen und sessile Tiere festen Halt finden. Es findet sogar ein heftiger Konkurrenzkampf um den besten Platz am Meeresgrund statt: Algen brauchen eine sonnige Lage für die Photosynthese, während die Planktonfiltrierer von der Strömung profitieren, aus der sie das Plankton beziehen. An einer besiedelten Felswand entlangzuschwimmen gehört zu den großen Vergnügen des Kaltwassertauchens. Die Dichte und Farbenpracht der Lebewesen kann es mit jedem Korallenriff aufnehmen. Algen treiben in zahlreichen Rot- und Brauntönen durchs Wasser, leuchtend gelbe Schwämme und rosafarbene Korallen hängen an den Felsen, und überall glühen die Farben der Seeanemonen. Beim näheren Hinsehen bemerkt man die zarten, glatten Strukturen der Seescheiden und als besondere Belohnung die leuchtenden Warnfarben der räuberischen Meeresschnecken (Nacktschnecken). Doch das alles kann übertroffen werden von einer noch produktiveren Felsengemeinschaft, wenn nicht sogar der produktivsten Meeresregion überhaupt – den Kelpwäldern.

UNTERWASSERDSCHUNGEL

Man stelle sich vor, direkt unter dem Kronendach durch einen tropischen Regenwald zu schweben, mühelos an fressenden Affen vorbeizuziehen oder in ein Adlernest zu schauen. Ein Erlebnis dieser Art ist in den Kelpwäldern der gemäßigten Flachmeere möglich. Vor der Westküste Nordamerikas wächst so viel Kelp, dass man stellenweise ganze Wälder aus diesen goldbraunen, bis zu 60 Meter hohen Algen findet. Wenn das Wasser an einem schönen Tag klar ist, werden die Unterwasserwälder von den einfallenden hellen kalifornischen Sonnenstrahlen erhellt wie eine Kathedrale. Wie in einem tropischen Regenwald ist auch hier überall Leben verborgen: Jede Nische scheint ein wirbelloses Tier zu beherbergen, Fischschwärme suchen in den goldfarbenen Wedeln Schutz, und Seehunde tauchen aus dem Nichts auf und tollen um den vorbeischwebenden Taucher herum.

Weltweit gibt es Hunderte von Kelparten, die nur in kalten gemäßigten Gewässern vorkommen. Die größte Alge der Welt ist der Riesenkelp, der täglich 50 Zentimeter wachsen und bis zu 100 Meter lange Wedel haben kann. Während Korallenriffe auf der östlichen Seite der Kontinente weiter verbreitet sind, gedeihen Kelpwälder auf der westlichen Seite besser und dehnen sich stärker aus. Der Grund dafür ist, dass die Meeresströmungen an den Westküsten entlang kaltes Wasser aus den Polarregionen mit sich führen und Kelp sich in einer kühleren Umgebung wohler fühlt. Die Primärproduktion eines Kelpwaldes entspricht in etwa der eines tropischen Regenwaldes, und wie ein Regenwald ist auch ein Wald aus Algen ein dreidimensionaler Lebensraum, in dem jede Art ihren eigenen Platz hat.

Kelppflanzen finden im felsigen Boden durch ihre Haftorgane Halt, die den Wurzeln eines Baums im Regenwald ähneln. Im Durcheinander der verschlungenen Haftorgane leben viele verschiedene Vielborster, kleine Krebstiere und Schlangensterne. Die Kelpwedel selbst sind komplett von in Röhren lebenden Vielborstern (Würmern) und Moostierchen (in Kolonien lebenden, korallenartigen Tieren) besetzt. Ein raffinierter Flohkrebs wird als Kelp-Lockenwickler bezeichnet, da er sich einen Unterschlupf baut, indem er den Kelp aufrollt und ihn mit Fäden umspinnt. Plankton fressende Fischschwärme wie Blacksmith-Riffbarsche verstecken sich im Wald vor jagenden Haien und warten den richtigen Zeitpunkt ab, bis sie sich zur Nahrungsaufnahme ins offene Wasser wagen können. Andere Fische wie der farbenprächtige orange Garibaldi-Fisch ernähren sich von wirbellosen Tieren. Seelöwen, Seehunde und Seeotter jagen ebenfalls im Kelp. Sogar Grauwale machen hier auf ihren langen Wanderungen entlang der kalifornischen Küste Halt.

11 In den Tiefen des Ozeans

Jenseits der Strände, Korallenriffe und fruchtbaren flachen Gewässer der schmalen Kontinentalschelfe befindet sich das tiefe, offene Meer, das 71 Prozent der Erdoberfläche bedeckt. Es bestimmt unser Klima, reguliert die Atmosphäre und beherbergt völlig unbekannte und einige der ungewöhnlichsten Tiere der Erde.

UNTEN Plankton, das im Meer treibt, hier unter anderem Ruderfußkrebse und Larven von Krebstieren wie beispielsweise Garnelen.

GEGENÜBER Eine junge Suppenschildkröte sucht unter Beerentang Schutz. Im freien Wasser stellen schwimmender Beerentang und Treibgut die einzigen Verstecke dar.

VORHERIGE DOPPELSEITE Riesige Mantas filtern Plankton aus dem Wasser.

Wenn die schwere Luke fest geschlossen ist, senkt sich eine seltsame Stille herab. Die vertrauten Geräusche sich brechender Wellen, klappernder Maschinen und kreischender Möwen sind verschwunden. Das Tauchboot ist sehr eng und bietet nur drei Passagieren Platz, die wie Ölsardinen nebeneinander sitzen – doch niemand spricht. Alle sind in Gedanken versunken und wissen, dass sie gleich eine Reise unternehmen, die in mancher Hinsicht gefährlicher ist als eine Reise ins All. Die Tiefsee ist ein kalter, dunkler Ort, und der extreme Druck, der oft das Fünfhundertfache des Drucks an der Oberfläche beträgt, setzt das Tauchboot größten physikalischen Belastungen aus. Während man nervös auf den Beginn des Tauchgangs wartet, denkt man darüber nach, wie es wohl sein wird, den am wenigsten erforschten Lebensraum der Erde zu erkunden, und ob man wohl ein Tier sehen wird, das neu für die Wissenschaft ist. Plötzlich wird die Stille durchbrochen, als das winzige, kaum acht Meter lange Tauchboot von einem großen Kran gepackt, vom Schiffsdeck gehievt und auf die Wasseroberfläche hinabgelassen wird. Während man auf der Oberfläche dümpelt und auf die Taucherlaubnis wartet, fühlt man sich extrem klein und verletzlich. Das nächste Land ist über 322 Kilometer weit entfernt, und unter dem Boot fällt das Meer in eine Tiefe von über 3000 Meter ab. Es dauert über zwei Stunden, um den Meeresboden zu erreichen, und auf dem Weg nach unten durchquert man verschiedene Welten.

DAS LEBEN AN DER OBERFLÄCHE

Solange das Tauchboot noch durch das warme, blaue, sonnendurchflutete Wasser schaukelt, kann man durch die winzigen Bullaugen viele Lebewesen sehen. Garnelen schlagen an das dicke Glas, Ketten durchsichtiger Salpen treiben vorbei, und in der Ferne sieht man ab und zu das silbrige Aufblitzen kleiner Fische. Das Tauchboot braucht nur ein paar Minuten, um die ersten 200 Tiefenmeter zurückzulegen, doch in dieser kurzen Zeit wird das Licht immer schwächer, während man die fruchtbare Meeresschicht verlässt. Selbst in klaren tropischen Gewässern ist das Licht unterhalb von 200 Metern so schwach, dass für die meisten Pflanzen keine Photosynthese mehr möglich ist und somit praktisch die gesamte Primärproduktion in der dünnen Oberflächenschicht stattfindet.

Im freien Wasser gibt es keinen festen Boden, um Pflanzen wie Seetang oder -gras Halt zu bieten, und so sind die einzigen Pflanzen (außer den treibenden Seetangmatten in einigen tropischen Gewässern wie der Sargassosee) planktonisch und winzig. Doch was diesen Pflanzen an Größe fehlt, machen sie durch ihre Anzahl wieder wett. Phytoplankton, so die Bezeichnung für die frei schwebenden, Photo-

synthese betreibenden Pflanzen – hauptsächlich Algen –, tritt in großen Mengen auf. Es produziert wahrscheinlich die Hälfte der Biomasse auf der Welt und setzt dabei die Hälfte des atmosphärischen Sauerstoffs frei. In den flachen Küstengewässern gibt es auch andere Energielieferanten – Flüsse transportieren organische Materie in die Mündungen, und wertvolle Nahrung fließt aus dem Ufer hinein. Doch hier draußen im freien Wasser ist das Photosynthese betreibende Phytoplankton fast die einzige Energiequelle für Tiere. Es ist daher nicht verwunderlich, dass sich beinahe das gesamte Leben im Meer in den Oberflächenschichten abspielt.

EINE WELT OHNE WÄNDE

Für die Tiere, die im freien Wasser leben, hat die Welt keine Wände. Der Grund der Tiefsee ist so weit unten, dass nur wenige dorthin gelangen. Die meisten verbringen ihr gesamtes Leben, ohne jemals festem Boden zu begegnen. Sie können sich nirgendwo hineingraben oder verstecken, müssen dafür aber auch keiner scharfen Koralle ausweichen. Stattdessen führen sie ein Nomadenleben – frei schwebend im Wasser. Obgleich einige Teile des freien Wassers nährstoffreicher sind als andere, kann man nur schwer vorhersagen, wo am besten Nahrung zu finden ist. Es gibt nur wenige verlässliche Upwellings. Die Bedingungen ändern sich fast stündlich mit den Strömungen, die die so wichtigen Nährstoffe verteilen. Daher sind die Tiere gezwungen, in den Weiten des freien Wassers ständig pelagisch zu leben, das heißt auf Nahrungssuche umherzuwandern. Es gibt zwei Grundkonzepte für einen solchen Lebensstil: mit dem Strom oder frei zu schwimmen. Die zahlreichen Planktontierchen haben nur einen geringen oder gar keinen Eigenantrieb und schweben einfach, wohin Wind und Strömungen sie tragen. Garnelen, Quallen und selbst der träge, aber riesige Mondfisch führen ebenfalls ein planktonisches Leben. Die nektonischen, das heißt frei schwimmenden Tiere sind dagegen in der Lage, in bestimmte Richtungen zu steuern.

OBEN Würfelquallen benutzen eines der stärksten Gifte im Meer, um ihre Beute zu lähmen. Sie injizieren es aus den Nesselzellen an ihren langen Tentakeln. Die abgebildete Qualle verdaut langsam eine Mahlzeit in ihrer Glocke, während sie sich durchs Wasser treiben lässt. Sie verfügt jedoch auch über einen Rückstoßantrieb, um sich bei der Verfolgung ihrer Beute im Wasser aus eigener Kraft zu bewegen.

OBEN Rippenquallen der Ordnung Lobate können sich mit den Wimpern an ihrem Körper in begrenztem Maß aus eigener Kraft fortbewegen. Diese schlagenden »Paddel« erzeugen im weißen Licht einer Tauchertaschenlampe schillernde Regenbogenfarben.

GEGENÜBER Nesselquallen treiben durchs Wasser und ziehen ihre Tentakel hinter sich her. Die Tentakel sind ein tödliches Netz aus Nesselzellen, die kleine Fische und sogar andere Quallen lähmen können.

OBEN Eine Kette aus Salpen. Derartige Ketten sind Kolonien und können über zehn Meter lang werden. Die Individuen einer Kolonie können identisch sein oder unterschiedliche Aufgaben haben und unterschiedlich aussehen.

GEGENÜBER Die Flügelschnecke gehört zu den Mollusken (Weichtieren) und hat sich an das Leben im freien Wasser angepasst. Sie ist gut getarnt, da sie fast durchsichtig ist, und hat zarte »Flügel«, mit denen sie im Wasser an einer Stelle verharren kann.

Zu ihnen zählen die meisten Fische, Tintenfische, Meeressäuger (Delfine, Wale, Robben usw.), Schildkröten, Seeschlangen und auch Pinguine.

Am unteren Ende der planktonischen Nahrungskette befinden sich Einzeller in großen Massen, das Zooplankton, das das meiste Phytoplankton frisst und sogar zu klein ist, um mit einem Netz gefangen zu werden. Das größere Netz-Zooplankton – so genannt, weil man es mit einem Netz fangen kann – besteht größtenteils aus kleinen Krebstieren, vor allem aus Ruderfußkrebsen, die die überwiegende Mehrheit des Netz-Zooplanktons ausmachen und wahrscheinlich die zahlreichsten Tiere der Erde sind. Die anderen wichtigen Krebstiere im freien Wasser sind Krill. Die garnelenartigen Tiere können bis zu sechs Zentimeter lang werden und treten in großen Ansammlungen auf. Krill ist als Nahrung für Pinguine, Robben und große Wale vor allem in den antarktischen Gewässern von Bedeutung.

Obwohl das Plankton im freien Wasser hauptsächlich aus Krebstieren besteht, sind die durchsichtigen Tiere, die im Wasser treiben – Salpen, geschwänzte Manteltiere, Flügelschnecken, Rippenquallen, Staatsquallen und Medusen –, am schönsten anzuschauen. Eine der gefährlichsten, aber auch herrlichsten Arten, im offenen Meer zu tauchen, ist, sich in einer Tiefe von etwa 20 Metern treiben zu lassen. Während man von der Strömung getragen wird, kommt ein ganzes Sammelsurium durchsichtiger Wesen vorbei – eines ungewöhnlicher und schöner als das andere. Eine Salpe sieht aus wie ein durchsichtiges Düsentriebwerk und filtert Phytoplankton aus dem Wasser, indem sie Wasser durch ein kleines Schleimhautnetz in ihren hohlen Körper pumpt. Salpen können Einzelgänger sein, aber auch meterlange pulsierende Ketten bilden. Flügelschnecken sind wunderschöne Schnecken, die sich an das Leben im blauen Wasser angepasst haben. Der Schneckenfuß wurde zu zwei durchsichtigen »Flügeln« umgeformt, die dafür sorgen, dass sich die Schnecke fortbewegen kann und wie ein winziger Meeresengel aussieht. Ein geschwänztes Manteltier schwebt in einem Schleimgehäuse. Es benutzt seinen Schwanz, um Wasser durch das offene Gehäuse und über Schleimfilter zu pressen, die winziges Phytoplankton herausfiltern. Einige geschwänzte Manteltiere sondern sogar ein Schleimnetz aus dem Körper ab, das sich über 2 Meter erstrecken kann. Wenn die Filter des Schleimgehäuses verstopft sind, wirft das Manteltier einfach das Gehäuse ab und baut innerhalb von Minuten ein neues.

Es gibt einige bemerkenswerte planktonische Räuber, die ebenfalls im freien Wasser treiben. Die Staatsquallen sind mit Abstand die größten von ihnen und können aus weit über zehn Meter langen Kolonien bestehen. Das Faszinierende an ihnen ist, dass die Mitglieder einer Kolonie, die Polypen, verschiedene Funktionen erfüllen. Einige können Luftblasen bilden, die die Ansammlung in Oberflächennähe halten. Andere bilden lange Tentakel, die als eine Reihe tödlicher Nesselzellen im Wasser herunterhängen. Die bekannteste Staatsqualle ist die Portugiesische Galeere oder *Physalia*. Sie besteht aus einem großen Polypen in Form einer Luftblase, der auf der Wasseroberfläche treibt. Diese Blase, die bis zu 30 Zentimeter lang sein kann, lässt sich vom Wind vorwärts treiben und zieht ihre mit Nesselzellen besetzten Fangarme unter sich mit. Ihr runder Körper, die Glocke, verleiht der Qualle nur begrenzte Schwimmfähigkeiten, und so wird sie meist entweder vom Wind oder – wie das restliche Plankton – von den Strömungen getrieben. Einige Quallen mit den größten Glocken gehören zu den gefährlichsten Meerestieren, zum Beispiel die Haarqualle mit einem Glockendurchmesser von bis zu zwei Metern. Die Würfelqualle oder Seewespe, die so groß wie ein Menschenkopf ist, hat 2 Meter lange Tentakel mit Nesselzellen, die ein starkes Gift enthalten. Beim Menschen verursacht es sofort heftige Schmerzen und kann innerhalb weniger Minuten zum Tod durch Herzversagen führen.

Doch von allen durchsichtigen Killern, die in den Meeresströmungen treiben, sind die Rippenquallen oder *Ctenophoren* die schönsten. Ihr Name stammt von den acht miteinander verbundenen rippenähnlichen Bändern, die sich längs über den Körper ziehen. Darauf befinden sich miteinander verschmolzene Wimpern, die der Qualle eine gewisse Beweglichkeit verleihen. Im weißen Licht des Tauchboots schimmern ihre schlagenden Paddel wie dynamische Regenbogen, bevor sie im Dunkel verschwinden.

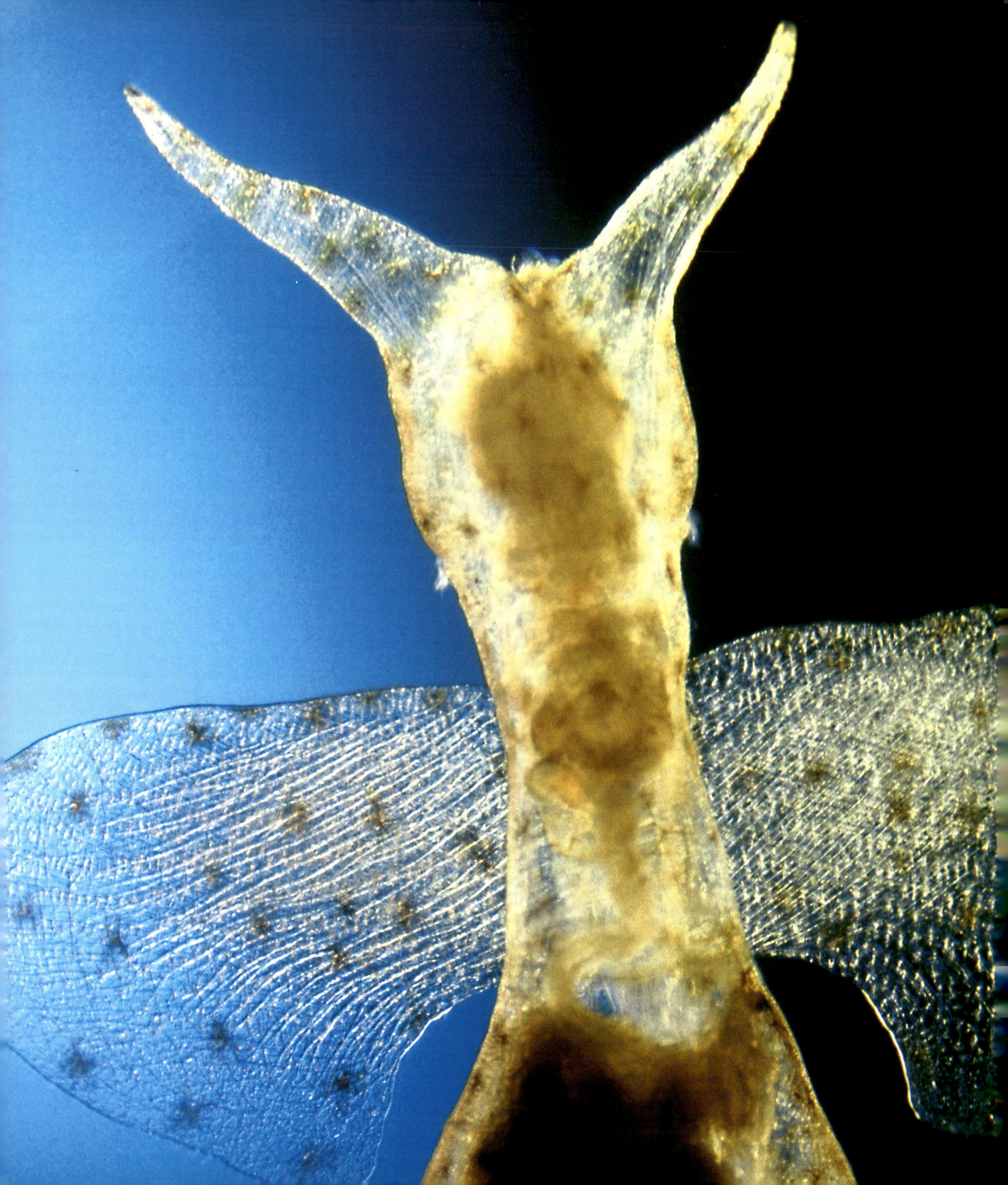

OBEN Der Pottwal ist einer der größten Meeresräuber und wahrscheinlich das Säugetier, das am tiefsten tauchen kann. Er verfolgt Tintenfische und andere Beute bis in eine Tiefe von mindestens 1000 Metern.

GEGENÜBER Stromlinienförmige Makohaie sind Höchstgeschwindigkeitsräuber. Sie können sogar Speerfische wie den Marlin fangen.

Die Meerestiere, die ihre Bewegungen steuern können, das Nekton, sind weit weniger zahlreich als das Plankton. Zu ihnen gehören jedoch die größten, spektakulärsten Tiere des Meeres. Fast alle nektonischen Tiere sind Fleischfresser. Unter den Planktonfressern befinden sich kleine Fische wie Heringe, Sardinen und Sardellen, die sehr zahlreich auftreten können. Ein Heringsschwarm umfasste einmal etwas über 4,5 Millionen Kubikmeter. Zu den eher einzelgängerischen Planktonfressern zählen der größte Fisch der Welt, der Walhai, der bis zu 14 Meter Länge erreicht, sowie der größte Rochen, der Manta, mit seinen herrlichen Flügeln, deren Spannweite bis zu sieben Metern misst. Beide Meeresriesen sind für langsame, energiesparende Streifzüge auf Planktonsuche geschaffen und beweisen, dass eine solche Art der Nahrungsaufnahme mit einem entsprechend stromlinienförmigen Körperbau sehr effektiv sein kann. Am oberen Ende der planktonischen Nahrungskette befinden sich natürlich die Bartenwale, die enorme Entfernungen im freien Wasser zurücklegen und dabei meist auf der Suche nach Krill sind. Diese Säugetiere haben all ihre Haare verloren und eine fast perfekte Stromlinienform entwickelt, um den Widerstand im Wasser so gering wie möglich zu halten.

Die meisten nektonischen Tiere fressen jedoch kein Plankton. Stattdessen ernähren sie sich in der klassischen Nahrungskette der Raubtiere voneinander: Kleine Fische werden von größeren gefressen, die wiederum von noch größeren gefressen werden. Zu ihnen zählen die schnellsten Raubfische, der Speer-

fisch und der Thunfisch. Diese »Rennwagen« des Ozeans sind extrem stromlinienförmig und sehr muskulös, um große Entfernungen mit hoher Geschwindigkeit zurückzulegen. Ganz oben in der Nahrungskette befinden sich die Wale und Haie. Der Pottwal ist der größte Nekton fressende Wal und taucht auf der Suche nach Riesenkalmaren, die über zehn Meter lang sein können, in die Tiefe. Schwertwale sind hochintelligente Delfine, die Fische, Pinguine oder Robben fangen, manchmal aber auch im Rudel Bartenwale überwältigen, die mehr als doppelt so groß sind wie sie selbst. Der Kurzflossen-Mako oder Makohai ist der schnellste Hai des Meeres und kann sogar große Speerfische wie Marline oder Fächerfische fangen.

Alle Tiere, die in der Oberflächenschicht des freien Wassers leben, vom winzigsten Plankton bis zum gigantischen Blauwal, müssen sich mit zwei Hauptproblemen auseinander setzen, die es nur in diesem Lebensraum gibt: Vor allem müssen sie dafür sorgen, dass sie in der Nähe der Oberfläche bleiben können. Unterhalb der warmen, sonnendurchfluteten Oberflächenschicht gibt es nicht nur viel weniger Nahrung, sondern das Wasser wird auch immer kälter, sauerstoffärmer und lebensfeindlicher, je tiefer man taucht. Da tierische Zellen und -gewebe dichter sind als Wasser, müssen Meerestiere immer darum kämpfen, nicht unterzugehen. Dieser Druck hat ihren Lebensstil und sogar ihren Körperbau geprägt.

Die zweite große Herausforderung ist die Nahrungssuche in ihrer unberechenbaren, sich ständig verändernden Welt. Bewohner des freien Wassers haben keine andere Wahl, als sich zur Nahrungssuche ständig auf Wanderschaft zu begeben.

BLOSS NICHT UNTERGEHEN

Meerestiere haben zwei Hauptstrategien entwickelt, damit sie nicht in die Tiefe sinken: Entweder sie erhöhen ihren Strömungswiderstand und verringern damit das Risiko, unterzugehen, oder aber sie erhöhen ihren Auftrieb. Winzige Planktontiere sind im Vorteil, was den Strömungswiderstand betrifft, da sie im Verhältnis zu ihrer geringen Körpergröße eine größere Oberfläche haben. Sie vergrößern diese Oberfläche

noch zusätzlich durch Stacheln und andere Fortsätze. Das erklärt, warum die winzigen Larven der am Meeresgrund lebenden Tiere wie Hummer und Seesterne stacheligen Satelliten ähneln – sie sind so beschaffen, dass sie an der Oberfläche schweben können, damit sie von Wind und Strömung getrieben werden. Die einzigen Insekten, die im freien Wasser leben, haben eine ähnliche Technik entwickelt. Der Meerwasserläufer hat lange Beine und nutzt die Oberflächenspannung des Wassers, um sich darauf zu bewegen. Die großen Glocken der Quallen fungieren als Schirme, um ihren Strömungswiderstand zu erhöhen. Und die langen Ketten einiger Salpen und Staatsquallen bremsen das Absinken ebenfalls.

Öle und Fette (Lipide) sind leichter als Wasser, und viele Meerestiere speichern Fett, um zusätzlichen Auftrieb zu erhalten. Die meisten Fischeier enthalten Fetttropfen, damit sie an der Oberfläche bleiben und sich möglichst gut verteilen. Die Leber vieler Haie und Thunfische ist groß und ölhaltig. Meereswarmblüter wie Wale und Robben bleiben mit Hilfe einer Fettschicht unter der Haut (Blubber) nicht nur an der Oberfläche, sondern sind auch vor Kälte geschützt.

Eine weitere Möglichkeit, schwimmfähig zu bleiben, sind Lufttaschen. Selbst die winzigen Bakterien im Plankton haben Lufttaschen in ihrer einen Zelle. Die weiterentwickelte Version ist die luftgefüllte Schwimmblase, mit der viele Fische ihren Auftrieb steuern. Doch im Gegensatz zu den Auftriebshilfen der Taucher müssen Schwimmblasen ständig reguliert werden, wenn die Fische ihre Tiefe ändern. Sie haben dafür mehrere Möglichkeiten, doch nur wenige können die Luftmenge schnell regulieren. Raubfische wie Haie und Speerfische, die schnell nach Beute tauchen müssen, haben schlecht entwickelte Schwimmblasen, nutzen jedoch ihre große Leber für den Auftrieb.

VERSTECKSPIEL

In den Weiten des freien Wassers gibt es keine Verstecke und keine vorhersehbaren Jagdgebiete. Es gibt keinen Sandboden, in den man sich eingraben könnte, keinen Seetang, hinter dem man sich verstecken könnte, kein Korallenriff, in dem man Fischen auflauern könnte und keine flache, zum Jagen geeignete Bucht. Räuber und Beute müssen am anspruchsvollsten Versteckspiel teilnehmen, das es gibt – und jeden Tag ändern sich die Regeln. Beutetiere müssen eine Möglichkeit finden, sich in einer Welt ohne Wände zu verstecken. Die Räuber müssen hoch entwickelte Sinne und Ausdauer mitbringen, um über weite Strecken zu suchen. Die Oberflächenschichten sind hell, und so haben viele Meerestiere, sogar das Zooplankton, große, gute Augen. Doch selbst in den klaren tropischen Gewässern ist die Sicht durch die Trübheit des Wassers eingeschränkt. Meeresdelfine, die oft in großen Gruppen jagen, haben jedoch gelernt, aus dem Wasser zu springen, um eine bessere Sicht zu haben und vielleicht Seevögel zu sehen, die sich auf einen Fischschwarm stürzen, oder um sich gegenseitig ein Zeichen zu geben, wo gute Nahrungsgründe sind.

Im Wasser werden Schwingungen gut übertragen, das heißt, es ist wichtig, sensibel auf Wasserbewegungen zu reagieren. Die meisten Fische haben daher Seitenlinienorgane, die empfindlich auf Vibrationen reagieren. Speerfische können damit verletzte Fische aufspüren, die an der Oberfläche zappeln, und Beutefische können damit in letzter Minute auf Räuber reagieren, die sich auf sie stürzen. Seitenlinienorgane können auch bei der Bewegungskoordination eines Fischschwarms eine wichtige Rolle spielen. So wie sich rastende Stare in großen Scharen versammeln, um in der Masse vor Raubvögeln geschützt zu sein, bilden kleine Fische riesige, kreisende Schwärme, die aus Hunderttausenden von dicht gedrängten, synchron schwimmenden Fischen bestehen können. Für jeden einzelnen Fisch im Schwarm gibt es somit endlich ein Versteck.

Eine andere Versteckmöglichkeit im freien Wasser ist unter anderem die Durchsichtigkeit, die von vielen Planktontieren wie Quallen und sogar Schnecken praktiziert wird. Für das Nekton, das zur Fortbewegung Muskeln benötigt, ist es allerdings unmöglich, durchsichtig zu sein. Daher haben sich viele Fische im freien Wasser für die Gegenschattierung entschieden: Die Oberseite ihres Körpers ist meist dunkelblau, während die Unterseite hell und silbrig ist. Von oben betrachtet vermischt sich die Oberseite mit der Dunkelheit des tiefen Wassers, während die silbrigen Bäuche von unten gegen das schimmernde Licht an der Oberfläche nur schwer auszumachen sind. Silbrige Seiten fungieren als Spiegel, indem sie das Licht reflektieren und den Fischen helfen, sich vor dem Hintergrund des blauen Wassers unsichtbar zu machen. Makrelen haben ebenfalls gestreifte Seiten, um ihre Silhouette noch weiter aufzulösen. Den besten Trick, aus dem Blickfeld zu verschwinden, haben jedoch die Fliegenden Fische. Wenn sie von schnellen Räubern wie Thunfischen oder Fächerfischen gejagt werden, durchbrechen sie die Wasseroberfläche und öffnen ihre langen Brustflossen. Wenn sie von diesen »Flügeln« erst einmal durch die Luft getragen werden, schlagen Fliegende Fische schnell mit dem Schwanz, um noch mehr Kraft zu bekommen. Mit gutem Rückenwind können sie mindestens 100 Meter weit segeln und mit etwas Glück außerhalb der Reichweite ihrer Verfolger landen.

OBEN Das Muster auf der Wasseroberfläche wird durch den ausgestreckten Schwanz des Fliegenden Fisches erzeugt, den er schlägt, um zusätzlichen Schub zu bekommen. Dadurch kann er über Entfernungen von 100 Metern »fliegen«, um Räubern unten im Wasser zu entkommen.

GEGENÜBER Dieses Verhalten eines Walhais ist nur selten zu sehen. Er hängt fast senkrecht an der Oberfläche, und sein Kopf ist von einem Schwarm winziger Fische umgeben. Diese scheinen hinter dem Hai Schutz zu suchen, um den Angriffen der hungrigen Thunfische zu entkommen.

DIE SCHNELLSTEN FISCHE DES MEERES

Die schnellsten und spektakulärsten Fische im Meer sind Thunfische und Speerfische. Der Oberkiefer jeder der elf Speerfischarten wurde zu einem knochigen Speer verlängert, der über einen Meter lang werden kann. Der größte von ihnen ist der Blaue Marlin, der über 600 Kilogramm wiegen kann, und der schnellste ist der Fächerfisch, der Spurts von bis zu 110 Stundenkilometern schafft.

Thunfische und Speerfische sind aber nicht nur Sprinter, sondern auch Marathonschwimmer. Ein Roter beziehungsweise Blauflossen-Thunfisch, der vor der Küste Japans mit einem Sender versehen wurde, wurde fast 11 000 Kilometer entfernt vor Baja California, Mexiko, wieder eingefangen. Ein weiterer Roter Thunfisch mit einem Sender überquerte den Atlantik in nur 119 Tagen – eine durchschnittliche Entfernung von 65 Kilometern Luftlinie pro Tag, obwohl der Fisch auf Nahrungssuche wahrscheinlich eine wesentlich größere Entfernung zurückgelegt hat.

Um eine so beeindruckende Geschwindigkeit und Ausdauer zu erreichen, haben Thunfische und Speerfische eine fast perfekte Stromlinienform. Ihr Körper ist geschmeidig und gedrungen, und da die meisten Arten keine Schuppen haben, sind sie sehr glatt. Ihre Augen stehen nicht hervor und haben durchsichtige Lider, um den Strömungswiderstand zu verringern. Ihre Flossen sind steif und schmal und können rasch in den Rillen am Körper versenkt werden, um die Stromlinienform aufrechtzuerhalten. Der genaue Zweck des Schwerts ist immer noch etwas unklar, doch wahrscheinlich hilft es ihnen, ähnlich der Nase eines Überschallflugzeugs, durch ihr Medium zu gleiten. Viele Thunfische und Speerfische haben Kielflossen. Kleine Flossen am Schwanz lenken den Wasserstrom so über ihren Körper, dass der Strömungswiderstand verringert wird – ein weiterer Trick, der von auch Düsenflugzeugingenieuren eingesetzt wird.

Die Stromlinienform ist zwar wichtig für die Geschwindigkeit, aber man braucht auch einen starken Motor. Schwert- und Thunfische haben einen großen, sichelförmigen Schwanz, der maximalen Antrieb bei minimalem Aufwand gewährleistet. Zudem haben sie kräftige Muskeln, vor allem rote, myoglobinhaltige Muskelfasern, die viel Sauerstoff speichern und eine enorme Ausdauer gewährleisten. Muskeln arbeiten am besten, wenn sie warm sind, doch im kalten Meer geben die meisten Fische die Wärme, die durch die Muskeln erzeugt wird, durch die Haut wieder ab. Thun- und Speerfische hingegen haben ein anders funktionierendes Blutgefäßsystem: Kalte Venen verlaufen parallel zu warmen Arterien, sodass das venöse Blut auf seinem Rückweg zum Herzen erwärmt wird. Speerfische, die auf die Jagd in tiefen, kalten Gewässern spezialisiert sind, haben spezielle, angewärmte Muskeln hinter den Augen und dem Gehirn, damit diese lebenswichtigen Organe so aktiv wie möglich bleiben. Der Rote Thunfisch hat sich so stark zu einem Warmblüter entwickelt, dass er noch in 7 °C kaltem Wasser eine Kerntemperatur von über 25 °C aufrechterhalten kann. Dies ermöglicht ihm Streifzüge in kältere, nährstoffreiche Gewässer – im Gegensatz zu anderen Thunfischarten, die meist auf die warmen, aber nährstoffärmeren Meere angewiesen sind.

OBEN Alle Thunfische, auch dieser Südliche Blauflossen-Thunfisch, sind so gebaut, dass sie schnell und ausdauernd schwimmen können. Um eine perfekte Stromlinienform zu erhalten, können sie ihre steifen, schmalen Flossen in dafür vorgesehenen Rillen am Körper versenken.

LINKS Der Blaue Marlin ist der größte aller elf räuberischen Speerfischarten und wiegt bis zu 600 Kilogramm.

GEGENÜBERLIEGENDE SEITE Bei der Jagd und möglicherweise auch bei der Balz heben und senken Fächerfische ständig ihre eindrucksvollen Rückenflossen. Als Teil der Balz können sie auch rasch die Farbe wechseln – von Blau zu Tiefschwarz und vielen Farbtönen dazwischen.

REISE IN DIE TIEFE

GEGENÜBER OBEN *Octophialucium funerarium,* eine fast ganz durchsichtige, wenige Zentimeter lange Qualle mit einer halbfesten Glocke. Die weißen Flecken an den Rippen sind die Keimdrüsen. Sie hat ihre Tentakel entweder eingezogen oder – was manchmal vorkommt – abgeworfen.

GEGENÜBER UNTEN Dieser kleine Tintenfisch, *Heteroteuthis dispar,* lebt in der Dämmerungszone, wie man an seinen großen Augen erkennen kann. Wenn er von einem Räuber bedroht wird, kann er eine verwirrende Wolke einer lumineszierenden Flüssigkeit absondern.

Das Tauchboot bleibt nur ein paar Minuten an der warmen, sonnenbeschienenen Oberfläche. Das ist gar nicht so schlimm, da das winzige Unterseeboot selbst an einem ruhigen Tag heftig schaukelt und man sich wie ein Wäschestück im Trockner fühlt. Schließlich kommt die Taucherlaubnis knisternd über Funk, der Pilot flutet die Auftriebskammern, und das Tauchboot gleitet ruhig von der Oberfläche weg. Die zweistündige Reise auf den Meeresboden vier Kilometer weiter unten hat begonnen. Selbst beim Tauchen in klaren tropischen Gewässern wird es verblüffend schnell dunkel. Innerhalb weniger Minuten ist man über 150 Meter tief, und zumindest für das menschliche Auge scheint der Großteil des Lichts verschwunden zu sein. Man hat die euphotische Zone, also die Oberflächenschicht, in der sich fast das gesamte Meeresleben befindet, verlassen und reist nun in die Tiefe.

Die Tiefsee hat wesentlich größere Ausmaße als das freie Wasser. Sie ist der bei weitem größte Lebensraum der Erde und macht fast 80 Prozent des Raums auf der Erde aus, der für das Leben zur Verfügung steht – das Land hingegen nur 0,5 Prozent. Bis jetzt ist nur 1 Prozent dieses riesigen Raums erforscht, was die Tiefsee zum letzten echten Neuland macht. Der Hauptgrund für die Schwierigkeiten bei ihrer Erforschung ist der Wasserdruck. An der Oberfläche herrscht ein Druck von einer Atmosphäre. Das entspricht einem Kilogramm pro Quadratzentimeter. Beim Abstieg in die Tiefe erhöht sich der Druck jedoch alle zehn Meter um eine Atmosphäre. Diese Druckveränderung hält die meisten Sporttaucher davon ab, tiefer als 30 Meter zu tauchen. Selbst sehr erfahrene Tauchexperten tauchen selten tiefer als 50 Meter, und das auch nur für einige Minuten.

Die einzige Möglichkeit, tiefer zu tauchen, ist die Fahrt mit Unterseebooten, die dem Druck standhalten. Die meisten von ihnen können jedoch nicht tiefer als 500 Meter tauchen. Der Druck ist dort bereits 50-mal höher als an der Oberfläche, und große U-Boote, die für viele Menschen und Waffen konstruiert sind, würden einfach auseinander brechen. Zum Glück ist unser Tauchboot wesentlich kleiner als die meisten U-Boote der Marine. Drei Passagiere quetschen sich in eine Kugel mit einem Durchmesser von drei Metern – eine perfekte Konstruktion, um dem Druck standzuhalten. Die fünf Zentimeter dicken Wände bestehen aus einer extrem harten Mischung aus Stahl und Titan und die winzigen Bullaugen aus 18 Zentimeter dickem verstärktem Glas. Es ist für eine Tiefe von 6000 Meter ausgelegt. Obwohl das Meer zu 60 Prozent tiefer als 1600 Meter ist, gibt es weltweit gerade einmal zehn Tauchboote, die in diese Tiefen tauchen können – es ist also kein Wunder, dass es noch so viel zu erforschen gibt.

DIE DÄMMERUNGSZONE

Wenn man durch die winzigen Bullaugen des Tauchbootes schaut, ist das Licht nach 150 Tiefenmetern fast ganz verschwunden, obwohl in ganz klaren tropischen Gewässern geringe Lichtmengen in weitaus größere Tiefen gelangen. Diese düstere Schicht des Meeres bis zu einer Tiefe von 1000 Metern wird passenderweise als Dämmerungszone bezeichnet. Hier gibt es fast keine Pflanzen, und die Wassertemperatur sinkt rasch, wie man im Tauchboot schnell bemerkt, auf etwa 5°C.

Nach ungefähr 500 Metern passiert man die Sauerstoff-Minimum-Zone.Hier unten wird der wenige Sauerstoff, der es von der Oberfläche herunter schafft, fast gänzlich von den wenigen Tieren, die in dieser Zone leben, aufgebraucht. Ohne Photosynthese betreibende Pflanzen, die den Vorrat auffüllen, fällt der Sauerstoffgehalt fast auf null.

Im Inneren des Tauchbootes ziehen wir dicke Fleecepullis an, um uns warm zu halten, und benutzen unsere Sauerstofftanks. Für andere Besucher aus den Oberflächengewässern machen es die Mischung

aus Kälte, Licht- und Sauerstoffmangel sowie die Druckveränderung sehr schwer. Wer es schafft, in diese düsteren Tiefen zu tauchen, hat spezielle Anpassungsmechanismen entwickelt. So ist zum Beispiel die Lederschildkröte die einzige Schildkröte, die so tief tauchen kann. Die meisten Meeresschildkröten haben einen harten Panzer; die Lederschildkröte hingegen hat eine bewegliche Schutzhülle, mit der sie die Druckveränderung überleben kann. Trotzdem machen Lederschildkröten auf Nahrungssuche nur kurze Ausflüge und tauchen innerhalb weniger Minuten 500 Meter oder tiefer.

Die eindrucksvollen, bis zu 500 Kilogramm schweren Schwertfische mit ihrem breiten, schwertartigen Schnabel haben riesengroße Augen, um in der Dunkelheit zu sehen. Außerdem haben sie viel Fett und verfügen über spezielle Wärme erzeugende Muskeln, die ihre Augen und ihr Gehirn auch bei sehr geringen Wassertemperaturen zwischen 19° und 28°C warm hatten. Trotzdem können auch sie nicht unterhalb der Sauerstoff Minimum-Zone tauchen.

Zu den Tauchrekordhaltern zählen die See-Elefanten, die bis zu zwei Stunden in einer Tiefe von 1500 Meter bleiben können. Eine dicke Blubberschicht hält die See-Elefanten warm, und riesige Mengen Blut versorgen sie mit Sauerstoff. Trotzdem reduzieren sie beim Tauchen ihren Stoffwechsel auf ein Minimum und kommen mit nur sechs Herzschlägen pro Minute aus.

Für die ständigen Bewohner der Dämmerungszone ist der Nahrungsmangel das größte Problem. Nur 20 Prozent der Energie in der euphotischen Zone gelangen in diese Tiefen. Folglich gibt es hier weit weniger Tiere als in den Oberflächenschichten, und die meisten von ihnen sind wesentlich kleiner. Ihre mangelnde Größe machen sie durch ihr beängstigendes Aussehen wieder wett. Der Fisch mit dem treffenden Namen Viperfisch hat beispielsweise unzählige stecknadelartige Zähne, die zu lang sind, um in sein Maul zu passen, und sich bis zu den Augen erstrecken. Wie viele Dämmerungszonenbewohner verfolgt der Viperfisch die Strategie, Energie zu sparen, indem er geduldig verharrt und abwartet, bis Futter vorbeikommt. Da er es sich nicht leisten kann, wählerisch zu sein, sind sein weit aufklappbares Maul und seine scharfen Zähne so angepasst, dass er auch mit einer sehr großen Beute fertig wird.

Das Versteckspiel, das wir von der Wasseroberfläche kennen, ist hier unten noch härter. Die Räuber brauchen noch bessere Augen, um ihre Beute auszumachen. Der Gespensterfisch sieht beispielsweise aus wie ein Tiefsee-Buschbaby: Jedes Auge ist fast halb so groß wie sein Kopf. Das Perlauge hingegen hat röhrenförmige Augen, deren Blickfelder sich überschneiden. Diese seltsamen Augen sind nicht nur sehr empfindlich, sondern ermöglichen es dem Fisch auch, die Entfernung zu seiner Beute einzuschätzen.

Das wenige Licht, das die Dämmerungszone erreicht, kommt immer von der Oberfläche, sodass die Augen vieler Tiere für den Blick nach oben beschaffen sind. Der Tintenfisch Histioteuthis hat ein großes und ein kleines Auge. Man nimmt an, dass er sich im Wasser so positioniert, dass das große Auge die Silhouetten von Beutetieren beobachten kann, die durch den schwachen Lichtschimmer von der Oberfläche erhellt werden.

So wie die Räuber sich alle Mühe geben, ihre Beute zu sehen, geben sich die Beutetiere alle Mühe, nicht gesehen zu werden. Der Beilbauchfisch ist ein kleiner, sehr flacher Fisch, der wie eine silbrige Briefmarke aussieht. Sein ganzer Körper ist reflektierend und fungiert als Spiegel, wenn man ihn von der Seite betrachtet, indem er das Licht von der Oberfläche zurückwirft und den Fisch im dunklen Blau unsichtbar macht. Von unten gesehen ist seine Form so dünn, dass er praktisch gar nicht existiert. Um jedoch ganz sicher zu gehen, dass man ihn nicht wahrnimmt, setzt er Licht produzierende Zellen, so genannte Leuchtorgane oder Photophoren, ein. Diese können die Farbe verändern, um sich der Intensität des von oben einfallenden Tageslichts anzupassen, egal, wie hoch die Sonne am Himmel steht. Auch andere Dämmerungszonenbewohner – Fische, Tintenfische und Garnelen – benutzen Photophoren als Gegenschattierung, um ihre Silhouette unsichtbar zu machen.

GEGENÜBER OBEN, VON LINKS NACH RECHTS

Bolinopsis ist eine Rippenqualle der Ordnung Lobate. Sie ist ein aktiver Jäger und kann mit Hilfe ihrer Wimpernpaddel schwimmen, jedoch auch ihre Flügel ausbreiten und sich mit Rückstoß fortbewegen. Sie wird bis zu 15 Zentimeter lang und frisst hauptsächlich Ruderfußkrebse, die sie mit Hilfe ihrer dehnbaren Flügel ins Maul leitet.

Die Regenbogenfarben dieser See-Stachelbeere sind Warnmuster, die durch die schlagenden Wimpernpaddel an ihrem Körper entstehen. Trotz ihrer Schönheit ist die See-Stachelbeere ein hervorragender Räuber und benutzt ihre langen, klebrigen Tentakel, um ihre Beute aus Ruderfußkrebsen zu fangen.

Diese pelagische Qualle gehört zu den vielen Quallen, Salpen und Rippenquallen, die Teil einer komplexen Nahrungskette sind – Räuber und Beute in einer Welt ohne Wände.

MITTE, VON LINKS NACH RECHTS

Räuber der Dämmerungszone wie Viperfische haben oft große Zähne. Ihre Mahlzeiten kommen so selten vorbei, dass sie mit Beute jeder Größe fertig werden müssen.

Beilbauchfische sind abgeflacht und haben einen silberfarbenen Bauch, der als Spiegel fungiert – eine perfekte Tarnung für die Dämmerungszone.

UNTEN, VON LINKS NACH RECHTS

Die meisten Schnurwürmer sind im Sediment auf dem Meeresboden zu finden, doch diese Spezies lebt pelagisch.

Gigantocypris ist der größte bekannte Muschelkrebs und hat die Größe einer Erbse. Die beiden gelblichen Scheiben sind seine empfindlichen Augen, und seine Fühler dienen als Ruder. Er kann seine Körperteile in seine »Außenhülse« einziehen.

Lanceola ist ein biolumineszierender Flohkrebs (Verwandter der Garnelen), der häufig in der Nähe von Quallen zu finden ist. In der Dunkelheit der Dämmerungszone sieht seine rote Farbe schwarz aus und hilft ihm so bei der Tarnung.

OBEN Mundstachler gehören zu den zahlreichsten Fischen der Dämmerungszone. Ihr Name stammt von ihren stachelartigen Zähnen. Jede Nacht schwimmen sie auf Nahrungssuche Hunderte von Metern in Richtung Oberfläche.

Viele Tiere in der Dämmerungszone warten gern an einer Stelle, bis ihre Nahrung zu ihnen kommt. Wer kein Räuber ist, frisst die Abfälle, die von der reichen Ausbeute in den Oberflächenschichten herabsinken. Zu diesen Detritusfressern gehört das meiste Plankton, vor allem Ruderfußkrebse und Krill, die sich von den Fäkalien und Kadavern der Oberflächenbewohner ernähren.

Andere Dämmerungszonenbewohner verfolgen jedoch eine ganz andere Strategie. Jede Nacht wandern sie auf Nahrungssuche Hunderte von Metern nach oben in die nährstoffreichen flachen Gewässer der euphotischen Zone. Das Problem ist, dass die Wasseroberfläche auch reich an Räubern ist. Daher finden die Mammutwanderungen nur im Schutz der Dunkelheit statt. Schon das Ausmaß dieser täglichen Wanderung ist atemberaubend: Millionen und Abermillionen Tonnen Tiere sind daran beteiligt, damit übertrifft sie die alljährlichen Vogelzüge und Wanderungen der Gnus. Eine Vielzahl unterschiedlicher Tiere, vom winzigsten Zooplankton, das nur bis zu 100 Meter zurücklegt, bis zu Fischen, die jede Nacht bis zu 1000 Meter hinauf- und hinunterschwimmen, begeben sich auf die Reise. Zwei der häufigsten beteiligten Fischarten sind Mundstachler (eine Spezies, *Cyclothone signata,* ist vermutlich der zahlreichste Fisch im Meer) und Laternenfische. Diese kleinen, 5–15 Zentimeter langen Fische haben große Augen und kräftige Muskeln, die ihnen auf ihren nächtlichen Reisen zugute kommen. Sie sind so zahlreich, dass Schallwellen, die nach der Entwicklung des Echolots im Zweiten Weltkrieg von den Millionen Schwimmblasen dieser kleinen Fische empfangen wurden, versehentlich als Schallwellen interpretiert wurden, der vom Meeresboden reflektiert wird.

DIE DUNKELZONE

Nach etwa einer halben Stunde sanften Abstiegs unterschreitet das Tauchboot 1000 Meter. Das Thermometer zeigt an, dass die Wassertemperatur auf etwas über 2°C gefallen ist. Das Wasser sieht aus wie schwarze Tinte. Wir haben die Dunkelzone erreicht. Der Druck ist hier über 100-mal höher als an der Oberfläche, und es dringt kein bisschen Licht mehr in diese Tiefe. Der Pilot lässt die Außenscheinwerfer ausgeschaltet, um die Batterien zu schonen, doch selbst mit eingeschaltetem Licht würde man nur mit viel Glück ab und zu einen flüchtigen Blick auf ein Lebewesen erhaschen können.

Der riesige Raum, der drei Viertel des Wassers auf unserem Planeten enthält, ist die Heimat einiger der seltsamsten Tiere, doch keines ist seltsamer als der Anglerfisch. Anglerfische sind wahrhaftige Tiefseemonster und haben zum Beweis Namen wie Teufelsfisch und Warzenangler und sind perfekt an das

BIOLUMINESZENZ

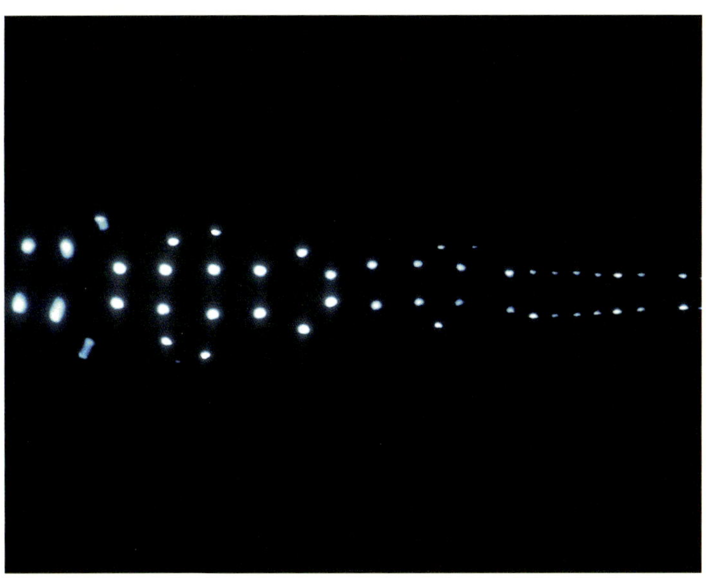

Heute nimmt man an, dass ein Großteil der Tiere in der Tiefsee ihr eigenes Licht produziert. Diese so genannte Biolumineszenz entsteht durch eine chemische Reaktion, bei der Luciferine mit Hilfe des Katalysators Luciferase oxidiert, also verbrannt werden. Die meisten Tiere erzeugen blaues Licht, das im Wasser gut zu sehen ist, doch auch gelbe, grüne und sogar rote Biolumineszenz kommt vor. Sie dient mehreren Zwecken.

Tiefseetiere wie Anglerfische locken mit ihrer Hilfe Beute an. Die Beute wiederum benutzt diese Technik, um ihre Räuber zu verwirren. Eine Atolla-Qualle erleuchtet ihren Körper wie ein Feuerwerk, wenn sie angegriffen wird. Einige Tiefsee-Ruderfußkrebse stoßen geringe Mengen von Biolumineszenz aus ihrem Körper aus, um ihre Jäger zu verwirren. Diese jagen dann dem rätselhaften Leuchten nach, und die Ruderfußkrebse können ungesehen in der Dunkelheit verschwinden. In der Dämmerungszone erzeugen viele verschiedene Tiere (auf dem Bild links Laternenfische) Biolumineszenz in Organen, die als Photophoren bezeichnet werden. Diese sind sorgfältig im Körper angeordnet, um Tarnung und Gegenschattierung zu gewährleisten. Bestimmte Photophorenmuster können außerdem zur Bewältigung der schwierigen Aufgabe, in der Dunkelheit einen Partner zu finden, beitragen, da verschiedene Spezies und sogar Männchen und Weibchen derselben Spezies unterschiedliche Lightshows veranstalten, um den richtigen Partner anzulocken.

GEGENÜBER OBEN, VON LINKS NACH RECHTS
Eine Tiefsee-Asselspinne, die zu den Seespinnen gehört, kann einen Durchmesser von bis zu 30 Zentimetern haben. Ihre Keimdrüsen befinden sich in den Beinen. Ihre Nahrung saugt sie durch ihren großen, kopfartigen Rüssel ein.

Ein Oktopus, der wegen seiner ohrenartigen Hautlappen über den Augen den Spitznamen Dumbo-Tintenfisch erhielt. Diese Hautlappen sowie die Lappen zwischen den Fangarmen helfen ihm dabei, sich langsam fortzubewegen und möglichst wenig Energie zu verbrauchen.

GEGENÜBER MITTE, VON LINKS NACH RECHTS
Aphyonus gelatinosus, ein rosafarbener, halb durchsichtiger, fast blinder Fisch, der von einer Schleimschicht bedeckt ist. Man nimmt an, dass er ein lebend gebärendes Tier ist.

Ein Peterfisch. Diese Fische kommen überall auf dem Kontinentalschelf in etwa tausend Metern Tiefe vor – meist in der Nähe des Meeresbodens. Sie benutzen ihre großen Augen wahrscheinlich, um Biolumineszenz ausfindig zu machen.

GEGENÜBER UNTEN, VON LINKS NACH RECHTS
Ein großer, muskulöser, abyssaler Grenadierfisch, der in 1800 Metern Tiefe Beute aufspürt.

Viele winzige Tiere wie dieses wurmartige Wesen leben im Sediment des Meeresbodens in der Tiefe und ernähren sich vom Abfall, der von der Oberfläche herunterschneit. Wissenschaftler schätzen, dass hier mindestens eine Million solcher unbekannten Arten lauert.

Leben in völliger Dunkelheit angepasst. Zunächst einmal sind sie schwarz wie die meisten Fische der Dunkelzone, obgleich Dunkelrot eine ebenso gute Tarnung ist, und viele Garnelen hier sind blutrot. Angler sind außerdem klein, meist nur ein paar Zentimeter lang, was nicht verwunderlich ist, da nur 5 Prozent der Energie aus der euphotischen Zone in diese Tiefe gelangen. Wie die meisten anderen Fische in diesem Lebensraum sparen Angler Energie, indem sie darauf warten, dass ihr Futter zu ihnen kommt. Daher haben sie kaum Muskeln und keine funktionstüchtige Schwimmblase (kein Tier der Dunkelzone wandert nach oben, da die Entfernungen zur euphotischen Zone zu groß und die Druckveränderungen zu stark sind). Da sie sehr unregelmäßig Futter aufnehmen, haben Anglerfische ein großes Maul und einen dehnbaren Magen. So können sie sogar mit Beutetieren fertig werden, die doppelt so groß sind wie sie selbst.

Ein gutes Sehvermögen ist in der Dunkelheit nicht so wichtig, daher haben Angler winzige Augen, reagieren jedoch oft sehr sensibel auf Schwingungen im Wasser – eine Art, die haarigen Anglerfische, ist von Fühlern bedeckt, die selbst die geringste Bewegung ihrer Beute wahrnehmen. Das Faszinierendste an den Anglerfischen ist – natürlich –, dass sie ihre Beute angeln. Die Weibchen haben Köder, die vor ihrem riesigen Maul herabhängen. Der Köder ist deshalb so reizvoll, weil seine Spitze im Dunkeln leuchtet, und in einer Welt totaler Dunkelheit ist jedes Licht anziehend. Die Biolumineszenz entsteht durch symbiotische Bakterien, die in der Spitze des Köders leben. Angler und andere Räuber der Dunkelzone haben eine Vielzahl unterschiedlicher und oft bizarrer Formen für ihre Köder entwickelt. Die Köder der Peitschennasenangler befinden sich am Ende einer Angelrute, die vier- oder fünfmal länger ist als der Fisch selbst, während andere Angler ihren Köder vom Gaumen direkt zwischen ihren langen, beängstigenden Zähnen herunterhängen lassen.

DER TIEFSEEBODEN

Nach zwei recht friedlichen Stunden nähert sich das Tauchboot dem Boden. Der Pilot hat die Außenscheinwerfer zwar immer noch nicht eingeschaltet, doch ein Alarm zeigt an, dass das Sonar die verschwommenen Umrisse des Meeresbodens empfängt. In unserer winzigen Kugel ist es mittlerweile sehr kalt, und der russische Pilot greift zu seiner Geheimwaffe – Schaffellstiefel aus Sibirien. Die Messinstrumente des Tauchbootes zeigen eine Außentemperatur von etwas unter 2 °C und eine Tiefe von fast 3000 Meter an. Hier unten, drei Kilometer unter der Oberfläche, herrscht ein 300-mal höherer Druck, und selbst ein noch so winziges Loch im Tauchboot hätte innerhalb von Sekunden unseren Tod zur Folge. Nur ein paar Meter über dem Boden schaltet der Pilot endlich die starken Außenscheinwerfer ein. Das Wasser ist kristallklar, und die Sicht beträgt 50 bis 60 Meter. Erstaunlicherweise können wir dennoch nicht viel sehen: Die Tiefsee ist so groß und unser winziges Tauchboot so klein, dass unsere Entdeckungsreise kaum erfolgreicher ist als die eines Astronauten, der die Oberfläche der dunklen Mondseite mit einer kleinenTaschenlampe absucht.

Die ersten Eindrücke des Tiefseebodens sind nicht gerade überwältigend. Er sieht größtenteils schlammig, flach und leblos aus. Beim genaueren Hinsehen sieht man jedoch Lebenszeichen von Tieren – Spuren, die sie im gesamten Sediment hinterlassen haben. Die meisten stammen von Seegurken, meist weißen Stachelhäutern, deren Name ihre Form gut beschreibt. Seegurken sind die Staubsauger des Tiefseebodens. Sie saugen Sand auf und ziehen möglichst viele Algen und Bakterien heraus, bevor sie den verarbeiteten Sand als Kot wieder ausscheiden. Sie sind so zahlreich, dass sie wahrscheinlich 95 Prozent der Biomasse am Tiefseeboden ausmachen. Andere häufige Stachelhäuter sind die Schlangensterne und Seeigel, die es in verschiedenen Größen und Formen gibt. Meist sind diese Tiere Einzelgänger, doch ab

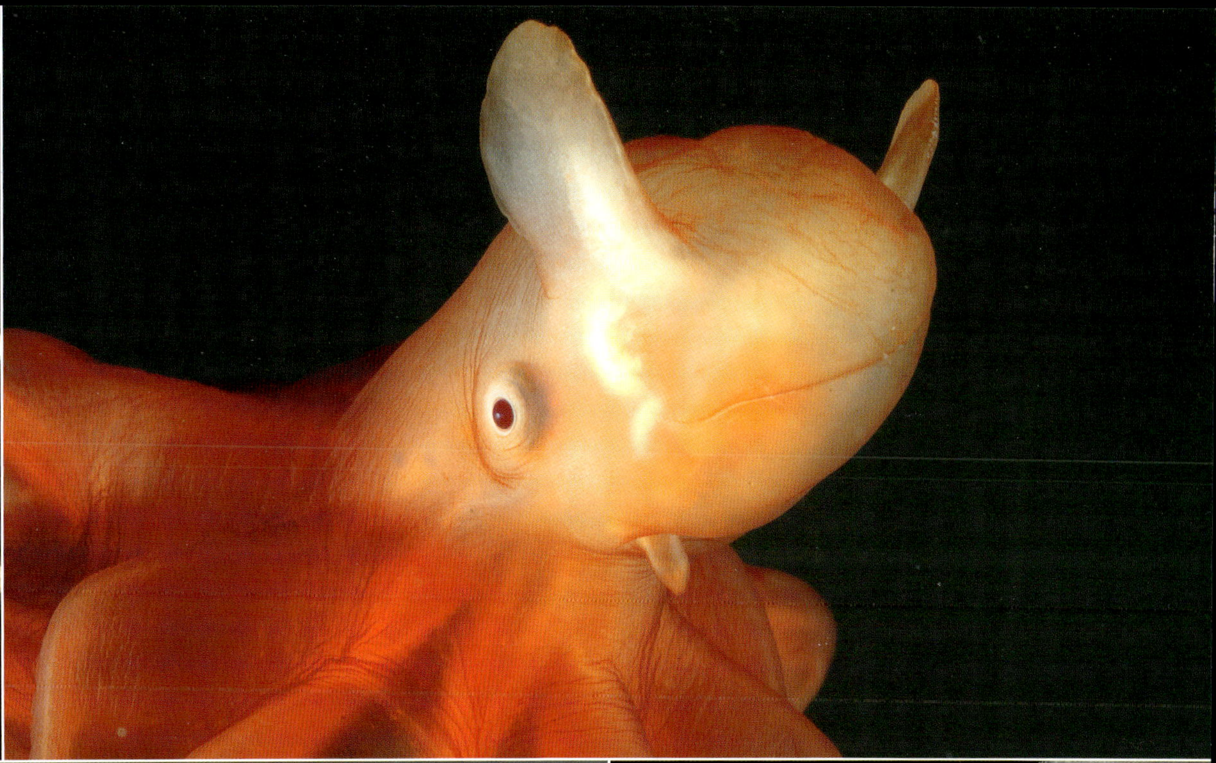
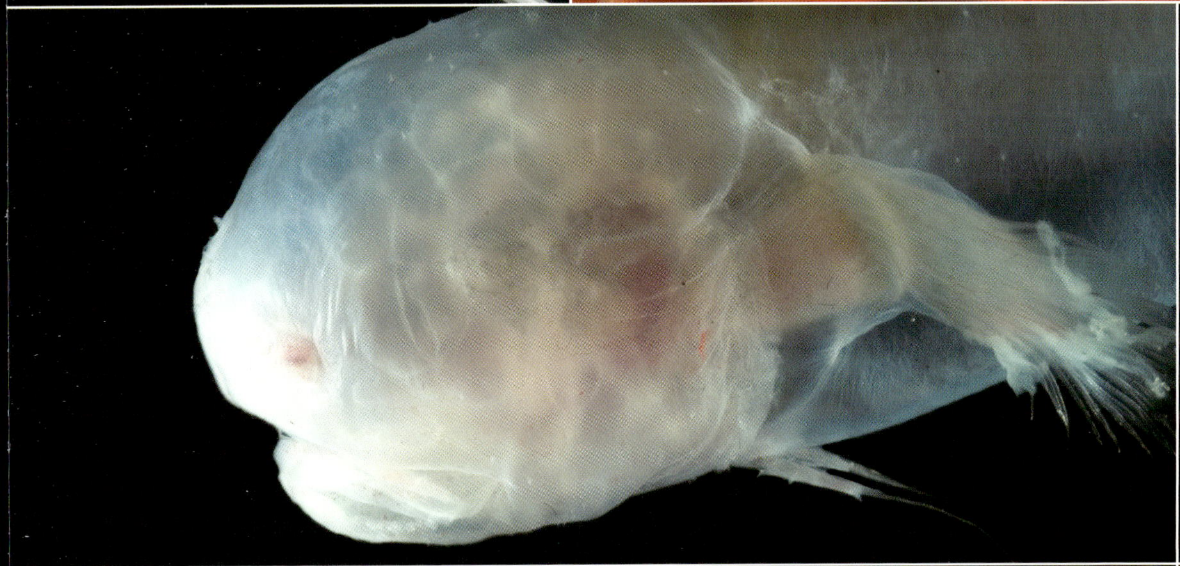

OBEN Ein über 100 Zentimeter langer Tiefsee-Anglerfisch bzw. Seeteufel *(Lophius piscatorius)* verschlingt einen Fisch. Er ruht sich auf dem Meeresboden dicht am ferngesteuerten Tauchboot aus, das ihn anstrahlt. In der Dunkelheit der Tiefsee benutzt er seine Augen, um nach Biolumineszenz Ausschau zu halten und nimmt Bewegungen mit seinen hoch entwickelten Sinnen wahr.

und zu sieht man auch eine kleine Herde aus Seeigeln, die sich zusammen fortbewegen. Solche Ansammlungen haben wahrscheinlich mit der Fortpflanzung zu tun – hat man in dieser Weite erst einmal einen Partner gefunden, ist es wichtig, zusammenzubleiben.

Nahrung ist ein weiterer Faktor, der viele Lebewesen hier unten zusammentreibt. Nur 2 Prozent der Energie, die in der euphotischen Zone entsteht, gelangen auf den Grund der Tiefsee. Die schmackhaftesten Leckerbissen wurden bereits von den Tieren in den oberen Wasserschichten vertilgt, und benthische Tiere, die auf dem Grund leben, müssen sich mit Meeresschnee zufrieden geben – von oben herabrieselnde Kadaverteilchen und Kot. Hin und wieder kommt der Kadaver eines toten Fisches oder Meeressäugers als größerer Futterbrocken unversehrt in der Tiefe an. Viele benthische Tiere haben spezielle Mechanismen entwickelt, um sich an diesen seltenen Aaslieferungen gütlich zu tun. Verschwunden sind die zarten Aufwärtswanderer der Dämmerungszone und die seltsamen Monster der Dunkelzone. Hier sind die Fische groß und muskulös und haben lange Schwänze und große Köpfe. Die Rattenschwänze oder Grenadiere sind ganz typisch: Mit ihrem seltsam geformten dreieckigen Kopf, der mit unzähligen Sinneszellen ausgestattet ist, sehen sie wie große, hässliche Kröten aus. Sie können in ganz langsamen Tempo große Entfernungen zurücklegen und spüren ihre potenzielle Beute im wahrsten Sinne des Wortes auf.

VULKANE IN DER TIEFE

Während das Tauchboot mit nur ein paar Knoten über den Meeresgrund kriecht, verändert sich die Form des Bodens allmählich. Wir sind gezwungen, an einem Abhang aufzusteigen. Der öde, flache Sedimentboden wird durch sanft ansteigende dunkle Felsbrocken ersetzt, die wie die Oberfläche eines riesigen Blumenkohls aussehen. Diese Landschaft ist eindeutig vulkanisch, und unter uns befindet sich kilometerweit Lava, die erstaunlich frisch aussieht. Die entspannte Stimmung im Tauchboot ändert sich, als die unheimliche Stille des Abgrunds durchbrochen wird und wir ein entferntes Dröhnen wie von einer Maschine hören. Das eben noch klare Wasser färbt sich durch vorbeiziehende Rauchschwaden schwarz. Dann taucht direkt vor uns plötzlich ein riesiger Schlot durch den Rauch auf, der viel höher ist als das Tauchboot.

Donnernd steigt schwarzer Rauch auf, und das Hitzeflimmern zeigt an, dass das Wasser sehr heiß ist. Der Pilot manövriert jetzt sehr vorsichtig und platziert mit einem der Greifarme des Tauchbootes ein Spezialthermometer im Wasser, das aus dem Schlot schießt. Das Thermometer zeigt 375 °C an – das Wasser ist heißer als geschmolzenes Blei und heiß genug, um unserem Tauchboot ernsthaften Schaden zuzufügen. Wir haben die legendären Schwarzen Raucher erreicht, die heißen Vulkanquellen, die überall auf den Mittelozeanischen Rücken der Tiefsee zu finden sind.

Diese Mittelozeanischen Rücken sind die größten geologischen Formationen unseres Planeten und ziehen sich insgesamt mehr als 45 000 Kilometer lang um die Erde. Hier entsteht neuer Meeresboden, wenn die geschmolzene Lava durch die Erdkruste sickert und sich zu unterseeischen Bergen auftürmt. Diese Berge können bis zu 3200 Meter über dem Meeresboden aufragen, und die von ihnen gebildeten Mittelozeanischen Rücken haben eine Breite von bis zu 80 Kilometer. Schwarze Raucher wurden mittlerweile auf fast allen Mittelozeanischen Rücken der Welt gefunden, obwohl sie erst 1977 entdeckt wurden. In jenem Jahr sahen Geologen, die mit einem Tauchboot vor den Galapagos-Inseln am Ostpazifischen Rücken tauchten, zum ersten Mal aktive Schornsteine. Sie waren zwar von ihrer geologischen Beschaffenheit fasziniert, doch selbst sie wussten, dass sich ihre Biologie als wesentlich erstaunlicher erweisen würde.

UNTEN Ein einmaliger Blick auf den Tiefsee-Anglerfisch (*Lophius piscatorius*) mit seiner zusammengeklappten Angelschnur am Kopf. Er verbringt die meiste Zeit im Sediment eingegraben auf der Lauer, wobei sich der Leuchtköder am Ende seiner Angel verlockend über seinem riesigen Maul windet.

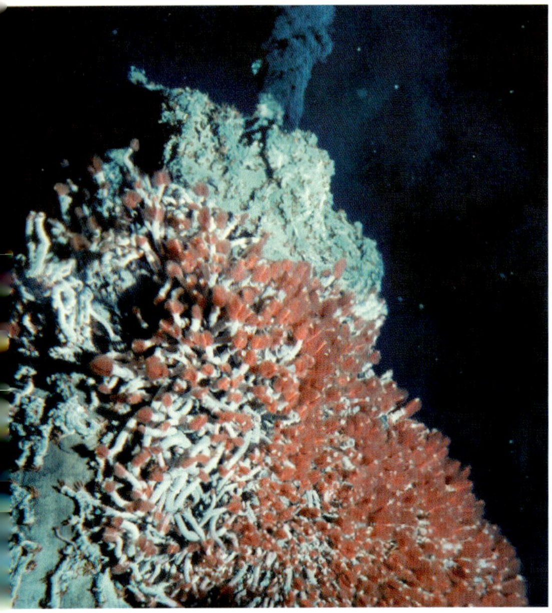

OBEN Ein Raucher ist von Riftia-Röhrenwürmern bedeckt. In ihren roten Kiemen transportieren sie Kohlendioxid, Sauerstoff und Sulfide zu den Bakterien in ihrer Röhre, die die Stoffe in organisches Material umwandeln und es dann gegen chemische Substanzen eintauschen.

OBEN RECHTS Ein Pompejiwurm in einer Ansammlung am äußersten Rand einer hydrothermalen Quelle, wo das heißeste Wasser herausströmt. Sein Name stammt von seiner Fähigkeit, in Extremtemperaturen von bis zu 80 °C zu überleben.

GEGENÜBER OBEN Die Tiefseekorallen in ca. 1600 Metern Tiefe am Davidson Seamount, einem inaktiven Vulkan vor Kalifornien. Die vom Tauchboot angestrahlten Arten sind u. a. gelbe Schwämme, Gorgonenhäupter und Oktokorallen.

GEGENÜBER UNTEN Japanische Riesenkrabben mit einem Durchmesser von bis zu einem Meter leben in einer Tiefe von 1800 Metern im Golf von Mexiko. Ihre Stacheln bieten Schutz vor Räubern, und ihre Farbe ist typisch für viele Tiefseetiere: Da kein Licht in diese großen Tiefen dringt, erscheint ein rotes Tier schwarz und ist somit perfekt getarnt.

Als unser Tauchboot den sprudelnden Gipfel des Schornsteins verlässt und an seiner Seite langsam hinabgleitet – ein solcher Schornstein kann so hoch sein wie ein 16-stöckiges Gebäude –, taucht plötzlich eine ungewöhnliche Fülle von Leben auf. Im Ostpazifik herrschen dabei große Ansammlungen weißer Röhrenwürmer vor, die bis zu zwei Meter lang und so dick wie ein Arm werden können. Aus jeder Röhre ragen wunderschöne, leuchtend rote Federn heraus, die sanft in den heißen Strömungen der Schornsteine schweben. Beim genaueren Hinsehen bemerkt man zwischen den Röhrenwürmern eine Vielzahl Garnelen, Napfschnecken und Flohkrebse und gelegentlich den außergewöhnlichen Buckellachs oder Rosa Lachs. Am Sockel des Schornsteins befinden sich dicke Muschelbeete. Diese sind wiederum von weißen Ringelwürmern bedeckt, die Nahrungspartikel aus dem Wasser filtern. Auch als sich das Tauchboot vom Schornstein entfernt, sind noch viele Lebewesen zu sehen, beispielsweise weiße Venusmuscheln, die so groß sind wie Teller.

Als Biologen damals die hydrothermalen Quellen vor den Galapagos-Inseln besichtigten, konnten sie kaum glauben, dass in der völligen Finsternis am Grund der Tiefsee eine solche Lebensfülle existierte, die mit allem mithalten konnte, was man selbst an den üppigsten Korallenriffen gefunden hatte. Photosynthese war dort unten offensichtlich unmöglich, und das sanfte Rieseln des Meeresschnees konnte auf keinen Fall genug Energie liefern, um das System in Gang zu halten. Schließlich fand man heraus, dass das gesamte komplexe Ökosystem von spezialisierten Bakterien abhängig ist, die die Energie der Sulfide, die mit dem Rauch und dem heißen Wasser aus den Quellen strömen, als Schwefelwasserstoff binden.

Geologen fanden auf fast allen Mittelozeanischen Rücken, die sie erforschten, hydrothermale Quellen. Die verschiedenen heißen Quellen sind zwar Tausende von Kilometern voneinander entfernt, haben aber alle ihr eigenes Ökosystem entwickelt, das auf der Energiegewinnung aus Sulfiden beruht. Das Faszinierende für die Biologen ist, dass sich die Ökosysteme zwar gleichen, jedoch jedes einzelne einzigartige Tiere beherbergt. Bis jetzt ist nur 1 Prozent des Meeresbodens der Tiefsee erforscht, sodass noch 300 Millionen Quadratkilometer übrig sind. Es kann kaum Zweifel daran geben, dass es in den unerforschten Weiten der Tiefsee weitere, völlig neue Ökosysteme gibt, die nur darauf warten, entdeckt zu werden.

REGISTER

Die Deutsche Bibliothek verzeichnet diese Publikation in der Deutschen Nationalbibliografie; detaillierte bibliografische Daten sind im Internet unter http://dnb.ddb.de abrufbar.

Originaltitel: »Planet Earth«

2. Aufl. 2006

www.frederking-thaler.de

Redaktionsleitung: Shirley Patton
Redaktion: Rosamund Kidman Cox
Grafische Gestaltung: Bobby Birchall, DW Design
Bildrecherche: Laura Barwick
Herstellungsleitung: David Brimble

Übersetzung aus dem Englischen von Heike Brühl

Lektorat: Roman Heflik, Hamburg
Herstellung und Satz: Verlagsservice Rau, München
Umschlaggestaltung: Ina Biber, München
Reproduktion: Butler & Tanner, Frome
Druck und Bindung: Printer Trento

Printed in Italy

ISBN-10: 3-89405-670-3
ISBN-13: 978-3-89405-670-4

PRODUKTIONS-TEAM
Susan Aartse-Tuyn
Penny Allen
Justin Anderson
Vanessa Berlowitz
Lesley Bishop
Mark Brownlow
Andy Byatt
Huw Cordey
Dave Cox
Samantha Davis
Alastair Fothergill
Tom Hugh-Jones
Amanda Hutchinson
Kathryn Jeffs
Jonny Keeling
Mandy Knight
Mark Linfield
Conrad Maufe
Emma Peace
Joanna Verity
Sarah Wade
Martin Whatley
Jeff Wilson
Lisa Wilson

KAMERATEAM
Doug Allan
Doug Anderson
David Baillie
Barrie Britton
Keith Brust
Gordon Buchanan
Richard Burton
Simon Carroll
Rod Clarke
Martyn Colbeck
Steve Downer
Goran Ehlme
Justine Evans
Wade Fairley
Tom Fitz
Rob Franklin
Ted Giffords
Jeff Hogan
Mike Holding
Michael Kelem
Simon King
Richard Kirby
Peter Kragh
Ian McCarthy
Alastair MacEwen
David McKay
Mike Madden
Justin Maguire
Michael Male
Henry Mix
Shane Moore
Toshihiro Muta
Gavin Newman
Didier Noirot
Matt Norman
Ben Osborne
Haroldo Palo Jr
Mark Payne-Gill
Andrew Penniket
Mike Potts
Adam Ravetch
David Reichert
Mike Richards
Rick Rosenthal
Peter Scoones
Tim Shepherd
Andrew Shillabeer
Warwick Sloss
Mark Smith
Colin Stafford Johnson
Paul Stewart
Gavin Thurston
Jeff Turner
Nick Turner
John Waters
Mark Wolf

FELD-ASSISTENTEN
Karel Allard
Glen Allen
Stan Allison
Reza Azmi
Claire Baker
Paul Beilstein
Ralph Bower
Paul Brehem
Milo Burcham
Tom Chapman
Tom Clarke
Dan Eatherley
Andy Eavis
Tim Fogg
Joel Heath
Chris Hendrickson
Daniel Huertas
Chadden Hunter
Richard Jones
Noah Kadlak Kartike
Jean Krecja
Huw Lewis
Paul Lickte
John Lucas
Trevor Lucas
Rob McCall
Gil Malamud
Nisar Malik
Frederique Olivier
Anatoly Petrov
Jason Roberts
Juan Romero
Graham Springer
Raj Suwal`
Joanna van Gruisen
Josh Westerhold
Emilio White
Greg Winston
Paul Zakora

PRODUKTION
Alison Brown-Humes
Tom Clarke
George Chan
Sharmila Choudhury
Sue Flood
Anne McCarthy
Anna Mike
Hugh Miller
Jo Morton
Sue Storey
Nick Smith-Baker
Amy Young

POST-PRODUCTION
Ruth Berrington
Miles Hall
Jennifer Silverman

MUSIK
George Fenton
BBC Concert Orchestra
Sam Watts

SCHNITT
Andrew Chastney
Tim Coope
Martin Elsbury
Jill Garrett
Stuart Napier
Andy Netley
Jo Payne
Dave Pearce

TONSCHNITT
Kate Hopkins
Tim Owens

SYNCHRONISATION
Graham Wild
Andrew Wilson

COLORIST
Luke Rainey

GRAFIK
Burrell Durrant Hifle
Tim Brade
Nick Brooks
Steve Burrell
Carys Hull

PICTURE ONLINE
Chas Francis
Steve Olive

DANKSAGUNG

Die Fernsehreihe zu diesem Buch entstand durch Teamarbeit im großen Maßstab. Die Autoren des Buches (Produzenten der Reihe) sind den Produktions-, Post-Production- und Kamerateams für ihr Talent, Engagement und ihre Entschlossenheit sehr dankbar. Das Ergebnis ihrer harten Arbeit an dieser Reihe ist nicht nur in den Fernsehsendungen zu sehen, sondern auch auf diesen Seiten zu finden. Die Geschichten, die sie ans Licht gebracht haben und die Reisen, die sie organisierten, dienten als Inspiration für den Großteil des Textes, und viele ihrer einmaligen Bilder sind im Buch enthalten.

Die aufgeführten Namen sind jedoch nur die Spitze des Eisbergs. Die Entstehung von *Planet Erde* dauerte vier Jahre, und in dieser Zeit filmten wir weltweit an über 200 Orten. Überall wurde uns großzügige Hilfe zuteil. Die japanische Tiefseeforschungsorganisation JAMSTEC stellte uns ihr ferngesteuertes Tauchboot zur Verfügung, um in 2000 Metern Tiefe auf dem Meeresboden heiße Quellen zu filmen. Unser Kamerateam war ein Jahr lang bei der Australian Antarctic Division zu Gast und überwinterte dort mit Kaiserpinguinen. Kapitän und Crew der HMS Endurance trug unsere Kameras in ihren Lynx-Helikoptern über eine spektakuläre Landschaft aus Eisbergen. Die nepalesische Luftwaffe flog uns direkt neben den Gipfel des Mount Everest. Und die Hubschrauberpiloten der pakistanischen Luftwaffe nahmen uns mit ins Herz des Karakorumgebirges.

Ohne die Hilfe der einheimischen Fährtenleser in Pakistan hätten wir den scheuen Schneeleoparden nie gefunden. Wir kamen den Kamelen in der Wüste Gobi nur mit Hilfe eines brillanten einheimischen Experten so nahe. Die Waldbewohner von Papua-Neuguinea gestatteten uns, auf ihrem Grund und Boden Paradiesvögel zu filmen. Und so geht die Liste endlos weiter. Auf der ganzen Welt widmeten uns viele Menschen – von Wissenschaftlern über Fährtenleser und Piloten bis zu Feldassistenten – einen Großteil ihrer Zeit und ließen uns an ihren Fachkenntnissen teilhaben. Die Autoren dieses Buches danken ihnen allen für alles, was sie getan haben.

Zum Schluss ein Dankeschön an Shirley Patton von BBC Books für ihren Auftrag für dieses Buch, unserer Redakteurin Roz Kidman Cox, unsere Bildbeschafferin Laura Barwick sowie Bobby Birchall, dem Designer, für all die langen Stunden und ihr Engagement für dieses Projekt.

BILDNACHWEIS

1 NASA-BDH / BBC-Planet Earth; **2–3** NASA-BDH / BBC-Planet Earth; **4–5 oben, v.l.n.r.**: Jorma Luhta / naturepl.com; NASA-BDH / BBC-Planet Earth; David Tipling / naturepl.com; AFLO / naturepl.com; **4–5 Mitte, v.l.n.r.**: Anup Shah / naturepl.com; Richard du Toit; David Noton; Tim Laman / National Geographic Image Collection; **4–5 unten, v.l.n.r.**: Peter Scoones; Christian Ziegler; Chris Newbert / Minden Pictures; Howard Hall; **7** Adam Gibbs; **8–9** National Geographic Collection; **10–11** NASA-BDH / BBC-Planet Earth; **12** AFLO / naturepl.com; **13** Doug Perrine / naturepl.com; **14–15** Martyn Colbeck; **16** Tom Murphy / National Geographic Image Collection; **17** Randy Morse / SeaPics.com; **18** StockTrek / Getty Images; **19** Ben Osborne / BBC-Planet Earth; **20** Fred Bavandam / Minden Pictures; **21** Frans Lanting; **22** NASA-BDH / BBC-Planet Earth; **23** Ben Osborne / BBC-Planet Earth; **24–5** NASA-BDH / BBC-Planet Earth; **26–7** Milo Burcham; **28** Alan James / naturepl.com; **29** Fred Olivier; **30** Doug Allan & Sue Flood; **31** Stephen Dalton / NHPA; **32–3 oben** Pal Hermansen; **32–3 unten** David Tipling / naturepl.com; **34** Pete Oxford / naturepl.com; **35** Kevin Schafer; **36–7** Pal Hermansen; **38** Simon King / naturepl.com; **39** Norbert Wu / Minden Pictures / FLPA; **40–1** Fred Olivier; **42** Gerald Lacz / FLPA; **43 oben** Kevin Schafer; **43 unten** Tui de Roy / Minden Pictures/FLPA; **44–45** Jason C Roberts; **46–7** Jan Vermeer; **48** Tim Voorheis / SplashdownDirect.com; **49** John KB Ford / Ursus / SeaPics.com; **50 v.o.n.u.**: Winifred Wisniewski / FLPA; Kevin Schafer; M Watson / Ardea.co.uk; Pal Hermansen; **51** Pal Hermansen; **52–3** Kevin Schafer; **54–5** BBCNHU; **56** Michio Hoshino / Minden Pictures / FLPA; **57 oben** Sue Flood & Doug Allan; **57 unten** Frans Lanting / Minden Pictures / FLPA; **58** Sue Flood / naturepl.com; **59** Fred Olivier; **60–1** Doug Allan / naturepl.com; **62–3 oben** AFLO / naturepl.com; **62–3 unten** Xi Zhi Nong / naturepl.com; **64** Adam Gibbs; **65** Thorsten Mills; **66** Jorma Luhta / naturepl.com; **67** Carr Clifon / Minden Pictures; **68** Tom Clarke; **69 links** Michael S Quinton / National Geographic Image Collection; **69 rechts** Dietmar Nill / naturepl.com; **70** Paul Nicklen / National Geographic Image Collection; **71 oben** Michio Hoshino / Minden Pictures; **71 unten** John Goodrich / WCS; **72–3** NASA-BDH / BBC-Planet Earth; **74 v.o.n.u.:** David Noton; AFLO / naturepl.com; David Noton; **76 oben** Mark Linfield; **67–7** Tom Clarke; **78** Tim Fitzharris; **79** Angela Bird / naturepl.com; **80** Mark Moffet / Minden Pictures; **81** Gerry Ellis / Minden Pictures; **82 links** Art Wolfe; **82 rechts** Paul Schermeister /National Geographic Image Collection; **83 links** DCI / Martin Klimek; **83 rechts** Penny Allen; **84 oben u. unten** BBC-NHU; **85** Tui de Roy / Minden Pictures; **86 oben, v.l.n.r.:** BBC-NHU; **87 unten** Toshiji Fukuda; **88** Art Wolfe; **89** Toby Sinclair / naturepl.com; **90–1 oben** Jim Brandenburg / Minden Pictures/ FLPA; **90–1 unten** Anup Shah / naturepl.com; **92** Milo Burcham; **93** Ben Osborne / BBC-Planet Earth; **94** Chris Hendrickson; **95** Chris Hendrickson; **96 oben** BBC-NHU; **96 unten** Art Wolfe; **97** Michio Hoshino / Minden Pictures; **98** Richard du Toit; **99** Shin Yoshino / Minden Pictures; **100 links** Jim Brandenberg / Minden Pictures; **100 rechts** Bruce Davidson / naturepl.com; **101 links** Richard du Toit / naturepl.com; **101 rechts** Igor Shiplenok / naturepl.com; **102–3** Joanna van Gruisen; **104–5** Milo Burcham; **106 oben** Ian McCarthy; **106 unten** Art Wolfe; **107** Gerry Ellis / Minden Pictures; **108–9** Mitsuaki Iwago / Minden Pictures; **110** BBC-NHU; **111** Ben Osborne / BBC-Planet Earth; **112 oben, v.l.n.r.** BBCNHU; **112 unten** Ben Osborne / BBC-Planet Earth; **113 unten** Ben Osborne / BBC-Planet Earth; **114** Anthony Bannister / NHPA; **115 oben** Art Wolfe; **115 unten** Tim Fitzharris; **116–17 oben** M&P Fogden; **116–17 unten** Tony Heald/naturepl.com; **118 oben** Rhonda Klevansky/naturepl.com; **118 unten** Huw Cordey; **119** NASA-BDH / BBC-Planet Earth; **120 oben u. unten** BBC-NHU; **121** Altitude / Yann Arthus-Bertrand; **122** Altitude / Yann Arthus-Bertrand; **123** Tom Hugh-Jones; **124–5** NASA-BDH / BBC-Planet Earth; **126** Dan Rees / naturepl.com; **127** M&P Fogden; **128–9** BBCNHU; **130 links u. rechts** John Cancalosi / naturepl.com; **131** Jeff Foott / naturepl.com; **132 links** M&P Fogden; **132 rechts** Nigel J Dennis / NHPA; **133 links** Tim Fitzharris; **133 rechts** Tim Fitzharris; **134 links u. rechts** M&P Fogden; **135** Henry M Mix; **137** Richard du Toit; **138** M&P Fogden; **139** Rolf Nussbaumer / naturepl.com; **140** BBC-NHU; **141** Paul Brehem; **142–3 oben** David Noton; **142–3 unten** Chadden Hunter; **144** Altitude/Yann Arthus-Bertrand; **145** Martyn Colbeck; **146** Elio Della Ferrera / naturepl.com; **147** Ingo Arndt / naturepl.com; **148–9** Colin Monteath / Hedgehog House/Minden Pictures; **150–1** NASA-BDH / BBC-Planet Earth; **152** Konrad Wothe; **153** Jeff Turner; **154** BBC-NHU; **155 links** Sumio Harada / Minden Pictures; **155 rechts** Art Wolfe; **156** Colin Monteath / Minden Pictures / FLPA; **157** Jeff Wilson; **158–9** Martyn Colbeck; **159** NASA-BDH / BBC-Planet Earth; **160–1** NASA-BDH / BBC-Planet Earth; **163** Jeff Wilson; **164** Jeff Wilson; **165** BBC-NHU; **166** Xi Zhi Nong/naturepl.com; **167 oben u. unten** BBC-NHU; **168** N.Shigeta / The Yomiuri Shimbun; **170–1 oben** D Brown / PanStock / Panoramic Images / NGSImages.com; **170–1 unten** Tim Laman / National Geographic Image Collection; **172** Frans Lanting / Minden Pictures / FLPA; **173** Huw Cordey; **174** DCI / Ed Carreon; **175** Kevin Downey; **176** BBC-NHU; **177** Alastair Shay / osf.co.uk; **178** Bruce Means; **179 oben** M&P Fogden; **179 unten** Francis Furlong / SAL / osf.co.uk; **180 links** Dennis Belliveau; **180 rechts** BBC-NHU; **181** Kenneth Ingham; **182** Jean-Paul Ferrero / Ardea.co.uk; **183** BBC-NHU; **184 links u. rechts** Kevin Downey; **185 links u. rechts** Gavin Newman; **186 oben links u. Mitte** Kevin Downey; **186 oben rechts** Gavin Newman; **186 Mitte v.l.n.r.** Kevin Downey; **186 unten v.l.n.r.** Kevin Downey; **188** Stephen Alvarez / National Geographic Image Collection; **189** Gavin Newman; **190–1** Kevin Downey; **192** Kevin Downey; **193** Gavin Newman; **194–5** Chauvet / Brunel / Hillaire; **196–7 oben** Kevin Schafer; **196–7 unten** Peter Scoones; **198** Mark Brownlow; **199** Mark Brownlow; **200** David Hosking / FLPA; **201 oben** Peter Scoones; **201 unten** BBC-NHU; **202** Michio Hoshino / Minden Pictures; **203 oben** Brandon Cole; **203 unten** Chris Huss / SeaPics.com; **204** NASA-BDH / BBC-Planet Earth; **205 oben** BBC-NHU; **205 unten** Anup Shah / naturepl.com; **206** Anup Shah; **207** NASA-BDH / BBC-Planet Earth; **208 oben** NASA-BDH / BBC-Planet Earth; **208 unten** Mark Brownlow; **209 oben u. unten** Ad Konnings; **210 links** Konrad Wothe / Minden Pictures / FLPA; **210 rechts oben u. unten** BBC-NHU; **211 links** Didier Noirot; **211 rechts** Mark Brownlow; **212 oben** Tony Martin; **212 unten** Pete Oxford / naturepl.com; **213** Frans Lanting; **214** Sergio Brant Rocha; **215** Suthep Kritsanavarin / OnAsia.com; **216 unten** Peter Scoones; **216–17** Pete Oxford / naturepl.com; **218 links u. rechts** Peter Scoones; **219** Michel Loup; **220** Mark Brownlow; **221** Doug Wechsler / naturepl.com; **222–3** NASABDH / BBC-Planet Earth; **224–5 oben u. unten** Christian Ziegler; **226** Nick Garbutt; **227** M&P Fogden; **228** Christian Ziegler; **229** Christian Ziegler; **230** Christian Ziegler; **231 oben** Luiz Claudio Marigo / naturepl.com; **231 unten** Martin Wendler/NHPA; **232–3** NASA-BDH / BBC-Planet Earth; **234** Christian Ziegler; **235 oben** M&P Fogden; **235 unten** Pete Oxford / naturepl.com; **236 links** M&P Fogden; **236 rechts** Tim Laman / National Geographic Image Collection; **237** M&P Fogden; **239 oben u. unten** Christian Ziegler; **240** Christian Ziegler; **241 links** Christian Ziegler; **241 rechts** Staffan Widstrand / naturepl.com; **242** Christian Ziegler; **243** Christian Ziegler; **244 oben links** M&P Fogden; **244 unten links** Christian Ziegler; **244 rechts** Tim Laman / National Geographic Image Collection; **245** Christian Ziegler; **246** Barrie Britton; **247 links** BBC-NHU; **247 rechts** Barrie Britton; **248** Tim Laman / National Geographic Image Collection; **249** Kevin Schafer; **250** Nick Gordon / osf.co.uk; **251** Christian Ziegler; **252–3 oben** Todd Pusser / naturepl.com; **252–3 unten** Chris Newbert / Minden Pictures; **254** Kenneth D Knezick; **255** Doug Allan & Sue Flood; **256** Chris Newbert / Minden Pictures; **257 oben** Fred Bavendam / Minden Pictures; **257 unten** Kenneth D Knezick; **258–9** Chris Newbert / Minden Pictures; **259 unten** Didier Noirot; **260** Fred Bavendam / Minden Pictures; **261** Adam White / naturepl.com; **262–3** Peter Scoones; **264–5** Altitude / Yann Arthus-Bertrand; **265 oben** Georgette Douwma; **266** Jurgen Freund; **267 oben** Bill Curtsinger/National Geographic Image Collection; **267 unten** Sam Abel / National Geographic Image Collection; **268** Richard Herrmann / SeaPics.com; **269** Fred Bavendam / Minden Pictures; **270** Ben Osborne; **271** Masa Ushioda / CoolwaterPhoto.com; **272–3** Doug Perrine / SeaPics.com; **274** Dan Burton / naturepl.com; **275 oben u. unten** Fred Bavendam / Minden Pictures; **276** Norbert Wu / Minden Pictures; **277** Jurgen Freund / naturepl.com; **278** Brandon Cole; **279** Doug Perrine / SeaPics.com; **280–1 oben** Norbert Rosing / National Geographic Image Collection; **280–1 unten** Howard Hall; **282** Peter Parks / imagequestmarine.com; **283** Mark Conlin / SeaPics.com; **284** David Wrobel / SeaPics.com; **285 links** Peter Parks / imagequestmarine.com; **285 rechts** Paul A Sutherland / SeaPics.com; **286** Phillip Colla / SeaPics.com; **287** Peter Parks / imagequestmarine.com; **288–9** Francis Gohier / Ardea.co.uk; **289** David B Fleetham / SeaPics.com; **290** BBC-NHU; **291** David B Fleetham / SeaPics.com; **292** Doug Perrine / SeaPics.com; **293 links** Masa Ushioda / SeaPics.com; **293 rechts** Mike Parry / Minden Pictures; **295 oben u. unten** David Shale / naturepl.com; **296 oben links** David Shale / naturepl.com; **oben Mitte** David Shale / naturepl.com; **296 oben rechts** Ingo Arndt / naturepl.com; **296 Mitte links u. rechts** Peter Herring / imagequestmarine.com; **296 unten v.l.n.r.** David Shale / naturepl.com; **298** David Shale / naturepl.com; **299** Peter Herring / imagequestmarine.com; **301 oben links u. rechts** David Shale / naturepl.com; **301 Mitte links u. rechts** David Shale / naturepl.com; **301 unten links** BBC-NHU; **301 unten rechts** David Shale / naturepl.com; **302** Ian Hudson / Serpent Project; **303** Ian Hudson / Serpent Project; **304 links** image courtesy of University of Washington; **304 rechts** Peter Batson / imagequestmarine.com; **305 oben u. unten** BBC-NHU; **310–11** Daniel Gomez / SplashdownDirect.